国学经典

郁离子

[明] 刘 基 著

吕立汉 杨俊才 吴军兰 注译

中州古籍出版社

郁离子

前言

一

刘基（1311—1375），字伯温，青田县九都南田武阳村（今属文成县）人，元末明初杰出的思想家、军事家和文学家。元至顺四年（1333）举进士，至元二年（1336）步入仕途，先后任江西行省高安县丞、江西行省职官掾史、江浙行省儒学副提举等职。至正十二年（1352），省檄刘基为浙东元帅府都事，赴庆元（今浙江宁波）、台州、温州沿海一带参与戎事，次年十月，因建言捕斩方国珍，为上官所驳，后革职"待罪"绍兴。至正十六年（1356）三月，复为江浙行省都事，赴处州（今浙江丽水）与石抹宜孙共谋"括寇"，"宜孙用基等谋，或捣以兵，或诱以计，未几，（山寇）歼殄无遗类"①。至正十八年（1358），升任江浙行省郎中。是年年底，经略使李国凤巡行处州奏守臣功绩，而执政者抑刘基军功，仅由儒学副提举格受处州路总管府判，刘基遂愤而弃官归里，著《郁离子》。

至正二十年（1360）三月，应朱元璋之聘，与宋濂、章溢、叶琛同赴应天（今南京市），刘基面陈"时务十八策"，深得朱元璋赏识，

---

① 《元史》卷一八八，《石抹宜孙传》。

遂留帷幄，参与军机，为朱氏殄灭群雄，最终推翻元王朝统治登上皇位，立下了不朽功勋。至正二十四年（1364）朱元璋即吴王位后，刘基渐次弃武归文，历任太史令、御史中丞等职，为朱明王朝在军事、法律、科举等制度的建设上，作出了卓越的贡献。洪武三年（1370），晋封开国翊运守正文臣、资善大夫、护军、诚意伯。洪武四年（1371），因官场险恶，刘基激流勇退，隐居故里，"唯饮酒奕棋，口不言功"。洪武六年（1373），因建议设谈阳巡检司一事，遭胡惟庸等构陷，朱元璋偏听偏信，夺诚意伯刘基食禄。同年六月，刘基入朝引咎自责，留京而不敢归。洪武八年（1375），因病重，于三月"乞骸骨"还乡，四月十六日卒，享年65岁。卒后，于明正德九年（1514）朝廷加赠"太师"美号，谥"文成"。明武宗称他为"渡江策士无双，开国文臣第一"，有"帝师"、"王佐"之誉。

刘基一生著作颇丰，计有《郁离子》十卷、《覆瓿集》二十四卷、《写情集》四卷、《犁眉公集》五卷、《春秋明经》二卷，诸集皆于明初先后梓行于世。嗣后，诸单刻本统为一集，名《诚意伯刘先生文集》二十卷行世，明正德后易名《太师诚意伯刘文成公集》或《诚意伯文集》流传至今。

二

作为一部寓言散文集，《郁离子》是中国寓言发展史上一个里程碑式的作品。它的重要性不仅仅在于其牢笼万汇、辩博奇诡的文学审美价值，更重要的还在于其中闪烁着刘基治国安邦的思想光辉，以及对特定时代的社会认识价值。

《郁离子》绝大部分篇什当作于元季至正十八年（1358）年底到至正二十年（1360）年初，但也并不排除少数作品成于明初。① 刘基

---

① 详见拙著《刘基考论》，第206—208页，中州古籍出版社，2000年5月出版。

创作《郁离子》之时,已对元王朝完全失去了信心。这种心态在《郁离子》中就有反映,《千里马第一·贿赂失人心》云:

> 北郭氏之老卒,僮仆争政。室坏不修,且压。乃召工谋之。请粟,曰:"未闲,女姑自食。"役人告饥,莅事者弗白而求贿,弗与,卒不白。于是众工皆惫恚,执斧凿而坐。会天大雨霖,步廊之柱[柱]折,两庑既圮,次及于其堂,乃用其人之言,出粟具饔饩以集工,曰:"惟所欲而与,弗靳。"工人至,视其室不可支,则皆辞。其一曰:"向也吾饥,请粟而弗得,今吾饱矣!"其一曰:"子之饔饎矣,弗可食矣!"其三曰:"子之室腐矣,吾无所用其力矣!"则相率而逝,室遂不葺以圮。①

从加着重号的文字可见作者对元王朝已失望至极,说明刘基此时已不愿做元王朝的殉葬品。

基于上述判断,我们便有理由说《郁离子》与前此而成的《覆瓿集》② 在创作动机上有着本质的区别:即它并非是为元朝的覆亡唱挽歌,而是针对元季社会弊端为未来新王朝设计治国方略。《郁离子》结尾云:

> 方今成弧绝弦,枉矢交流,旬始挽抢,降魄流精,为貙为豻,为蛟为蛇。犬失其主,化为封狼,奋爪张牙,饮血茹肉。淫淫瀸瀸,沉膏腻,穷渊积,骸连太陵,无人以救之,天道几乎熄矣。而欲以富贵为乐,嬉游为适,不亦悲乎?仆愿与公子讲尧禹之道,论汤武之事,宪伊吕,师周召,稽考先王之典,商度救时之政,明法度,肆礼乐,以待王者之兴。(《九难第十八·难九》)

---

① 文中所引刘基原文,凡属《郁离子》的,以本次校勘为准;其它诗文则引自《四库全书》文渊阁本《诚意伯文集》二十卷,上海古籍出版社,1987年影印出版。
② 《覆瓿集》二十四卷汇总刘基元季诗文作品,创作时间前后延续数十年,而《郁离子》基本上可视为一时一地之作,故谓《覆瓿集》绝大多数诗文的创作时间应早于《郁离子》。

这段话我们很可看作是刘基对《郁离子》一书写作意图的自白。他明确地告诉读者：本书的创作目的是"以待王者之兴"。

明隆庆时人李濂说："《郁离子》何为而作也？青田刘文成公隐居而发言，发愤以明志，自伤其莫用于世，而期兴文明之治于异时也。"① 刘基的弟子徐一夔也认为：《郁离子》创作之动因在于作者本人虽有"匡时之长策"，"欲以功业自见"，而"当国者，乐因循而苟且"，以致"抑而不行"，故发愤而撰《郁离子》一书。他又说《郁离子》"其言详于正己、慎微、修纪、远利……明乎吉凶祸福之几，审乎古今成败得失之迹。大概矫元室之弊，有激而言也。""初，公（刘基）著书，本有望于天下后世，讵意身亲用之？"②

综合他们两人的说法，我们认为刘基《郁离子》的创作动因在于有激于"元室之弊"和他本人的遭际；创作目的是"有望于天下后世"，兴文明之治。

《郁离子》思想内容博大精深，它针对元王朝的种种弊端为未来新王朝提供了行之有效的治国方略。遵循对症下药这一基本原则，刘基为未来新王朝开具的总药方是"以大德勘大乱"（《麋虎第十六·井田可复》）。

要以德治国，首先当国者自身应有德量。刘基说，人之度量相去甚远，大者有如江海，微者则如潴泉，而君人者必须具有容纳百川的江海德量。"君人者，惟德与量俱，而后天下莫不归焉。德以收之，量以容之。德不广，不能使人来；量不弘，不能使人安。故量小而思纳大者，祸也。汋谷之鲌，不可以陵洪涛；蒿樊之驾，不可以御飘风。大不如海，而欲以纳江河，难哉！"（《螝蝞第七·德量》）一国之君惟有德正量弘，方能明辨是非，任贤斥佞；广开言路，博采众

---

① （明）李濂：《书〈郁离子〉后》，见（明）嘉靖三十五年何镗刻本《刘宋二子》。
② （明）徐一夔：《〈郁离子〉序》。

议；修明法度，治国安邦。

作者认为当国者还得有居安思危、防微杜渐的忧患意识，这正是元末执政者所缺少的。至正初年，灾异频仍，黄泛区"民饥盗起"，朝廷未采取行之有效的补救措施，以致事态蔓延、恶化，局面难以收拾。刘基说：

> 一指之寒弗燠，则及于其手足；一手足之寒弗燠，则周于其四体。气脉之相贯也，忽于微而至大。故疾病之中人也，始于一腠理之不知，或知而忽之也，遂至于不可救以死，不亦悲夫？天下之大，亡一邑不足以为损，是人之常言也。一邑之病不救，以及一州，由一州以及一郡，及其甚也，然后倾天下之力以救之，无及于病，而天下之筋骨疏矣。是故，天下一身也。一身之肌肉、腠理、血脉之所至，举不可遗也。（《千里马第一·乱几》）

刘基以"身"喻国，生动地说明了必须防微杜渐这一深刻道理，实际上是找出了元末时势恶化的一个重要原因，以作后世当国者的前车之鉴。

基于"以大德勘大乱"这样一种指导思想，刘基制定了以德养民，以道任贤的治国方略。

国以民为本。所以，历来明君治国总以保民、安民、养民为先。刘基以"沙"喻民，认为善当国者是"以漆抟沙，无时而解"，次之是"以胶抟沙，虽有时而融，不释然离也"；又次之是"以水抟沙"，"其合也，若不可开，犹水之冰，然一旦消释，则涣然离矣"；再下者为"以手抟沙，拳则合，放则散"（《千里马第一·抟沙》），此乃以力聚民，终不得法，故民叛之亦易。

那么，一国之君又怎样才能提高天下民众的凝聚力呢？那就是以德养民，而非以术诈民。"先王之使民也，义而公，时而度，同其欲，不隐其情，故民之从之也，如手足之从心，而奚恃于术乎！"（《天地之盗第八·养民之道》）人病渴不可刺漆汁以饮之，池有獭不可毒其水而保鱼。同理，国有乱而不可掠其民而治之。为此，刘基主张"养民瘳国脉"（卷三《田家》），得民心者得天下。所以当国者要体察民情，顺应民心。"夫民情久佚则思乱，乱极而后愿定。欲谋治者，必因民之愿定，而为之制。然后强无梗，猾无间，故令不疚而行。"（《麋虎第十六·井田可复》）要拨乱反正，实现"王政"，吏治、人才是关键。"万乘之国，兵不可以无主；土地博大，野不可以无吏；百姓殷众，官不可以无长。"① 治理国家单靠一个皇帝不行，而需要成千上万的各级官吏共同努力。元朝大厦之倒塌，很大程度是因用人不当、吏治腐败所致。所以，未来之当国者必须整顿吏治，尤其要重视人才的选拔、培养、任用、考核、升迁等各个环节，尽最大之可能，做到人尽其材，为国所用。

那么，又怎样才能做到这一点呢？刘基认为要以德招贤、以义待贤、以道养贤、以信用贤。

首先，当国者和执事者要具有识别人才的慧眼。行医者须懂药理，要善于识别名贵之药、普通之药和虎狼之药。切忌将外观极美，实则"但有杀人之能，而无愈疾之功"（《玄豹第三·采药》）的虎狼之药误作名贵之药使用。用人亦如行医，人才也有大小优劣之分。大才大用，小才小用，无才不用，尤其要注意识别那些"状如黄精"、"其状如葵"，成事不足，败事有余的假人才，"无求美弗得，而为形似者所误"。（同上）因此，培养人才得先找准"苗子"，审其德、量其才、考其绩，然后定夺升迁。若误将庸才当俊才培养、使用，则无异于"楚太子养枭"（《千里马第一·养枭》）。

其次，选拔人才要放开眼量、拓宽视野，既不要像"梁王嗜果""独求之吴"（《枸橼第六·枸橼》），也不要像"燕文公求马"，舍近而求远，更不能以种族、地域分，"非冀产"（《千里马第一·千里

---

① 《管子》卷一。

马》）则不用。概言之，要惟才是举，惟才是用。在人才的使用上，要"量能以任之，揣力而劳之。用其长而避其缺，振其怠而提其蹶"（《麋虎第十六·立教》）。金无足赤，人无完人。考核官吏要看主流，不可攻其一点，否定其余。譬如钟山之猫，既抓鼠也吃鸡，"月余，鼠尽而其鸡亦尽"。赵人说："吾之患在鼠，不在乎无鸡。……无鸡者，弗食鸡则已耳，去饥寒犹远，若之何而去夫猫也？"（《枸橼第六·捕鼠》）官吏升迁要既看德才，也看政绩，不搞顺我者昌，逆我者亡，杜绝"悉取世胄昵近之都那竖"（《千里马第一·规执政》）的用人弊端。用人须用而不疑，疑而不用。"善疑人者，人亦疑之；善防人者，人亦防之。……夫天下之人，焉得尽疑而尽防之哉？"（《螺蜯第七·任己者术穷》）如此等等，即是刘基的人才观。

从上所述可以看出，刘基的治国方略实本于儒家的"王政"思想。其"以德勘乱"的总体构想与孟子的王道、仁政是一脉相承的。不同之处在于：刘基更为重视人才在治理国家当中所起的作用。

《郁离子》中严格意义上的寓言作品约占六成，他作多属先秦式的寓言、重言和卮言。第十八章《九难》则纯粹是赋体。所谓卮言，是抽象的论理；重言是不求信实地征引某些历史故事或古人之言；寓言则是论述中采用虚构假托的故事或自然物的拟人化来寄寓某种事理。一般地说，以"郁离子曰"开篇直抒己见之作大都属卮言，而寓言和重言往往是融为一体，难以分割，一般情况是寓言含于重言之中。

在构思、立意、取材、语言特色和行文风格上，《郁离子》都明显受到古代寓言、重言、卮言创作的影响，但毕竟不是同一水平的回归复现，它已融进了作者自身的思想感情，打上了时代烙印，为寓言艺术的不断完善和发展作出了应有的贡献。如果说，借鉴是对传统文化的继承，那么刘基在继承的同时，却富有创新意识。这种创新意识主要体现在以下几个方面：

第一是立意上的推陈出新。《郁离子》在取材上有所依傍，但一经作者加工便显现出崭新的创意。如《瞽聩第五·术使》是源于《庄子·齐物论》和《列子·黄帝篇》的"朝三暮四"故事，《庄子》是以其论证世上诸事皆"无是非"的观点，《列子》则以其说明"名实未亏"的道理。原作中的众狙愚昧无知，让人觉得黎民百姓只需统治者稍使诈术，便可驯服之而坐享其成。这一寓言经刘基改写，展现在读者面前的"众狙"，已不再是任人摆布的驯服工具。他们在狙公的残酷压榨下猛然醒悟而奋起反抗，"伺狙公之寝，破栅毁柙，取其积，相携而入于林中，不复归。狙公卒馁而死。"（《瞽聩第五·术使》）其主旨一变而为警告当权者对黎民百姓的盘剥不要过于苛刻，否则，将物极必反。这样的立意，无疑要比原作高出许多。

第二是题材上的更新、拓展。题材上的更新、拓展有多方面的含义：一是指构思立意有所借鉴，但创作材料全是新的，加之立意的深化、提高，故仍能给人以耳目一新之感。二是所用史料典籍所载多为一鳞半爪，作者仅将其做为一条引线，据以作合理的想象和生发。三是另辟蹊径，瞄准现实，为后世寓言作家踏出了一条更为宽广的创作路子。在此尤值一提的是那些取材于现实生活，经作者巧裁妙剪、提炼加工的名篇佳作。如《枸橼第六·冯妇之死》，这则寓言虽源于"冯妇搏虎"这一典故，但其主要情节和内容都是取材于现实生活。东瓯（温州）方言至今"火""虎"不分，晋国冯妇这个搏虎能手居然被请到东瓯去灭火，以致被"火灼而死"！且至死尚不悟其因，读之让人啼笑皆非，细思则有深意寓焉。作者以此告诫当国、执政者用人要用其所长，否则便是"扼杀人才"！

中国古代较少拟人化的动物寓言，这一现象直到柳宗元的手中才有了很大的改观。刘基循此而进，创作了大量的动物寓言，如《蟾蜍与蚵蚾》、《九头鸟》等，皆可视其为动物寓言的精品，这是刘基对寓言艺术的一大贡献。

第三是向寓言体小说迈出了重要一步。《郁离子》大体上是一部寓言体散文集，但就其某些篇章而言，则以小说称之更为合适。如《虞孚第十·蹶叔三悔》，叙蹶叔不听友人劝告，务农、经商皆一再违反自然规律而一无所获。虽多次对天发誓痛改前非，但老毛病还是经常复发。某次泛海行商，又不听友人劝告而误入大壑，历经九年才死里逃生。"比还，而发尽白，形如枯蜡，人无识之者。乃再拜稽首，以谢其友，仰天而矢之曰：'予所弗悔者，有如日！'其友笑曰：'悔则悔矣，夫何及乎！'"行文中活脱脱地勾勒出一个"好自信，而喜违人言"的人物形象，无疑是一篇具有劝惩意义的寓言体讽刺小说。他如《瞽聩第五·即且》、《麋虎第十六·唐蒙与薜荔》等皆可归入此类。

后世小说有寓言体一支，其受《郁离子》的启发亦并非没有可能。寓言先以政论散文的附庸流行于先秦，后来摇身一变而为一种独立的文体，再变则成为文言短篇小说之一脉，《郁离子》在其嬗变的过程中，无疑起了不可低估的推动作用。

《郁离子》的艺术成就是多方面的，徐一夔谓其"牢笼万汇，洞释群疑，辨博奇诡，巧于比喻，而不失乎正"[①]，并非过誉。但其主要成就则体现在讽刺艺术的成功运用之中。

首先，《郁离子》的讽刺矛头总是对准元季的社会现实，具有很强的真实性和针对性。如《千里马第一·千里马》、《千里马第一·八骏》就完全是用以讽刺元王朝的民族歧视政策的。马虽为"千里马"，只因其"非冀产也"而不予重用；马的优劣以产区分为四类（犹元之将人分为四等），其结果是"天闲之马""素习吉行"，不事戎事；"内厩之马"养尊处优，"望旃而走"；"外厩之马"与"江南散马"因"食粟"不公而不愿尽力，故一旦"盗起"，则无马可用，

[①]（明）徐一夔：《〈郁离子〉序》。

这是对元廷在人才使用上搞民族歧视的绝妙讽刺!

其次,刘基能做到"公心讽世",所以对元室之弊的剖析就较为客观。作者时常以"局外人"的冷眼旁观去审视元廷近乎荒唐愚蠢的所作所为。如《省敌第九·九头鸟》,作者是以"九头鸟争食"影射元廷"南坡之变"、"两都争战"之兄弟相残,辛辣地嘲讽了元廷因争夺皇位而内讧时起、政变相继的愚蠢行径。文中"海凫"可谓是作者之化身,以旁观者之口吻一针见血地点明了"九头争食"之愚昧可笑,这种"露底法"的讽刺是很可以见出刘基讽世是抱持怎样的一种态度的。

刘基善于从现实生活中挖掘、提炼托讽的素材,将某一严肃的社会问题或蕴涵丰富的人生哲理通过司空见惯的生活细节予以揭示。如《玄豹第三·西郭子侨》:

西郭子侨与公孙诡随、涉虚,俱为微行,昏夜逾其邻人之垣。邻人恶之,坎其往来之涂而置溷焉。一夕又往,子侨先堕于溷,弗言,而招诡随,诡随从之堕。欲呼,子侨掩其口曰:"勿言。"涉虚至,亦堕。子侨乃言曰:"我欲其无相咥也。"

西郭子侨的所作所为很容易让人联想到政界某些贪官污吏因自身之龌龊而怕人揭短,就不择手段拉人"下水",与之同流合污,因而作者从人格上对西郭子侨予以根本否定,并说:"西郭子侨非人也,己则不慎,自取污辱,而包藏祸心,以陷其友,其不仁甚矣!"如此尖锐辛辣、寓意深刻的作品,就是通过现实生活当中的常有之事加以表现的,只不过作者于此对托讽素材已作高度典型化的艺术处理罢了。

刘基是一位设喻高手,对于元季这架锈迹斑斑、难以运转的国家机器,他先以"病"喻,谓当国者是"庸医";既不知脉,又不知症,更不善于为方而对症下药;又以"屋"喻,谓执政者当局部"屋漏"之时不以为忧,及至大厦行将倾覆则百般无奈,坐以待毙;又以"船"喻,以航沧溟而无舵师去影射元顺帝之昏聩无能,如此等等，不一而足。作者正是通过种种类比，多层次、多角度地影射元廷之全面崩溃，收到了很好的讽刺效果。

从艺术风格来看，《郁离子》兼有辛辣尖锐和诙谐幽默两种不同的艺术风格，而从总体上看则以前一种风格为主，这与其散文"气昌而奇"的总体风格是相一致的。

三

本书体例为：原文加校注。

（一）原文。原书共18章，188则短文，有章名，各篇短文的题目则为编者所加。原文以简体字排版。原书中的异体字一般径直改为通行字，如恠、炤、洰、朢等字皆直接改成怪、照、苴、望，不加说明。《九难第十八》为赋体。赋家撰文喜用生僻词汇，故其中的异体字仍予以保留，以保持原有风格。

（二）校勘。《郁离子》最早是以单行本梓行于世的。据吴从善《郁离子序》，知此书曾被章溢"刊置乡塾"。章溢卒于洪武二年（1369），可见《郁离子》至迟在洪武二年即已刊行，当为最早之刻本，惜今不存。从文献记载看，《郁离子》仅单行本就有十卷本、五卷本、四卷本、二卷本和简缩本。今存二卷本和简缩本。今存所有刘基文集的总集都收录《郁离子》，国家图书馆收藏的明成化六年戴用、张僖刻本《诚意伯刘先生文集》二十卷为今存最早的刘基诗文总集。上海图书馆收藏的明刻本《诚意伯刘先生文集》二十卷，其梓行时间仅晚于戴用、张僖刻本，比现存《郁离子》单行本的刊刻时间则早出许多，本次校勘即以此为底本。参校本有：上海古籍出版社1987年影印出版的《四库全书》文渊阁本《诚意伯文集》二十卷（简称"文渊阁本"），浙江省文成县南田镇伯温图书馆收藏、乾隆十一年梓行的栝苍南田果育堂刊本《太师诚意伯刘文成公集》二十卷（简称"果育堂刊本"），上海书店1989年影印出版的《四部丛刊初编·太师诚意伯刘文成公集二十卷》(简称"四部丛刊本")。

校勘遵循以下原则:(1)底本明显的错别字出校;(2)在文意理解上明显有误的出校。当底本与参校本文字存在差异,但不影响文意理解则以底本为准。

(三)注释。注释力求简明、扼要;对较难理解的句子,除对重要的字、词加以注释之外,还就整句话作了翻译或解释。

(四)本书校勘、注释,采用分工合作的方式完成,最后由吕立汉统稿。

(五)在校注过程中,我们参考了由张学忠选注的《郁离子》(花城出版社1983年出版),熊宪光编译的《郁离子寓言选》(重庆出版社1982年出版),鲍延毅编译的《〈郁离子〉寓言故事选译》(北京出版社1983年出版)等《郁离子》选本。谨此一并致谢!由于水平有限,错误之处在所难免,敬请读者批评指正。

吕立汉
2006年5月8日

目 录

千里马第一

千里马	25
忧时	27
规执政	29
良桐	30
巫鬼	31
乱几	32
养枭	32
献马	33
燕王好乌	34
八骏	35
蜀贾	37
贿赂失人心	38
请舶得苇筏	39
喻治	40
噪虎	41
抟沙	41

虞卿谏赏盗 —————————————————— 42

论智 ————————————————————— 44

鲁般第二

鲁般 ————————————————————— 45

九尾狐 —————————————————————— 46

东都旱 —————————————————————— 47

萤与烛 —————————————————————— 48

德胜 ————————————————————— 49

德胜续篇 —————————————————— 50

象虎 ————————————————————— 50

蟾蜍与蚵蚾 ———————————————— 52

豺智 ————————————————————— 53

玄豹第三

玄豹 ————————————————————— 54

蚁垤 ————————————————————— 56

贿亡 ————————————————————— 56

惜鹳智 —————————————————————— 57

西郭子侨 —————————————————— 57

救虎 ————————————————————— 58

采药 ————————————————————— 59

梓与棘 —————————————————————— 62

蛰父不仕 —————————————————— 63

化铁之术 —————————————————— 64

石羊先生 —————————————————— 65

灵丘丈人第四

灵丘丈人	69
刑赦	71
贾人	72
好禽谏	73
五丁怒	74
晋灵公好狗	75
官舟	77
云梦田	77
弥子瑕	78

瞽聩第五

自瞽自聩	79
自讳自矜	80
祛蔽	81
宋王偃	82
越王	83
即且	85
术使	86
祥不妄集	87
规姬献	88
豢龙	88
蛇雾	89
采山得菌	91

枸橼第六

| 枸橼 | 93 |

淳于狶入赵	94
泗滨美石	95
子余知人	96
不韦不智	97
冯妇之死	98
燕文公求马	99
士艻谏用虞臣	100
养鸟兽	102
蛩蛩驱虚	103
致人之道	104
韩垣干齐王	104
噬狗	105
郤恶奔秦	106
乌蜂	107
议使中行说	108
论相	109
捕鼠	110
使贪	111
去蠹	113

螇螰第七

螇螰	115
德量	116
瞽辩失笑	117
淳于髡论燕叛	119
造物无心	121
秦医	121

不为不情之事 —— 123
荀卿论三祥 —— 123
齐伐燕 —— 125
任己者术穷 —— 126
论史 —— 127

天地之盗第八

天地之盗 —— 129
治圃 —— 130
芈叔被黜 —— 131
养民之道 —— 133
民怨在腹 —— 134
韩非子为政 —— 135
力与智 —— 136

省敌第九

省敌 —— 138
辞祸有道 —— 139
秦恶楚善齐 —— 140
九头鸟 —— 141
晋平公作琴 —— 142
无支祈与河伯斗 —— 142
常羊学射 —— 144
一其心 —— 145
造舟者操舟 —— 145
诚则明 —— 146
屠龙子与都黎奕 —— 147

虞孚第十

虞孚	149
知一不知二	150
狸贪	151
蹶叔三悔	151
齐人好诉	153
好贿	153
见利不见害	154
识宝	155
吴王吝赏	156
郑人学艺	157
弃农为驵	158
多疑与侥幸	159

天道第十一

天道	160
夺物自用	161
东陵侯问卜	162
气与情	163
牧民	163
天问	165

牧猴第十二

牧猴	166
割瘿	169
乌鹊之鸣	169
世事多变	170

食鲦鲐	172
说秦	172
刍甝乘马	173
激不激	174
楚巫	175

公孙无人第十三

公孙无人	178
梗人养猴	179
良心	180
饮漆毒水	181
石羊先生自叹	182
小人犹膏	183
鹰化为鸠	183
城苴	184
寡悔	185
晚成	185
盼子说齐宣王	187

蛇蝎第十四

蛇蝎	190
鸹鹉好音	191
靳尚	192
熊蛰父论乐	193
招安说	194
盗犨	196
种谷	197

目录　21

汪罔与僬侥 —— 198

神仙第十五

神仙 —— 199
贪利贪德辨 —— 200
论鬼 —— 201
江淮之俗 —— 202
岳祠 —— 203
天下贵大同 —— 204

麋虎第十六

麋虎 —— 206
躁人 —— 207
立教 —— 207
应侯止秦伐周 —— 208
树怨析 —— 209
唐蒙与薛荔 —— 210
荆人畏鬼 —— 211
赏爵 —— 213
井田可复 —— 214
中山之酒 —— 215
论物理 —— 216
慎爵 —— 217
天裂地动 —— 218

羹藿第十七

羹藿 —— 219
大智 —— 220
安期生 —— 220
行币有道 —— 221
重禁 —— 221
七出 —— 222

九难第十八

难一 —— 225
难二 —— 227
难三 —— 229
难四 —— 234
难五 —— 236
难六 —— 237
难七 —— 239
难八 —— 240
难九 —— 242

附录一　徐一夔《郁离子》序 —— 245
附录二　吴从善《郁离子》序 —— 247
附录三　王　祎《郁离子》序 —— 249
附录四　张　元《郁离子》序 —— 250
附录五　李　濂书《郁离子》后 —— 252

千里马第一

千里马

郁离子①之马孳②,得骥騄③焉。人曰:"是④千里马也,必致诸⑤内厩⑥。"郁离子悦,从之。至京师,天子使太仆⑦阅方贡⑧,曰:"马则良矣,然非冀产⑨也。"置之于外牧⑩。

南宫子朝⑪谓郁离子曰:"熏华之山⑫,实维帝之明都⑬,爰有绀羽之鹊⑭,菢而弗朋⑮。惟⑯天下之鸟,惟凤为能⑰,屡其形⑱。于是道凤之道,志凤之志⑲,思以凤之鸣鸣天下⑳。爽鸠㉑见而谓之曰:'子亦知夫木主之与土偶㉒乎?上古圣人以木主事神,后世乃易以土偶。非先王之念虑不周于今之人也,苟求诸心诚,不以貌肖。而今反之矣。今子又以古反之㉓,弗鸣则已,鸣必有戾㉔。'卒鸣之。咬然㉕而成音,拂梧桐之枝,入于青云,激空穴而殷岩岫㉖,松杉柏枫,莫不振柯㉗而和之;横体竖目㉘之听之者,亦莫不蠢蠢焉,熙熙焉㉙。鹫闻而大惕㉚,畏其挺㉛己也,使鹞㉜谗之于王母之使㉝,曰:'是鹊而奇其音,不祥。'使鸩日逐之㉞,进幽昌焉㉟。鹊委羽㊱于海滨，鹍鸡㊲遇而射之，中脰㊳几死——今天下之不内㊴，吾子之不为幽昌而为鹊也，㊵我知之矣。"

[注释]

①郁离子：虚拟人名。是一个贯串全书的人物，他有时是故事的主人公，有时是故事的评论者，在很大程度上是作者的化身。郁，有文采的样子；离，八卦之一，代表火；郁离，就是政治教化光明的意思。作者借郁离子之口，发表了对哲学、政治、经济、教化、世态、人情等方面的看法。刘基的门生徐一夔在洪武十九年给《郁离子》作序说："郁离者何？离为火，文明之象，用之其文郁郁然，为盛世文明之治，故曰《郁离子》。"吴从善《郁离子序》说："其意谓天下后世若用斯言，必可底文明之治耳。"②孳（zī）：生育；繁殖。③駃騠（jué tí）：骏马名。④是：此，代词。⑤诸："之于"二字的连用。⑥内厩：皇宫里的马房。⑦太仆：古代掌管宫廷车马的官员。⑧方贡：地方上进献给朝廷的贡品。这里指郁离子所献的駃騠。⑨冀产：冀北所出产。古时冀北所产纯色马为良种马。冀，地名，今河北省一带。⑩牧：皇宫之外的牧地。此处指"外厩"，其待遇低于"内厩"。⑪南宫子朝：虚拟人名。南宫，复姓。⑫熹华之山：虚拟山名。⑬实维帝之明都：原本是南方天帝的住处。维，是。帝，指南方天帝炎帝。明都，古称南方为明都，此指炎帝的住处。⑭爰有绀（gàn）羽之鹊：那里有一种羽毛青里带红的鹊。爰，代词。那里。绀羽，青而带红的羽毛。⑮菢（bào）而弗朋：这种鹊刚出生就显得与众不同。菢，禽鸟孵卵。朋，伦比；相类。⑯惟：思。⑰惟凤为能：惟有凤凰最有本领。⑱蹝（xǐ）其形：模仿凤凰的一举一动。蹝，履。这里作动词用，意为步其后尘。⑲于是道凤之道二句：意为以凤之道为己道，以凤之志为己志。⑳以凤之鸣鸣天下：模仿凤凰向天下发出鸣叫。㉑爽鸠：鸟名。㉒木主之与土偶：木雕的神像和泥塑的神像。㉓今子又以古反之：如今你又以古圣人的做法反其道而行之。㉔戾（lì）：罪。㉕咬（jiāo）然：形容鸟的鸣声。嵇康《赠秀才入军》："咬咬黄鸟，顾畴弄音。"㉖激空穴而殷岩岘（lóng）：其声音在洞穴中激荡，在山崖上震动。殷，震动。岩岘，高峻的山崖。㉗柯：树枝。㉘横体竖目：古人以"竖体横目"来指人类，而以"横体竖目"来指禽兽。㉙蠢蠢焉，熙熙焉：这里指听到鸟鸣声受到震动的样子。㉚鷔（áo）闻而大惕：黄鷔闻声而戒惧。鷔，黄鷔，传说中

的一种不祥之鸟。惕,戒惧。㉛挻(shān):夺取。这里引申为危害之义。㉜䴗(liù):鸟名,即天雀。其鸣声相属,有如诉说,故又称"告天鸟"。㉝王母之使:西王母的使臣。王母,即西王母,古代神话中的女神。㉞使鸩(yùn)日逐之:派鸩鸟天天去驱逐它。鸩,鸠鸟的别名。一种毒鸟。㉟进幽昌:举荐幽昌。幽昌,传说是北方的一种神鸟,名叫幽昌,它出现在哪里,哪里就要干旱。㊱委羽:垂下羽毛。㊲鶝鶔(fú róu):一种似鹊而短尾的鸟,据说用箭射它时,它能衔住箭反射人。㊳脰(dòu):颈项。㊴内:同"纳"。㊵吾子之不为幽昌而为鹊也:连上句意谓:如今天下不容你,正是因为你不是"幽昌鸟",而是"绀羽之鹊"。

忧 时

郁离子忧,须麋①进曰:"道之不行,命也。夫子何忧乎?"郁离子曰:"非为是也。吾忧夫航沧溟②者之无舵工也。夫③沧溟,波涛之所积也,风雨之所出也④,鲸鲵蛟蜃⑤于是乎集。夫其负锋铤而含铓锷⑥者,孰不有所俟⑦?今弗虑也,旦夕⑧有动,予将安所适⑨乎?"

须麋曰:"昔者太冥主不周⑩,河泄于其岫⑪,且渤⑫。老童过而惴之⑬,谓太冥曰:'山且渤。'太冥怒,以为妖言。老童退,又以语其臣,其臣亦怒曰:'山岂有渤乎!有天地则有吾山,天地渤,山乃渤耳。'欲兵之,老童愕而走⑭。无几,康回⑮过焉,弗肃⑯,又弗防也。康回怒,以头触其山。山之骨皆水裂,土隤于渊,沮焉⑰。太冥逃,客死于昆仑之墟,其臣皆亡厥家⑱。今吾子之忧,老童也。其若之何?"

戚之次且⑲谓郁离子曰:"子何为其垂垂也与⑳?子非有愿欲于今之人也,何为其然也?"郁离子仰天叹曰:"小子焉知予哉?"

戚之次且曰:"昔周之娅冶子㉑早丧其父,政属于家僮㉒,沸用贿㉓,于是家日迫㉔。将改父之旧㉕,其父之老不可㉖,僮群诟㉗而出之。其母禁之。僮曰:'老人不知死而弗自靖㉘也。'夫以其父之老与其母之言且不听也,而况于疏远之人乎?忧之何补?只自瘠㉙也。"郁离子曰:"吾闻天之将雨也,穴蚁知之;野之将霜也,草虫知之。知之于将萌,而避之于未至,故或徙焉,或蛰㉚焉,不虚其知也。今天下无可徙之地、可蛰之土矣,是为人而不如虫也。诗不云乎:'匪鹑匪鸢,翰飞戾天。匪鳣匪鲔,潜逃于渊㉛。'言其无所往也。吾何为而不忧哉?"戚之次且曰:"昔者孔子以天纵之圣㉜,而不得行其道,颠沛穷厄,无所不至,然亦无往而不自得,不为无益之忧,以毁其性也。是故君子之生于世也,为其所可为,不为其所不可为而已。若夫吉凶祸福,天实司㉝之,吾何为而自孽㉞哉?"

[注释]

①须麋:即"须眉"。《荀子·非相》:"伊尹之状,面无须麋。"古人常以"须眉"借指男子,此处用以作人名。②沧溟:海洋。③夫:句首发语词。④波涛之所积也二句:意指大海是波涛汹涌、风雨出没之所。⑤鲸鲵蛟蜃(shèn):鲸鲵,水栖动物。孔颖达疏引裴渊《广州记》:"鲸鲵长百尺,雄曰鲸,雌曰鲵。"蛟,古代传说中居于深渊、能发洪水的一种龙。蜃,大蛤。⑥负锋铤(yán)而含铓(máng)锷(è):指海中"鲸鲵蛟蜃"等张牙舞爪。锋,兵器的尖端。铤,小矛。铓,刀剑等的尖锋。锷,剑刃。⑦俟:等待。这里指"鲸鲵蛟蜃"等正伺机加害于渡海者。⑧旦夕:早晚之间。⑨适:往。⑩昔者太冥句:从前有一位名叫太冥的帝王,为不周山之主。太冥,"北方极阴,故曰太冥",本指北方,这里指传说中的上古帝王颛顼(zhuān xū)。不周,即不周山。《山海经·大荒西经》:"西北海之外,大荒之隅,有山而不合,名曰不周。"⑪岫(xiù):山穴。《尔雅·释山》:"山有穴为岫。"⑫且沥(liè):将要裂开、塌陷。沥,石依其纹理而裂开。⑬老童过而惕之:老童经过这里恐惧万分。老童,传说古帝颛顼之子。《山海经·大荒西经》:"有榣山……颛顼生老童,老童

生祝融，祝融生太子长琴，是处榣山。"⑭愕而走：受惊而逃。⑮康回：即共工，传说中的人物。⑯弗肃：没有恭敬地引进。⑰土隤（tuí）于渊二句：泥土坠落于水潭，不周山变成了水泽。隤，崩颓，坠下。沮，沮泽，水草丛生之处。⑱亡厥家：失去其家室。厥，其。⑲戚之次且（zī jū）：戚，地名，春秋时属卫国，故址在今河南濮阳县北。次且，同"趑趄"。欲行又止，犹豫不前的样子。这里用作人名。⑳子何为句：您为何忧心忡忡啊？垂垂，忧心忡忡的样子。与，同"欤"。疑问语气助词。㉑娅冶子：虚拟人名。㉒政属于家僮：治家之权落入僮仆之手。㉓沸用贿：铺张浪费。沸，水涌起貌，这里指挥霍无度。贿，财物。㉔迫：窘迫；非常穷困。㉕旧：老规矩。㉖父之老不可：父辈们不赞成。㉗群诟：群起诟骂。㉘弗自靖：意指多管闲事。靖，安静。㉙痗（mèi）：忧思成病。㉚蛰（zhé）：蛰伏，动物冬眠，潜伏起来不食不动。㉛匪鹑（chún）匪鸢（yuān）四句：语出《诗经·小雅·四月》。意思是说自己不是禽鸟，不能高飞上天；不是鱼类，不能潜到深水中去。匪，同"非"。鹑，鹑鹑。鸢，一种猛禽，又称鹞鹰，能高飞。翰，高飞。鳣（zhān），鲟鱼。鲔（wěi），鲟鱼的古称。㉜天纵之圣：上天使他成为圣人。㉝司：掌管。㉞自孽：这里指自己跟自己过不去。孽，病，害。

规执政

郁离子谓执政①曰："今之用人也，徒以具数与②？抑③亦以为良而倚以图治与？"执政者曰："亦取其良而用之耳。"郁离子曰："若是，则相国之政与相国之言不相似矣。"执政者曰："何谓也？"郁离子曰："仆闻农夫之为田④也，不以羊负轭⑤；贾子⑥之治车也，不以豕骖服⑦，知其不可以集事⑧，恐为其所败也。是故三代之取士⑨也，必学而后入官，必试之事而能，然后用之。不问其系族⑩，惟其贤，不鄙其侧陋⑪。今风纪之司⑫，耳目所寄，非常之选也⑬。仪服云乎哉，言语云乎哉⑭，乃不公天下之贤⑮，而悉取⑯诸世胄⑰、昵近⑱之都那竖⑲为之，是爱国家不如农夫之田、贾子之车也。"执政者许⑳其言而心忤㉑之。

[注释]

①执政：掌管国家政事的大臣，即下文的"相国"。②徒以具数与：只用来凑数吗？徒，只。具，徒有形式。③抑：或者。④为田：田地劳作。⑤负轭（è）：指驾车。轭，驾车时套在牛马颈部的人字形器具。⑥贾（gǔ）子：经商的人。⑦不以豕（shǐ）骖（cān）服：不用猪驾车。豕，猪。骖服，古代一车四马，居中的两马叫"服"，外边的两匹叫"骖"。⑧集事：成事。⑨三代之取士：夏、商、周三个朝代选拔人才。⑩系族：世系家族。⑪不鄙其侧陋：没有瞧不起其微贱的出身。鄙，轻视。⑫风纪之司：负责法度、纲纪的官署。⑬耳目所寄二句：国家以耳目寄之，其选出的人才都是关系到国家前途命运的非常之选。指选拔人才责任重大。耳目，指国家把"风纪之司"视同眼睛、耳朵。寄，寄托。⑭仪服二句：指统治者选拔人才只看重外表。云乎哉，句末语助词，无义。⑮不公天下之贤：没有公正地对待天下贤才。⑯取：选拔、录用。⑰世胄：贵族的后裔，世家子弟。⑱昵近：亲近。⑲都那竖：大都市里的纨绔子弟。都，都市。那竖，美少年。⑳许：称许。㉑忤：违逆；抵触。

良　桐

工之侨①得良桐焉，斫②而为琴，弦而鼓之③，金声而玉应④。自以为天下之美也。献之太常⑤。使国工⑥视之，曰："弗古。"还之。工之侨以归⑦，谋诸漆工⑧，作断纹焉；又谋诸篆工⑨，作古窾⑩焉，匣而埋诸土⑪。期年⑫出之，抱以适市⑬。贵人过而见之，易⑭之以百金，献诸朝。乐官传视，皆曰："希世⑮之珍也。"

工之侨闻之叹曰："悲哉世也！岂独一琴哉？莫不然矣！而不早图之，其与亡矣⑯。"遂去，入于宕冥之山⑰，不知其所终。

[注释]

①工之侨：虚拟人名。②斫：砍削；雕刻。③弦而鼓之：配上琴弦弹拨音乐。④金声而玉应：琴声有如金钟之声，其回声有如玉磬之声。⑤太常：即太常寺，朝中掌管祭祀、礼乐的官署。⑥国工：指一国中技艺特别高超的乐工。⑦以归：以之归。把琴带回去。⑧谋诸漆工：到油漆匠那里商量对策。⑨篆工：篆刻工匠。⑩古窾（kuǎn）：古代的款识。窾，通"款"。钟鼎彝器上铸刻的文字。作"断纹"及"古款"都是伪造古董的手法。⑪匣而埋诸土：装在匣子里再埋入土中。⑫朞（jī）年：一周年。⑬适市：到市场上去。⑭易：交易。这里指买取。⑮希世：稀世。⑯其与亡矣：将跟这个社会同归于尽了。⑰宕冥之山：虚拟山名。宕冥，高远幽深的样子。

巫 鬼

王孙濡①谓郁离子曰："子知荆巫②之鬼乎？荆人尚鬼而崇祠③，巫与鬼争神④，则隐而卧其偶⑤。鬼弗知其谁为之也，乃蠥⑥于其乡。乡之老往祠，见其偶之卧，醮而起⑦焉。鬼见以为是卧我者也，欧⑧之，踣⑨而死。今天下之卧，弗可起矣⑩，而⑪不避焉，无益，只取尤⑫耳。"

[注释]

①王孙濡：虚拟人名。②荆巫：楚国巫师。③荆人句：楚国人敬鬼而重祭祀。④争神：争夺神灵的地位。⑤则隐而卧其偶：（巫师）便暗中把鬼的偶像放倒在地。偶，用土、木等制成的神像。⑥蠥（niè）：同"孽"。作祟；为害。⑦醮（jiào）而起：祭奠一番后把鬼的偶像扶起来。醮，一种祷神的祭礼。⑧欧：通"殴"。殴打。⑨踣（bó）：向前仆倒。⑩今天下之卧二句：如今的天下就像那个鬼的偶像，倒在地上扶不起了。意指不可救药。⑪而：如果；假如。⑫尤：罪过。

乱几

郁离子曰：一指之寒弗燠①，则及于其手足；一手足之寒弗燠，则周于其四体。气脉之相贯也，忽②于微而至大。故疾病之中人③也，始于一腠理④之不知，或知而忽之也，遂至于不可救以死，不亦悲夫？天下之大，亡一邑不足以为损，是人之常言也。一邑之病不救，以及一州，由一州以及一郡，及其甚也，然后倾天下之力以救之，无及于病，而天下之筋骨疏矣。是故天下，一身也。一身之肌肉、腠理、血脉之所至，举⑤不可遗也。必不得已而去，则爪甲而已矣。穷荒绝徼⑥，圣人以爪甲视之，虽无所不爱，而损⑦之可也。非若手足指之不可遗，而视其受病以及于身⑧也。故治天下者，惟能知其孰为身，孰为爪甲，孰为手足指，而不逆施之，则庶几乎弗悖矣⑨。

[注释]

①燠（yù）：使温暖。②忽：疏忽；忽视。③疾病之中（zhòng）人：疾病之侵入人的躯体。中，侵袭。④腠（còu）理：中医指皮下肌肉之间的空隙。⑤举：全部。⑥徼（jiào）：边界。⑦损：减损。这里有舍弃的意思。⑧视其受病以及于身：眼看着它们遭受疾病侵害然后扩散到全身。⑨庶几乎弗悖矣：也许可以不违背治国之理了。

养枭

楚太子①以梧桐②之实养枭③，而冀其凤鸣④焉。春申君⑤曰："是枭也，生而殊性⑥，不可易也，食何与焉⑦！"朱英⑧闻之，谓春申君曰:"君知枭之不可以食易其性而为凤矣,而君之门下,无非狗偷鼠窃亡赖⑨之人也,而君宠荣之。食之以玉食,荐⑩之以珠履⑪,将望之以国士⑫之报⑬。以臣观之,亦何异乎以梧桐之实养枭,而冀其凤鸣也?"春申君不寤⑭,卒为李园⑮所杀,而门下之士无一人能报者。

[注释]

①楚太子:这里当指楚考烈王的太子,即后来的楚幽王。②梧桐:一种落叶的乔木,传说它是凤凰唯一栖止的树。③枭:一种猛禽,昼伏夜出,捕食鼠类,外形与猫头鹰相似。④冀其凤鸣:希望它能发出凤凰的鸣叫声。冀,希望。⑤春申君:战国时楚人,姓黄名歇。考烈王时,以歇为相,封为春申君。考烈王死后,为楚贵戚李园所杀。历史上,人们将他与齐国的孟尝君、赵国的平原君、魏国的信陵君合称四公子。四公子均有争下士、养宾客之风。⑥殊性:独特的习性。⑦食何与焉:喂它梧桐之果实也不会起什么作用。⑧朱英:春申君的上客,有智谋,后任郎中。曾劝春申君除楚贵戚李园,不听,出走。⑨亡(wú)赖:无赖。⑩荐:赠。⑪珠履:饰以珠子的鞋。《史记·春申君列传》记载:春申君养客三千余人,曾令其上客皆蹑珠履以见赵使,赵使大惭。⑫国士:一国中才能最优秀的人物。⑬报:回报;报答。⑭寤(wù):同"悟"。醒悟。⑮李园:原为赵人,因所献妹妹被楚考烈王立为王后而得宠。

献 马

周厉王①使芮伯②帅师伐戎③,得良马焉,将以献于王。芮季④曰:"不如捐⑤之。王欲无厌⑥,而多信人之言。今以师归而献马焉,王之左右必以子获为不止一马,而皆求于子。子无以应之,则将哓⑦于王,王必信之,是贾祸⑧也。"弗听,卒献之。荣夷公⑨果使有求焉,弗得,遂潛⑩诸王曰:"伯也隐⑪。"王怒,逐⑫芮伯。

君子谓芮伯亦有罪焉尔——知王之渎货⑬而启⑭之,芮伯之罪也。

[注释]

①周厉王:西周的第十个天子,在位三十四年,暴虐、信谗而又好利。②芮(ruì)伯:周厉王的卿士。③戎:西戎。古时对西北地区少数民族的泛称。④芮季:即芮良夫,周厉王时卿士。曾作《桑柔》(《诗经·大雅》篇名)以刺厉王。⑤捐:弃;抛弃。⑥厌:满足。⑦哓(xiāo):哓哓。乱嚷乱叫。这里指进谗言。⑧贾(gǔ)祸:招致灾祸。⑨荣夷公:周之卿士。《国语·周语上》说他"好专利而不知大难","所怒甚多"。⑩谮(zèn):诬陷;谗毁。⑪伯也隐:芮伯隐藏了财物。⑫逐:放逐;赶走。⑬渎货:贪财。渎,通"黩"。贪求。⑭启:诱发。

燕王好乌

燕王好乌①,庭有木,皆巢乌②,人无敢触之者,为其能知吉凶而司③祸福也。故凡国有事,惟乌鸣之听④。乌得宠而矜⑤,客至则群呀⑥之,百鸟皆不敢集也。于是大夫、国人咸事乌⑦。乌攫腐以食⑧,腥于庭,王⑨厌之,左右曰:"先王之所好也。"一夕,有鸱止⑩焉,乌群睨而附之,如其类⑪。鸱入,呼于宫。王使射之。鸱死,乌乃呀而啄之,人皆丑之。

[注释]

①燕王好乌:燕王喜欢乌鸦。燕,周代诸侯国,战国七雄之一,在今河北北部、辽宁南部一带。②皆巢乌:树上筑满了乌鸦巢。③司:主管;掌管。④故凡国有事二句:所以大凡国家有什么事,就只管听乌鸦的鸣叫之声来作决定。⑤矜:骄傲;自尊自大。⑥呀:嚷叫。⑦咸事乌:都来侍养乌鸦。事,侍奉。⑧攫腐以食:抓取腐烂腥臭的东西食用。⑨王:燕王之继任者。⑩鸱(chī)止:猫头鹰飞落下来。鸱,猫头鹰。止,飞落。⑪乌群睨(nì)二句:

乌鸦都斜着眼打量它，然后靠近它，像对自己的同类一样。睨，同"睨"，斜视。

八　骏

穆天子得八骏①，以造王母②。归而伐徐偃王③，灭之。乃立天闲④、内、外之厩。八骏居天闲，食粟日石⑤；其次乘居内厩，食粟日八斗；又次居外厩，食粟日六斗；其不企⑥是选者，为散马，散马日食粟五斗；又下者为民马，弗齿于官牧⑦。以造父⑧为司马⑨，故天下之马无遗良，而上下其食者，莫不甘心焉。

穆王崩⑩，造父卒，八骏死，马之良驽⑪莫能差⑫，然后以产区焉⑬。故冀之北土纯色者为上乘，居天闲，以驾王之乘舆⑭；其厖⑮为中乘，居内厩，以备乘舆之阙⑯，戎事用之；冀及济河以北居外厩，诸侯及王之公卿大夫及使于四方者用之；江淮以南为散马，以递传、服百役，大事弗任⑰也。其士食亦视马高下，如造父之旧。

及夷王⑱之季年⑲，盗起。内厩之马当服戎事，则皆饱而骄，闻钲鼓⑳而辟易㉑，望旆㉒而走。乃参以外厩㉓。二厩之士不相能㉔。内厩曰："我乘舆之骖服㉕也。"外厩曰："尔食多而用寡，其奚以先我㉖。"争而闻于王。王及大臣皆右㉗内厩。既而与盗遇，外厩先，盗北㉘；内厩又先，上㉙以为功。于是外厩之士马俱懈㉚。盗乘而攻之，内厩先奔，外厩视而弗救，亦奔。马之高足骧首者㉛尽没㉜。王大惧，乃命出天闲之马。天闲之马实素习吉行㉝，乃言于王，而召散马。散马之士曰："戎事尚力，食充则力强。今食之倍者且不克荷㉞，吾侪㉟力少而恒劳，惧弗肩㊱

也。"王内省而惭,慰而遣之,且命与天闲同其食。而廪粟不继㊲,虚名而已。于是四马之足交于野㊳,望粟而取。农不得植,其老羸㊴皆殍㊵,而其壮皆逸入于盗,马如之㊶。

王无马,不能师㊷,天下萧然。

[注释]

①穆天子得八骏:周穆王得到八匹骏马。穆天子,即周穆王,周代第五位君王。《穆天子传》载有他驾八骏会见西王母的故事。八骏,传说中周穆王的八匹骏马,分别名为:赤骥、盗骊、白义、逾轮、山子、渠黄、华骝、绿耳。②造王母:去会见西王母。造,到;去。王母,神话传说人物西王母。③徐偃王:穆王时徐国国君。周穆王西征时率兵叛周,自称徐偃王。④天闲:古时指天子的马厩。⑤食(sì)粟日石:每天用一石粟做马料喂养它们。石,容量单位,十斗为一石。⑥企:企及;赶上。⑦弗齿于官牧:不在官马的饲养之列。齿,并列。牧,此指喂养。⑧造父:周穆王时的善御者。曾为穆王御马,西征有功,穆王"乃赐以赵城,由此为赵氏",系赵国始祖。见《史记·赵世家》。⑨司马:官名。西周始置,春秋战国时沿用。掌管军政和军赋。这里指主管马政的官。⑩崩:古代称帝王或皇后的死叫"崩"。⑪良驽:优劣。⑫差:区别。⑬以产区焉:按产地来加以区分。⑭乘舆:指帝王所乘的车。⑮厖(máng):错杂;乱。这里指毛色不纯之马。⑯阙:同"缺"。⑰任:用。⑱夷王:周代国君,穆王后代。⑲季年:末年。⑳钲(zhēng)鼓:古代军中的两种乐器,"钲以静之,鼓以动之",以鸣钲擂鼓为行军作战的信号。㉑辟易:因受惊而后退。㉒旆(pèi):旌旗。㉓参以外厩:命令外厩的马也参加战斗。㉔不相能:不相和。㉕骖(cān)服:古代一车四马,居中两匹为"服",旁边两匹为"骖"。这里统称驾车的马。㉖其奚以先我:凭什么要先让我们去冲锋陷阵?㉗右:袒护。㉘北:败北。㉙上:指天子。㉚懈:怠慢。这里指泄气。㉛高足骧(xiāng)首者:高头大马。骧首,马昂首。㉜没:覆没。㉝素习吉行:一向习惯于在和平的环境中为天子拉车。㉞不克荷:不能承担。荷,承担;担负。㉟吾侪(chái):我辈。㊱肩:担负。㊲廪粟不继:粮饷供应不上。㊳四马之足交于野:御者驾驭各自的马车在野外乱窜,马足相交。四马,指天闲之马、外厩之马、内厩之马和江淮以南的散马。㊴羸(léi):瘦

弱。⑩殍（piǎo）：饿死。㊶马如之：马匹也跟着走了。㊷不能师：无法行军打仗。

蜀　贾

蜀贾①三人皆卖药于市。其一人专取良②，计入以为出，不虚价，亦不过取赢③。一人良不良皆取焉，其价之贱贵，惟买者之欲，而随以其良不良应之④。一人不取良，惟其多卖，则贱其价，请益，则益之不较⑤。于是争趋之，其门之限⑥月一易⑦，岁余而大富。其兼取者趋稍缓，再期⑧亦富。其专取良者，肆日中如宵⑨，旦食而昏不足。

郁离子见而叹曰："今之为士者亦若是夫！昔楚鄙⑩三县之尹⑪三：其一廉而不获于上官，其去也，无以僦⑫舟，人皆笑以为痴；其一择可而取之，人不尤⑬其取，而称其能贤；其一无所不取，以交于上官，子吏卒而宾富民⑭，则不待三年，举而任诸纲纪之司，⑮虽百姓亦称其善。不亦怪哉！"

[注释]

①蜀贾（gǔ）：四川的商人。贾，古指设肆售货的商人。②专取良：专门收购上等药材。③亦不过取赢：也不求过多的赢利。④惟买者之欲二句：根据买者的意愿，卖给他们优质药材或劣等药材。⑤请益，则益之不较：意为做买卖时，不跟顾客锱铢必较。益，增加。⑥限：门槛。⑦易：更换。⑧再期：两周年。⑨肆日中如宵：其店铺到中午时门前还像夜晚一样冷清。肆，店铺。⑩鄙：边远地区。⑪尹：古代长官，这里指县令。⑫僦（jiù）：租赁。原本作"就"，据四部丛刊本改。⑬尤：怨恨；责怪。⑭子吏卒句：把吏卒当作子女来娇宠，把富豪当作贵宾来奉敬。子、宾，这里均用作动词。⑮举而任诸句：被推荐到吏部去作官。举，推荐，推举。纲纪之司，指负责考核官吏的中央机构吏部。

贿赂失人心

北郭氏①之老卒,僮仆争政②。室坏不修,且压③。乃召工④谋之。请粟,曰:"未闲,女姑自食⑤。"役人告饥,莅事者⑥弗白⑦而求贿⑧,弗与,卒不白。于是众工皆愆恚⑨,执斧凿而坐。会天大雨霖,步廊之柱折,两庑⑩既圮⑪,次及于其堂,乃用其人之言,出粟具饔饩以集工⑫,曰:"惟所欲而与,弗靳⑬。"工人至,视其室不可支,则皆辞。其一曰:"向也吾饥,请粟而弗得。今吾饱矣。"其二曰:"子之饔饐⑭矣,弗可食矣。"其三曰:"子之室腐矣,吾无所用其力矣。"则相率而逝,室遂不葺⑮以圮。

郁离子曰:"北郭氏之先以信义得人力,致富甲天下。至其后世,一室不保,何其忽也⑯!家政不修,权归下隶,贿赂公行,以失人心,非不幸矣⑰。"

[注释]

①北郭氏:疑指春秋时期齐国大夫北郭子车之后。②争政:争权夺利。③压:这里指房顶塌陷。④工:工匠。原本作"公",据果育堂刊本、文渊阁本改。⑤女姑自食:你们姑且自备食粮吧。女,同"汝"。你们。⑥莅事者:负责人。⑦白:汇报。⑧求贿:索取贿赂。⑨愆恚(huì):疲惫不堪,怨愤不已。⑩庑(wǔ):正房对面和两侧的小屋子。⑪圮(pǐ):毁坏,倒塌。原本作"圯",据文渊阁本、果育堂刊本改。⑫出粟句:发放粮米备下饭菜召集工匠。饔(yōng)饩(xì),熟食和生肉。这里指饭菜。⑬靳(jìn):吝惜。⑭饐(ài):食物变质有馊臭味。⑮葺(qì):修缮房屋。⑯何其忽也:相差有多么远呀。忽,辽远的样子。⑰非不幸矣:指咎由自取。

请舶得苇筏

阏逢敦牂之岁①，戎事大举。有荐瓠里子宓②于外阃③者曰："瓠里先生实知兵，可将也④。"聘至，瓠里子过⑤郁离子，辞⑥，且请言焉。郁离子仰天叹曰："嗟乎悲哉！是举也忠矣，而独不为先生计哉？"瓠里子曰："何谓也？"郁离子曰："昔者秦始皇帝东巡，使徐市⑦入海求三神蓬莱之山。请舶⑧，弗予，予之苇筏⑨。辞⑩曰：'弗任⑪。'秦皇帝使谒者⑫让⑬之曰：'人言先生之有道⑭也，寡人⑮听之。而必求舶也，则不惟人皆可往也，寡人亦能往矣，而焉事先生为哉？'徐市以应，退而私具舟，载其童男女三千人，宅海岛而国焉⑯。秦皇帝留连海滨，待徐市不至，不得三神山而归，殂⑰于沙丘。今之用事者⑱，皆肉食⑲。吾恐先生之请舶而得苇筏也。"既而果不用瓠里子。

[注释]

①阏逢(yān péng)敦牂(zāng)之岁：指甲午年。《尔雅·释天》："太岁在甲曰阏逢"，"在午曰敦牂"。阏逢，亦作"阏蓬"。这里似指元至正十四年(1354)。②瓠(hú)里子宓(fú)：虚拟人名。③外阃(kǔn)：郭门之外。借指京城以外的武将或文官。④可将也：可以委任他做将领。⑤过：拜访；探望。⑥辞：指向郁离子辞行告别。⑦徐市(fú)：一作徐福。秦方士。《史记·秦始皇本纪》："齐人徐市等上书，言海中有三神山，名曰蓬莱、方丈、瀛洲，仙人居之……于是遣徐市发童男女数千人，入海求仙人。"⑧舶：航海大船。⑨苇筏：用竹木、芦苇编成的渡水工具。⑩辞：推辞。⑪弗任：难以胜任。⑫谒者：负责接待宾客的人。⑬让：责问；责备。⑭有道：有道术。此指道教所谓腾云驾雾之类。⑮寡人：古代君主的谦称。⑯宅海岛而国焉：在海岛上安家并建立了国家。⑰殂(cú)：死亡。⑱用事者：掌权者。⑲肉食：指目光短浅。语出《左传·庄公十年》："肉食者鄙，未能远谋。"

喻　治

郁离子曰：治天下者，其犹医乎！医切脉以知证，①审证以为方②。证有阴阳虚实，脉有浮沉细大，而方有汗下、补泻、针灼、汤齐之法，③参苓、姜桂、麻黄、芒硝之药，随其人之病而施焉。当则生，不当则死矣。是故知证知脉而不善为方，非医也，虽有扁鹊④之识，徒哓哓⑤而无用。不知证不知脉，道听涂⑥说以为方，而语人曰："我能医。"是贼⑦天下者也。故治乱，证⑧也；纪纲⑨，脉也；道德、政刑⑩，方与法也；人才，药也。夏⑪之政尚⑫忠，殷⑬承其敝⑭，而救⑮之以质⑯。殷之政尚质，周⑰承其敝，而救之以文⑱。秦用酷刑苛法，以箝⑲天下，天下苦之；而汉承之以宽大，守之以宁壹⑳。其方与证对，其用药也无舛㉑，天下之病有不瘳㉒者，鲜矣。

[注释]

①医切脉以知证：医生通过切脉了解病况。切脉，中医指诊脉。证，病况，症候。后多作"症"。下同。②方：药方。③而方有汗下句：汗下，指"发汗"。中医的一种治疗方法，通过发汗以达到散热和调节体温等作用。补泻，针灸学术语。针刺手法中起扶助正气作用的称为"补"，起祛除病邪作用的称为"泻"。针灼，即针灸。汤齐，即汤剂。指用药物加水煎煮，取汁饮服的汤液。④扁鹊：战国时医学家，被推崇为脉学的倡导者。⑤哓哓（xiāo）：乱嚷乱叫。⑥涂：通"途"。道路。⑦贼：戕害。⑧证：原本作"政"，据果育堂刊本、文渊阁本改。⑨纪纲：法制；伦常。⑩政刑：政令教化，刑法处治。⑪夏：我国历史上第一个朝代。⑫尚：推崇。⑬殷：即商代，因盘庚迁都于殷，故名。⑭承其敝：承接衰世。⑮救：补救。⑯质：质朴。此指商朝制度简略，不讲形式。⑰周：朝代名，周武王灭商后建立。⑱文：文采；形式。此指周朝制礼作乐，讲礼仪，重规矩。⑲箝（qián）：胁迫统治。⑳而汉承之二

句：汉朝接替了秦代，一改前朝的酷刑苛法而与民休养生息，用相对宽松的方法去管理国家。宁壹，安定统一。㉑舛（chuǎn）：错乱；谬误。㉒瘳（chōu）：痊愈。

噪 虎

郁离子以言忤①于时，为用事者所恶，欲杀之。大臣有荐其贤者，恶之者畏其用，扬言毁诸庭②。庭立者多和③之。或④问和之者曰："若⑤识其人乎？"曰："弗识，而皆闻之矣。"或以告郁离子，郁离子笑曰："女几之山⑥，乾鹊⑦所巢。有虎出于朴樕⑧，鹊集而噪⑨之。鸲鹆⑩闻之，亦集而噪。鹎鶋⑪见而问之曰：'虎，行地者也，其如子何哉而噪之也⑫？'鹊曰：'是啸而生风，吾畏其颠吾巢，故噪而去之⑬。'问于鸲鹆，鸲鹆无以对。鹎鶋笑曰：'鹊之巢木末⑭也，畏风，故忌虎。尔穴居⑮者也，何以噪为⑯！'"

[注释]

①忤：违逆；抵触。②扬言毁诸庭：在朝廷上放出诋毁他的言论。③和：附和。④或：代词。有人；有些人。⑤若：你。⑥女几之山：神话中的山名。⑦乾鹊：即喜鹊。⑧朴樕（sù）：丛生的小树。樕，应作"樕"。⑨噪：鸣噪，群鸟乱叫。⑩鸲鹆（qú yù）：鸟名。即八哥。⑪鹎鶋（bēi jū）：一种形如乌鸦的鸟。⑫其如子句：碍你啥事而哇哇乱叫呢！⑬去之：使（虎）离开。⑭木末：树梢。⑮穴居：住在洞穴里。⑯何以噪为：为什么也跟着乱嚷呢？

抟 沙

郁离子曰：民犹沙也，有天下者，惟能抟①而聚之耳。尧舜②之民，犹以漆抟沙，无时而解③。故尧崩，百姓如丧考妣④三载，四海遏密八音，⑤非威驱而令肃之也⑥。三代⑦之民，犹以胶抟沙，虽有时而融，不释然离也⑧。故以子孙传数百年，必有无道之君而后衰，又继而得贤焉，则复兴。必有大无道如桀与纣⑨，而人有贤圣诸侯如商汤、周武王⑩者间⑪之，而后亡。其无道未如桀、纣者不亡；无道如桀、纣，而无贤圣诸侯适丁其时⑫而间之者，亦不亡。霸世⑬之民，犹以水抟沙。其合也，若⑭不可开，犹水之冰⑮。然一旦消释，则涣然⑯离矣。其下者，⑰以力聚之，犹以手抟沙，拳则合，放则散。不求其聚之之道，而以责于民，曰："是顽而好叛。"呜呼！何其不思之甚也！

[注释]

①抟（tuán）：集聚，把散碎之物捏成团块状。②尧舜：传说中的两位远古帝王，两人一起被称为华夏最早的圣贤君主。③无时而解：指粘合得非常紧密，任何时候都分解不开。④考妣（bǐ）：指死去的父亲和母亲。⑤四海遏密八音：举国为尧舜之死而停止举乐。遏密，指皇帝死后停止举乐。八音，中国古代对乐器的统称。⑥非威驱而令肃之也：并非以威力驱使，也不是用政令强制百姓这样做的。⑦三代：夏、商、周三个朝代。⑧不释然离也：不会很快就散开。⑨桀与纣：夏桀和商纣。桀，夏代最后一个君主。纣，商代最后一个君主。两人均为中国历史上臭名昭著的暴君。⑩商汤、周武王：夏朝传到桀，被商汤所灭，建立商朝。商朝传到纣，被周武王所灭，建立西周。在封建社会里，这是两位被认为非常贤明的君主。⑪间：处于其间。⑫适丁其时：适逢其时。丁，当，逢。⑬霸世：指春秋末年战国时期。这一时期王道衰微，诸侯国纷纷以武力争霸天下，故称"霸世"。⑭若：似乎，好像。⑮犹水之冰：犹如水结成了冰。⑯涣然：离散貌。⑰其下者：这里指秦朝。

虞卿谏赏盗

平原君患盗，①诛之不能禁。或曰："更赏之，足则戢矣。②"

虞卿③曰:"不可,先王立赏罚,以劝惩善恶。衰世之政也,虽微④,犹足以激其趋⑤。故赏禁僭⑥,罚禁滥,县衡⑦以称之,犹惧其不平也,而况敢逆施之乎?夫民之轻禁以逞欲⑧,如水之决,必有所自,求而塞⑨之,斯可矣。今此之不塞⑩,而力遏其流,至于不能制⑪,乃不省其阙⑫,而欲矫⑬以逆先王之法度,是犹欲止水而去其防⑭也,其庸⑮有瘳⑯乎?夫民,有欲而无厌⑰者也,节以制之,⑱犹或逾焉⑲。盗而获赏,利莫大矣,利之所在,民必趋⑳焉。趋而禁之,是贰政㉑也;趋而不禁,人尽盗矣。是鼓乱㉒也,不臧孰甚焉㉓。"

平原君豁然而寤,起,再拜㉔受教。尽散其私财,以济贫乏,申明旧章,㉕而重购㉖以赏获盗者。于是赵盗皆走㉗之燕㉘,道不拾遗,虞卿之教也。

[注释]

①平原君患盗:平原君深恐平民造反。平原君,即赵胜。战国时赵国贵族,惠文王之弟。曾任赵相,有食客数千人。患盗,以平民造反频繁为心腹之患。②更赏之二句:改为奖赏他们,得到满足后他们自然就不造反了。更,改。戢(jí),止,止息。③虞卿:战国时人。虞氏,名失传,因进说赵孝成王,被任为上卿,称为虞卿。④微:衰微。⑤激其趋:指激励百姓向善。⑥僭(jiàn):过分。⑦县衡:悬着秤杆。县,同"悬"。悬挂。衡,秤杆,秤。⑧轻禁以逞欲:轻视禁令、制度以放任私欲。逞,放纵;肆行。⑨塞:堵塞。原本作"索",据四部丛刊本、果育堂刊本改。⑩塞:原本作"索",据果育堂刊本、四部丛刊本改。⑪制:禁止;遏制。⑫不省(xǐng)其阙:不明白自己的过失。省,醒悟。阙,过失;弊病。⑬矫:改变。⑭防:河堤,堤坝。原本作"坊",据四部丛刊本、文渊阁本改。⑮庸:副词。岂,难道。⑯瘳(chōu):痊愈。这里作者以治病来喻治水、治国等道理。⑰厌:满足。⑱节以制之:制定法令制度来制约他们。节,法度。制,禁止;制约。⑲犹或逾焉:尚且有可能越轨。逾,逾越;越过。⑳趋:追逐;追求。㉑贰政:国家政令自相矛盾。贰,两样,不一致。㉒鼓乱:鼓动百姓造反作乱。㉓不臧

(zāng)孰甚焉：还有什么比这种情况更坏的呢？臧，善，好。㉔再拜：古代的一种礼节。先后拜两次，表示礼节隆重。㉕申明旧章：申明原有的规章制度。明，原本作"朋"，据果育堂刊本、四部丛刊本改。旧章，这里指先王所立的规章制度。㉖重购：重金悬赏以求。㉗走：逃跑。㉘燕：燕国，战国七雄之一。

论 智

州之庸①问于郁离子曰："云，山出也，而山以之灵②；烟，火出也，而火以之畜③。不亦异哉？"郁离子曰："善哉问！④夫人之用智者，亦犹是也。夫智，人出也。善用之，犹山之出云也；不善用之，犹火之出烟也。韩非⑤囚秦，晁错⑥死汉，烟出火也。"

[注释]

①庸：平庸之人。②山以之灵：山却因为云而显得富有灵性。③火以之畜：火焰却因为浓烟而显得暗淡无光。畜，同"蓄"。蕴蓄。④善哉问：问得好啊！⑤韩非：战国末期法家的主要代表人物。著《孤愤》、《五蠹》、《说难》等十余万言，受到秦王嬴政的重视，被邀出使秦国。不久因李斯等陷害，被秦王囚禁，最后自杀于狱中。⑥晁错：西汉政论家。文帝时，任太常掌故。景帝即位，任御史大夫。在任期间，曾提出一系列治国方略。不久，吴楚等七国以诛晁错为名，发动武装叛乱，晁错终为袁盎等所谮，被景帝所杀。

鲁般第二

鲁 般

郁离子之市①,见坏宅而哭之恸②。或曰:"是犹可葺与?③"

郁离子曰:"有鲁般④、王尔⑤则可也,而今亡矣,夫谁与谋之?吾闻宅坏而栋不挠⑥者,可葺。今其栋与梁皆朽且折矣,举之则覆,不可触已。不如姑仍之,⑦则莞⑧桷⑨之未解⑩者犹有所附,以待能者。苟振而摧之,将归咎于葺者,弗可当⑪也。况葺宅必新其材⑫,间⑬其蠹⑭腐,其外完而中溃者悉屏⑮之。不束⑯椽⑰以为楹⑱,不斫柱以为椽。其取材也,惟其良,不问其所产。枫、柟、松、栝、杉、槠、柞、檀,无所不收。大者为栋为梁,小者为杙⑲为枸⑳,曲者为枅㉑,直者为楹,长者为榱㉒,短者为棁㉓,非空中而液身㉔者,无所不用。今医闾之大木竭矣㉕,规矩无恒㉖,工㉗失其度㉘,斧锯刀凿,不知所裁,桂樟柟栌,剪为樵㉙薪。虽有鲁般、王尔,不能轻施其巧,而况于无之乎!吾何为而不悲也!"

[注释]

①之（zhì）市：到集市上。之，到。②恸：悲哀过度；痛哭。③是犹可葺（qì）与：这房屋还可修缮吗？④鲁般：我国古代的建筑工匠，公输氏，名般，春秋时鲁国人，旧时建筑工匠尊他为"祖师"。⑤王尔：我国古代著名的建筑工匠。《韩非子·奸劫弑臣》："无规矩之法，绳墨之端，虽王尔不能以成方圆。"⑥挠：弯曲。⑦不如姑仍之：不如姑且保持原样。仍，沿袭；依循。⑧甍（méng）：屋脊。⑨桷（jué）：方的椽子。⑩解：这里指瓦解断裂。⑪弗可当：担当不起。⑫新其材：更新材料。⑬间：间隔。⑭蠹（dù）：蛀蚀。⑮屏（bǐng）：摈弃。⑯束：捆，缚。⑰椽（chuán）：椽子。安在梁上支架屋面和瓦片的木棍。⑱楹（yíng）：厅堂前部的柱子。⑲杙（yì）：小木桩；也指尖锐的小木条。⑳栭（ér）：柱顶上支持屋梁的方木，即斗拱。㉑栨（jǐ）：柱上的横木。㉒榱（cuī）：屋椽。㉓梲（zhuō）：同"棳"，梁上的短柱。㉔空中而液身：木心已空而木身满水。㉕闾间之大木竭矣：修造大门的大木头没了。间，里巷的门。这里指房屋的大门。竭，尽，没有。㉖规矩无恒：指造房子没有一定的规矩法度。㉗工：工匠。㉘度：标准。㉙槱（yǒu）：做燃料的木柴。

九尾狐

青丘之山，九尾之狐居焉。①将作妖，求髑髅②而戴之，以拜北斗③，而徼福④于上帝。遂往造共工之台⑤，以临九丘⑥。九丘十薮⑦之狐毕集，登羽山⑧而人舞⑨焉。有老狐⑩见而谓之曰："若⑪之所戴者，死人之髑髅也。人死，肉腐而为泥，枯骨存焉，是为髑髅。髑髅之无知，与瓦砾无异，而其腥秽，瓦砾之所不有，不可戴也。吾闻鬼神好馨香而悦明德，腥臊秽恶，不可闻也，而况敢以渎⑫上帝？帝怒不可犯也。弗悔，若必受烈祸。"

行未几，阏伯之墟⑬猎人邀⑭而伐⑮之，攒弩⑯以射其戴髑髅者。九尾之狐死，聚群狐而焚之，沮三百仞，⑰三年而臭乃熄。

[注释]

①青丘二句：青丘，传说中的海外国名。《山海经·海外东经》："朝阳之谷……青丘国在其北，其狐四足九尾。"九尾狐，传说中的异兽。《山海经·南山经》："（青丘之山）有兽焉，其状如狐而九尾，其音如婴儿，能食人。"②髑髅（dú lóu）：骷髅。死人的头骨。③拜北斗：祭天的一种仪式。北斗，也叫"北斗七星"。④徼（jiǎo）福：祈求保佑。⑤往造共工之台：前往共工台。共工之台，神话中的高台，上通于天。⑥临九丘：从高处看九州大地。临，站在高处看低处。九丘，原为古书名。后用以指九州。古代分中国为九州，故九州也即指中国。⑦九丘十薮（sǒu）：指九州方圆所有地方。九丘，这里与上文中的"九丘"意义略有不同，指"九山"，即九州的九座名山合称。《吕氏春秋·有始览》以会稽山、泰山、王屋山、首山、太华山、岐山、太行山、羊肠山、孟门山为九山。十薮，中国古代十个泽薮的总称。《尔雅·释地》中列举了"孟诸"、"云梦"等十薮的具体名称。薮，水少草木多的湖泽、水草地。⑧羽山：传说舜杀大禹父亲鲧的地方。⑨人舞：像人一样站立起舞。⑩狠：传说中跟狼同类的一种野兽。⑪若：你们。⑫渎：轻慢；亵渎。⑬阏（yān）伯之墟：阏伯当年住过的废墟。阏伯，人名，见《左传·昭公元年》。⑭邀：阻拦；截击。⑮伐：征讨；攻击。⑯攒（cuán）弩：聚集弓箭。攒，聚。弩，用机械发矢的弓。⑰沮三百仞：指恶臭冲天。沮，毁坏，败坏。仞，长度单位。古代以七尺或八尺为一仞。

东都旱

汉愍帝①之季年②，东都③大旱，野草皆焦，昆明之池竭④。洛巫⑤谓其父老曰："南山之湫⑥有灵物，可起⑦也。"父老曰："是蛟⑧也，弗可用也。虽得雨，必有后忧。"众曰："今旱极矣，人如坐炉炭。朝不谋夕，其暇计后忧乎？⑨"乃召洛巫，与如湫，⑩祷而起之。酒未毕三奠⑪，蛟蜿蜒⑫出。有风随之，飕飕然，山谷皆殷⑬。有顷，⑭雷雨大至，木尽拔。弥三日不止，伊、洛、瀍、涧⑮皆溢⑯，东都大困。始悔不用其父老之言。

[注释]

①汉愍（mǐn）帝：即汉献帝刘协。②季年：末年。③东都：东汉京城洛阳。④昆明之池竭：昆明池里的水干了。昆明池，池名。汉武帝时开凿。故址在今陕西西安市西。这里代指东都洛阳的池沼。竭，干涸。⑤巫：古代以求神、占卜为职业的人。⑥湫（qiū）：山间水潭。⑦起：起用。⑧蛟：蛟龙。古代传说中居于深渊、能发洪水的一种龙。⑨其暇计后忧乎：哪有空闲考虑后患呢？⑩与如湫：一同前往水潭。⑪奠：设酒食而祭。⑫蜿蜒：屈曲盘旋的样子。⑬殷：震动声。⑭有顷：过了一会儿。⑮伊、洛、瀍（chán）、涧：均为流经洛阳一带的河流名。⑯溢：水漫出来。这里指洪水泛滥。

萤与烛

郁离子曰：萤之为明，微微也。①昏夜得之，可以照物。取而置诸烛下，则黝然亡矣②。烛亦明矣哉，而不能不晦③于月也。太阳出矣，月之明又安在哉？故狗制④狐，豹制狗，虎制豹，狻猊⑤制虎。魏、吴、晋、宋、齐、梁、陈、隋之君⑥，惟其不当汉祖之时⑦也，使其在汉祖之时，不敢与布越伍，⑧而况能南面⑨哉？是故汤武⑩不作⑪，而后有桓文⑫；桓文不作，而后有秦。秦之王，适逢六国之皆庸君，故有贤人弗能用，而秦之间得行⑬。呜呼，岂秦之能哉！⑭

[注释]

①萤之为明，微微也：萤火虫作为一种照明物，其亮光极为微弱。②黝（yǒu）然亡矣：黑暗的看不见了。黝然，黑暗貌。这里指黯然无光的样子。亡，消亡，消失。③晦：昏暗。④制：制服。⑤狻猊（suān ní）：传说中的一种猛兽。⑥君：这里指开国之君。⑦当汉祖之时：处在汉高祖刘邦时代。当，处

在……之时。汉祖,即汉高祖刘邦。⑧不敢与布越伍:意指只能屈居于英布之下,难以与之平起平坐。布,即英布。汉初诸侯王。曾坐法黥面,故又称黥布。秦末率众起义,属项羽,作战常为先锋,以勇猛著称,封九江王。楚汉战争中归汉,封淮南王,从刘邦击灭项羽于垓下。汉初,因举兵反汉,战败被杀。越伍,越过队列。⑨南面:古代以面向南为尊位,帝王之位南向,故称居帝位为"南面"。⑩汤武:古代称颂的两位"圣王"。汤,即成汤,商朝的建立者。武,即周武王,姓姬名发,灭商,建立了西周王朝。⑪不作:没有兴起。⑫桓文:齐桓公、晋文公,为"春秋五霸"中的两位霸主。⑬秦之间得行:秦国利用这个空子才得以实现霸业,一统天下。⑭岂秦之能哉:哪里是秦国有什么本领啊!

德 胜

或问胜天下之道①,曰:"在德②。""何以胜德?"曰:"大德胜小德,小德胜无德。大德胜大力③,小德敌④大力。力生敌,⑤德生力。力生于德,天下无敌。故力者,胜一时者也;德,愈久而愈胜者也。夫力,非吾力也,人各力其力也⑥。惟大德为能得群力⑦,是故德不可穷而力可困⑧。"人言五伯⑨之假仁义也,或曰:"是何足道哉!"郁离子曰:"是非仁人之言也。五伯之时,天下之乱极矣,称诸侯之德无以加焉,虽假而愈于不能,⑩故圣人有取⑪也。故曰:诚胜假,假胜无。天下之至诚,吾不得见矣。得见假之者,亦可矣。"

[注释]

①胜天下之道:取胜于天下的方法。②德:仁义道德。《后汉书·鲁恭传》:"夫以德胜人者昌,以力胜人者亡。"③力:威力;武力;权势。④敌:抵挡;对抗。⑤力生敌:这里指力量产生对抗的能力。⑥人各力其力:指各人施展各人自己的力量。⑦群力:众人之力。⑧是故德不可穷而力可困:所以仁义道德所产生的力量是无穷无尽的,而缺乏仁义道德的力量是会衰竭的。困,

贫乏，困乏。⑨五伯：即"五霸"。春秋时先后称霸的五个诸侯。指齐桓公、晋文公、楚庄王、吴王阖闾、越王勾践。一说指齐桓公、宋襄公、晋文公、秦穆公、楚庄王。⑩称诸侯二句：称道诸侯之仁义道德没有比这个时候更多的了，虽然圣人们也知道这些诸侯都是假借仁义，但至少认为胜过那些对仁义提都不会提的人。愈，胜过。⑪有取：有所择取。

德胜续篇

郁离子曰：甚矣，仁义之莫强于天下①也。五伯假之②，而犹足以维③天下，而获天下之显名④，而况于出之以忠、行之以信⑤者哉！今人谈仁义以口，间取其一二无拂于其欲者，时行焉，将以贾誉也。⑥及其弗获⑦，则举⑧仁义以为迂⑨而舍之，至于死弗寤。哀哉！

[注释]

①仁义之莫强于天下：整个天下没有比仁义的力量更强大的了。②假之：假借仁义。③维：维持。④显名：显赫的名声。⑤出之以忠、行之以信：发自内心，并以诚信来加以施行。忠，忠心；内心。⑥今人四句：现在的人口头上大讲仁义，间或选取其中不会影响自己私欲的几条不时地加以施行，企图借以沽名钓誉。拂，违逆；不顺。拂，原本作"核"，据果育堂刊本、四部丛刊本改。⑦弗获：指没能取得名誉地位。⑧举：举出；提出。这里指借口。⑨迂：迂腐。

象　虎

齐愍王①既取燕灭宋②，遂伐赵侵魏，南恶楚，西绝秦交，示威诸侯，以求为帝。③

平原君④问于鲁仲连⑤曰："齐其成乎？⑥"鲁仲连笑曰："成

哉?臣窃⁷悲其为象虎⁸也!"平原君曰:"何谓也?"鲁仲连曰:"臣闻楚人有患狐⁹者,多方以捕之,弗获。或教之曰:'虎,山兽之雄也,天下之兽见之,咸⁽¹⁰⁾詟⁽¹¹⁾而亡其神⁽¹²⁾,伏而俟命⁽¹³⁾。'乃使作象虎,取虎皮蒙之,出于牖⁽¹⁴⁾下,狐入遇焉,啼而踣⁽¹⁵⁾。他日,豕⁽¹⁶⁾暴⁽¹⁷⁾于其田,乃使伏象虎,而使其子以戈掎⁽¹⁸⁾诸衢⁽¹⁹⁾。田者呼,豕逸于莽⁽²⁰⁾,遇象虎而反奔衢,获焉。楚人大喜,以象虎为可以皆服天下之兽矣。于是野有如马⁽²¹⁾,被⁽²²⁾象虎以趋⁽²³⁾之。人或止之曰:'是驳⁽²⁴⁾也,真虎且不能当⁽²⁵⁾,往且败。'弗听。马雷响⁽²⁶⁾而前,攫⁽²⁷⁾而噬⁽²⁸⁾之,颅磔⁽²⁹⁾而死——今齐实象虎,而燕与宋,狐与豕也。弗戒,诸侯其无驳乎?"

明年,望诸君以诸侯之师入齐,愍王为淖齿所杀⁽³⁰⁾。

[注释]

①齐愍王:战国齐宣王之子。②既取燕灭宋:《史记·燕召公世家》载:齐愍王曾派兵攻打燕国,燕国"士卒不战,城门不闭,燕君哙死,齐大胜"。《史记·田敬仲完世家》又载,齐愍王伐燕后又伐宋。"宋王出走,死于温。"③遂伐赵侵魏五句:《史记·田敬仲完世家》载,齐愍王三十六年,曾攻秦,自称为东帝;三十八年,又"南割楚之淮北,西侵三晋(韩、赵、魏),欲以并周室,为天子。泗上诸侯,邹鲁之君皆称臣"。于是愍王愈益骄狂。④平原君:见《虞卿谏赏盗》篇注释。⑤鲁仲连:战国时齐国高士,曾出游赵国,为赵国伸张正义,解除秦国的威胁。⑥齐其成乎:齐愍王能够成功吗?⑦窃:谦词。私自;私下。⑧象虎:老虎的模型。这里指假老虎。⑨患狐:苦于狐害成灾。⑩咸:皆。⑪詟(zhé):恐惧。⑫亡其神:失魂落魄。⑬俟命:等死。俟,等待。⑭牖(yǒu):窗户。⑮踣(bó):踣毙,倒地而死。⑯豕:猪。这里指野猪。⑰暴:损害;糟蹋。⑱掎(jǐ):牵制。⑲衢:通往四处的大路。⑳莽:草木丛生之地。㉑如马:形状像马的动物,即下文中所说的驳。㉒被(pī):披。㉓趋:赶。㉔驳(bó):传说中的一种猛兽。《山海经·西山经》:"中曲之山……有兽焉,其状如马,而白身黑尾,一角,虎牙爪,音如鼓,其名曰驳,是食虎豹。"㉕当:抵挡。㉖响(hǒu):吼叫。㉗攫:用爪抓取。

㉘噬：咬。㉙颅礋（lú zhé）：头骨碎裂。㉚望诸君二句：齐愍王四十年，燕国亚卿乐毅建议燕昭王伐齐，得到秦、楚、晋等国的响应，各出锐师，以乐毅为统帅，齐愍王出逃。不久，楚将淖（zhuō）齿杀了愍王。望诸君，即乐毅。燕昭王死，乐毅被谗投赵，赵封他于观津（在冀州），号为"望诸君"。

蟾蜍与蚵蚾

蟾蜍①游于泱瀼②之泽，蚵蚾以其族见③。喜其类己也，欲与俱入月，使鼀䴌④呼之。问曰："彼何食？"曰："彼宅于月中，身栖桂树⑤之阴，餐泰和之淳精⑥，吸风露之华滋⑦，他无所食也。"蚵蚾曰："若是，则予不能从矣。予处泱瀼之中，一日而三饱。予焉能从彼单栖于沉漻⑧，枵⑨其胃肠而吸饮风露乎？"问其食，不对。鼀䴌复命，使返而窥之。则方据溷而食其蛆⑩，盬⑪粪汁而饮之，满腹然后出，肭肭然⑫。鼀䴌返曰："彼之食，溷蛆与粪汁也。一日不可无也，而焉能从子！"蟾蜍蹙额⑬而咍⑭曰："呜呼！予何罪乎，而生与此物类⑮也！"

[注释]

①蟾蜍（chán chú）：这里指传说中住在月宫里的蟾蜍。②泱瀼（yǎng nǎng）：水流的样子。③蚵蚾（hé bǒ）以其族见：蚵蚾率领它的同族前去相见。蚵蚾，蟾蜍的一种。④鼀䴌（qù cù）：蟾蜍的一种，似蛤蟆，居陆地。⑤桂树：神话传说中月亮里的桂树。⑥泰和之淳精：阴阳淳精之气。⑦华滋：华美的汁液。⑧单栖于沉漻（xuè liáo）：孤单地栖息在月宫中。沉漻，高旷清冷之处。宋玉《九辩》："沉漻兮天高而气清。"这里指月宫。⑨枵（xiāo）：大树中空的样子，后常用以比喻腹空无食。⑩方据溷（hùn）而食其蛆：正蹲在粪坑边吃蛆虫。溷，粪坑。蛆，蝇类的幼虫。⑪盬（gǔ）：吸。⑫肭（nà）肭然：肚子胀鼓鼓的。⑬蹙（cù）额：皱眉头。⑭咍（hāi）：讥笑；嗤笑。⑮类：指外形相似。

豺　智

郁离子曰：豺之智其出于庶兽者乎？①呜呼！岂独兽哉？人之无知也，亦不如之矣！故豺之力，非虎敌②也，而独见焉则避，及其朋之来③也，则相与掎角④之。尽虎之力得一豺焉，未暇⑤顾其后也，而掎之者⑥至矣。虎虽猛，其奚以当之⑦！长平之役，⑧以四十万之众，投戈甲而受死，惟其智之不如豺而已。

[注释]

①豺之智其出于庶兽者乎：豺的智力，难道超出一般的兽类吗？豺，野兽名。形似犬而残猛如狼。庶兽，众兽。②非虎敌：不是虎的对手。③朋之来：成群结队的豺前来。④掎角：分兵牵制或夹击敌人。⑤暇：空闲；闲暇。⑥掎之者：指从背后夹击老虎的豺。⑦奚以当之：怎能抵挡得住豺的夹击呢？⑧长平之役：长平，古城名。故址在今山西省高平县西北。战国时秦将白起曾大败赵将赵括，坑杀赵降卒四十余万于此。

玄豹第三

玄　豹

　　石羊先生①谓郁离子曰:"呜呼!世有欲盖而彰②、欲抑而扬、欲揜其明而播其声者③,不亦异乎④!"

　　郁离子喟然⑤叹曰:"子不见夫南山之玄豹⑥乎?其始也,黔黔⑦耳,人莫之知也。雾雨七日不下食,以泽⑧其毛而成其文⑨。文成矣,而复欲隐,何其蚩⑩也!是故县黎之玉⑪,处顽石⑫之中,而潜于幽谷之底,其寿可以与天地俱⑬也。无故而舒其光⑭,使人瞡⑮而骇⑯之,于是乎椎凿来而扃镭发⑰矣。桂树之轮囷诘槔⑱,与栲栎⑲奚异?而斧斤⑳寻之,不惮阻远者,㉑何也?以其香之达㉒也。故曰:欲人之不见,莫若旸其明㉓;欲人之不知,莫若瘖其声㉔。是故鹦鹉縶㉕于能言;蜩蚉获于善鸣㉖。樗以恶而免割,㉗瓟㉘以苦而不烹。何其翳子之烨烨而返子之冥冥乎!㉙"

　　石羊先生怅然久之,曰:"惜乎,予闻之晚也!"

[注释]

①石羊先生：本书中出现的"石羊先生"均为虚拟人名。②欲盖而彰：本想掩盖事实真相，结果反而更加显露出来。盖，掩盖。彰，明显；显著。③欲揜（yǎn）其明而播其声者：本想要掩盖自己的贤明，结果反而声名更加远播。揜，掩盖。④不亦异乎：不是很值得奇怪吗？⑤喟（kuì）然：叹息貌。⑥玄豹：黑豹。汉刘向《列女传·陶答子妻》："南山有玄豹，雾雨七日而不下食者，何也？欲以泽其毛而成文章也，故藏而远害。"后喻怀才畏忌而隐居的人。⑦黣黣（huì）：黑乎乎。这里指毛色暗淡无光。⑧泽：润泽；润饰。⑨文：纹理；花纹。⑩蚩：痴愚。⑪县（xuán）黎之玉：美玉名。县黎，即悬黎。《战国策·秦策三》："臣闻：周有砥厄，宋有结绿，梁有悬黎，楚有和璞。此四宝者，工之所失也，而为天下名器。"⑫顽石：坚硬的石头。⑬俱：相同；一样。⑭舒其光：指美玉光芒外泄。⑮瞩：视；望。⑯骇：吃惊；诧异。⑰于是乎椎凿来而扃镌发：本句意为人们拿了锤凿等工具前来开采美玉并打开箱子把它们装走。椎（chuí）凿，锤子和凿子。采玉的工具。扃（jiōng）镌（jué），这里指箱子上可以加锁的地方。扃，箱柜上的插关。镌，箱子上安锁的环状物。发，这里指打开（箱子）。⑱轮囷诘椆（jiū）：指树干弯曲，不中绳墨。轮囷、诘、椆，三者均有屈曲、弯曲之意。诘，原本作"诰"，据四部丛刊本、文渊阁本改。⑲栲（kǎo）栎（lì）：树木名。栲，即山樗。栎，同"栎"。⑳斧斤：斧头。㉑不惮阻远者：指人们不怕路途艰难遥远去砍伐桂树。惮，害怕。㉒香之达：指香味浓烈。达，显达。㉓晤（wù）其明：使明亮的东西变得昏暗。晤，作动词，使……昏暗。㉔瘖（yīn）其声：使声音变哑。㉕絷（zhí）：拘执；抓捕。㉖蜩蟘（tiáo mián）获于善鸣：知了因善于鸣叫而被抓获。蜩蟘，蝉，知了。㉗樗（chū）以恶而免割：臭椿因臃肿、不中绳墨而免遭砍伐。樗，树名。即臭椿。《庄子·逍遥游》："吾有大树，人谓之樗；其大本拥肿而不中绳墨，其小枝卷曲而不中规矩。立之途，匠者不顾。"㉘瓠（lóu）：即苦瓠。味苦如胆，不可食。㉙何其翳子之烨烨而返子之冥冥乎：何不让自己掩盖光芒，回归于幽暗之中呢？翳（yì），遮蔽。烨烨，明亮，有光彩。返，返回；回归。冥冥，昏暗；幽深。

蚁垤

南山之隈①有大木,群蚁萃②焉,穿其中③而积土其外。于是木朽,而蚁日蕃④。则分处其南北之柯⑤,蚁之垤⑥瘯如⑦也。一日,野火至,其处南者走而北,处北者走而南,不能走者,渐而迁于火所未至。已而,俱爇⑧无遗者。

[注释]

①隈(wēi):山弯。②萃(cuì):聚集。③穿其中:指穿空树心。④日蕃:一天天地繁殖生长。⑤柯:树枝。⑥垤(dié):蚂蚁做窝时,堆在穴口的小土堆。也叫"蚁封"、"蚁冢"。⑦瘯(cù)如:在文中指蚁冢累累,一个挨一个。瘯,通"簇",丛聚。⑧爇(ruò):焚烧。

贿亡

东南之美①,有荆山②之麝③脐焉。荆人有逐麝者,麝急,则抉④其脐,投诸莽⑤,逐者趋焉⑥,麝因得以逸⑦。令尹子文⑧闻之曰:"是兽也,而人有弗如之者。以贿⑨亡其身,以及⑩其家,何其智之不如麝耶!"

[注释]

①美:这里指名贵特产。②荆山:在湖北省西部、武当山东南、汉江西岸。③麝:似鹿而小,没有角。雄麝的肚脐与生殖器之间有麝腺,所分泌的麝香是极名贵的药物和香料。④抉:剔出;挖出。⑤莽:草丛。⑥趋焉:指奔向麝香所在的草丛。⑦逸:逃跑。⑧令尹子文:楚国大臣,春秋时曾为楚令尹。令尹,官名。春秋战国时楚国所设,为楚国的最高官职,相当于"相"。⑨贿:财物。⑩及:连累。

惜鹳智

子游①为武城宰②，郭门之垤有鹳，③迁其巢于墓门之表。墓门之老以告④曰："鹳，知天将雨之鸟也。而骤⑤迁其巢，邑其⑥大水乎？"子游曰："诺⑦。"命邑人悉具舟以俟⑧。居数日，水果大至，郭门之垤没⑨而雨不止。水且⑩及于墓门之表，鹳之巢翘翘然⑪，徘徊长咦⑫，莫知其所处⑬也。子游曰："悲哉！是亦有知矣，惜乎其未远⑭也！"

[注释]

①子游：孔子的学生，姓言名偃，字子游。仕于鲁。②武城宰：武城的长官。武城，春秋时鲁国城邑，在今山东费县西南。宰，邑宰，一邑的长官。③郭门之垤有鹳：城门外的小土山上有鹳鹳。郭，外城，在城外加筑的一道城墙。垤（dié），小土山。鹳（guàn），鹳鹳。水鸟名，形似鹤，捕食鱼、虾等。④墓门之老以告：看守坟墓的老人把鹳鹳迁巢的情况报告给子游。⑤骤：突然。⑥其：表示推测、估计。译为"大概"、"或许"。⑦诺：应答声，表示同意。⑧悉具舟以俟：全都准备好船只等待即将到来的洪水。悉，都。具，准备。俟，等待。⑨没：淹没。⑩且：将。⑪翘翘然：危险的样子。《诗经·豳风·鸱鸮》："予室翘翘，风雨所飘摇。"⑫徘徊长咦（lí）：鹳鹳在巢边盘旋哀号。长咦，拖长声音啼叫。咦，鸟鸣。⑬莫知其所处：不知该栖止在哪里。⑭未远：此指鹳鹳虽有识见但仍然很有限。

西郭子侨

西郭子侨①与公孙诡随、涉虚俱为微行②，昏夜逾③其邻人之垣④。邻人恶之，坎⑤其往来之涂⑥而置溷⑦焉。一夕又往，子侨先堕于溷，弗言，而招诡随，诡随从之堕。欲呼，子侨掩其口曰："勿言。"俄而，涉虚至，亦堕。子侨乃言曰："我欲其无相咥⑧也。"

君子谓西郭子侨非人也，己则不慎，自取污辱，而包藏祸心，以陷其友，其不仁甚矣。

[注释]

①西郭子侨：与下文公孙诡随、涉虚均系虚拟人名。②微行：旧时帝王或高官隐藏自己身份化装出行。这里指暗中出行。③逾：越；跳过。④垣（yuán）：矮墙。⑤坎：坑穴。作动词，指掘地为坑。⑥涂：通"途"。道路。⑦溷（hùn）：粪坑。⑧咥（xì）：大笑。这里指讥笑。

救 虎

仓筤之山，溪水合流，入于江。有道士①筑于其上，以事②佛，甚谨③。一夕，山水大出，漂室庐④，塞溪而下⑤，人骑木乘屋、号呼求救者声相连也。道士具⑥大舟，躬蓑笠⑦，立水浒⑧，督善水者绳以俟⑨。人至即投木索引之⑩，所存活甚众。平旦⑪，有兽身没波涛中，而浮其首，左右盼，若求救者。道士曰："是亦有生⑫，必速救之。"舟者应言，往以木接。上之，乃虎也。始则矇矇然⑬，坐而舐⑭其毛。比及岸，则瞠目眡道士⑮，跃而攫之仆地⑯。舟人奔救，道士得不死，而重伤焉。

郁离子曰："哀哉！是亦道士之过⑰也。知其非人而救之，非道士之过乎？虽然，孔子曰：'观过斯知仁矣⑱。'道士有焉！"

[注释]

①道士：这里指僧侣。宗密《盂兰盆经疏》："佛教初传北方，呼僧为道士。"②事：侍奉。③谨：恭谨；虔诚。④室庐：泛指房屋。⑤塞溪而下：塞

满溪流，顺水而下。⑥具：备办。⑦躬蓑笠：亲自披上蓑衣，戴上斗笠。⑧浒：水边。⑨督善水者绳以俟：督促水性好的人拿着绳索等待落水的人经过。绳，原本作"绝"，据四部丛刊本改。俟，等待。⑩投木索引之：投去木头和绳索把落水者拉上来。⑪平旦：黎明。⑫是亦有生：落水的兽也是生灵。⑬矇矇然：指老虎的双目因被水浸泡不甚分明的样子。⑭舐（shì）：用舌头舔。⑮瞪目眂（shì）道士：瞪大眼睛看着道士。眂，视。⑯跃而攫之仆地：老虎一跃而起，把道士扑倒在地。攫，用爪抓。仆，向前倒下。⑰过：过错。⑱观过斯知仁矣：语出《论语·里仁》。意思是：仔细考察某人所犯的错误，就可以知道他是不是仁者。斯，则。

采 药

豢龙先生①采药于山，有老父坐石上，揖②之不起。豢龙先生拱而立。顷之③，老父仰而嘘俯而凝④，其神玉如也⑤。颔⑥而笑曰："子欲采药乎？余亦采药者也。今子虽采药而未知药也，知药莫若我。"豢龙先生跪曰："愿受教。"

老父曰："坐，吾语子。中黄⑦之山有药焉，龙鳞而凤葩，⑧玉质而金英，⑨宵纳月彩，晨睎日精⑩，宅厚坤⑪以为家，澡沆瀣之流荣，⑫其味不苦不酸，其性不热不寒，淡如也，淳如⑬也，其名曰芝⑭。得而服之，寿考⑮以康，百病不生，皥皥熙熙，⑯跻于泰宁，⑰而五百年一遇之。太行之山⑱有草焉，丹荑而紫蕤，⑲根如伏龙，叶如翠翘⑳，葱葱萋萋，㉑蔚茂以齐，㉒其名曰参。得而服之，老者少，少者寿，病者已㉓，尪者起，㉔而三百年一遇之。南条之山㉕有草焉，性温而和，味芳以辛，㉖馥馥芬芬，㉗香气袭人，其名曰术㉘。得而服之，养精益神，救死扶生，去疾除根，瘅疠莫干，㉙寝兴㉚以安，而百年一遇之。岣嵝之山㉛有木焉，碧干而琼枝，㉜绿叶菁菁㉝，上拂穹青，㉞下临曾崖㉟，霜雪洒之而不凝，赤日过之而不炎㊱，其馨菲菲，㊲其味如饴㊳，鬼魅畏之，避不敢窥，其名曰桂㊴。煮而服之，可以祛百邪，消毒淫，㊵扶阳抑阴，㊶敛真归元。㊷岷山之阴㊸有草焉，叶如翠眊㊹，根如团金㊺，味如人胆，禀性酷烈，不能容物，㊻名曰黄良㊼，煮而服之，推去百恶，破症解结，㊽无秽不涤，㊾烦疴㊿毒热㉛，一扫无迹，如司寇㊾之殱㊿残贼。之㊿二物也，有病乃服，无病者不服也，故有弗用，用必中㊿。阴谷有草，状如黄精㊿，背阳而生，入口口裂，着肉肉溃，名曰钩吻㊿；云梦㊿之隰㊿有草，其状如葵㊿，叶露滴人，流为疮痍㊿，刻骨绝筋，名曰断肠之草㊿。之二草㊿者，但有杀人之能，而无愈疾之功，吾子其慎择之哉！无求美弗得，而为形似者所误。"

豢龙先生愀然㊿而悲，顾求㊿老人，已不知其所之㊿矣。

[注释]

①豢龙先生：传说虞舜时有董父，能畜龙，有功，舜赐之氏曰豢龙，旧许州临颍县有豢龙城，相传即董父封邑。②揖：拱手行礼。③顷之：片刻之后。④仰而嘘俯而凝：仰头慢慢地呼气，低头凝神沉思。⑤其神玉如也：老人的风采有如美玉般晶莹。⑥颔（hàn）：点头。⑦中黄：府库名。《后汉书·桓帝纪·建和元年》："芝草生中黄藏府。"这里用作山名。⑧龙鳞而凤葩（pā）：这里作者借龙凤来说明灵芝的高贵。龙鳞，龙一样的鳞甲。凤葩，凤一样的花朵。《礼·礼运》："麟、凤、龟、龙，谓之四灵。"⑨玉质而金英：玉一般的质地，金子般的花朵。这里作者借以说明灵芝的不凡。⑩宵纳月彩，晨晞日精：晚上吸纳月华，黎明沐浴阳光。晞（xī），晒。这里作"沐浴"解。日精，太阳精华。⑪宅厚坤：指扎根大地。坤，八卦之一。象征地。⑫溔沆瀣（hàng xiè）之流荣：指灵芝沐浴在雾气之中。沆瀣，夜间的水气。流荣，指水气。流动的水气有如飘动的花，极言其美。荣，花。⑬淳如：指味道纯正。⑭芝：灵芝草，一种菌类植物，具有极高的药用价值。⑮寿考：长寿，高寿。⑯皞皞（hào）熙熙：广大自得、和乐美满的样子。⑰跻（jī）于泰宁：进入

太平、安定的境界。跻,登;升。泰宁,太平;安定。⑱太行之山:即太行山。⑲丹荑(tí)而紫蕤(ruí):朱红色的嫩芽紫色的花朵。荑,泛指草木的嫩芽。蕤,下垂的花朵。⑳翠翘:翠鸟尾上的长羽。㉑葱葱萋萋:草木茂盛的样子。㉒蔚茂以齐:指人参长得茂盛而完美。蔚茂,草木茂盛的样子。齐,齐备;齐全。唐韩翃有诗云:"佳期别在春山里,应是人参五叶齐。"㉓已:治愈;病愈。㉔尪(wāng)者起:瘦弱的人恢复健康。尪,瘦弱,椎骨向后弯曲之症。㉕南条之山:即南条山。南条荆山的简称。《地理志》:"南条荆山,在南郡临沮县东北。"㉖味芳以辛:味道芳香辛辣。㉗馥馥芬芬:指香气浓烈。㉘术(zhú):草药名,即山蓟。《尔雅·释草》:"术,山蓟。"有白术、苍术等数种。㉙瘴疠(zhàng lì)莫干:瘴气之病难以侵入肌体。瘴疠,瘴气引起的疾病。瘴,瘴气,南方山林中的湿热空气。莫干,指疾病难以侵入肌体。㉚寝兴:夜里就寝和早上起床。㉛岣嵝(gǒu lǒu)之山:即岣嵝山。衡山七十二峰之一,在湖南衡山县西,系衡山主峰,故人们也称衡山为岣嵝山。㉜碧干而琼枝:有碧玉般的枝干。碧,青绿色的玉石。琼,美玉。㉝菁菁:茂盛的样子。㉞上拂穹青:上与青天相连。穹青,苍穹,青天。㉟曾崖:高峻的悬崖。曾,通"层"。㊱不炎:不觉得炎热。指不怕太阳烤晒。㊲其馨菲菲:指桂树香气浓郁。馨,香气。菲菲,香气很浓。㊳饴(yí):一种膏状的食糖。㊴桂:树名。亦称木犀,通称桂花。㊵消毒淫:消除邪毒。毒淫,瘴气侵淫。这里指各种邪恶的病毒。㊶扶阳抑阴:扶正祛邪。㊷敛真归元:使元气聚拢。真、元同义,均指人体的元气。㊸岷山之阴:岷山的北面。阴,山的北面。㊹翠眊(mào):旗竿顶上绿色的毛饰。眊,同"旄"。㊺团金:圆形状的金子。㊻不能容物:容不下其它东西。㊼黄良:俗称大黄,药名。多年生高大草本,中医学上以根状茎入药,性寒、味苦。㊽破症解结:破除症结。结,中医学称腹中结块的病。㊾涤:清洗;清除。㊿烦疴(kē):疑难病症。㉛毒热:即热毒。中医学称疔疮丹毒等病,起于血热致毒,故称热毒。㊷司寇:官名。西周始置,春秋、战国时沿用。掌管刑狱、纠察等事。㊻殛(jí):诛杀。㊼之:这。指示代词。㊽用必中(zhòng):只要服用,必定药到病除。㊾黄精:植物名,百合科。中医学以根状茎入药,性平、味甘。㊿钩吻:亦称断肠草、大茶药、胡蔓藤。根、茎、叶有剧毒,误食能致命。㊽云梦:古泽薮名。汉魏之前所指云梦范围并不很大，晋以后的经学家才将云梦泽的范围越说越广，把洞庭湖都包括在内。(59)隰（xí）：低湿的地方。(60)葵：菊科草本植物。(61)疮痍：创伤。(62)断肠之草：毒草名。现代中医学认为，断肠草即“钩吻”，但本文作者把它作为不同于“钩吻”的另一种毒草对待。(63)之二草：指钩吻与断肠草。(64)愀然：忧惧貌。(65)顾求：回头寻找。(66)之（zhì）：往。

梓与棘

梓[①]谓棘[②]曰：“尔[③]何为乎修修[④]而不扬[⑤]，樠樠[⑥]而无所容[⑦]？幽樛于灌莽之中[⑧]，翳朽箨[⑨]而不见太阳，不已瘠[⑩]乎？吾干竦穹崖[⑪]，梢拂九阳[⑫]，根入九阴[⑬]，日月过而留其晖[⑭]，风雨会而流其滋[⑮]。鹓雏翠鸾[⑯]，朝夕和鸣，暖霭[⑰]晴岚[⑱]，山蒸泽烘，结为祥云，五色备象，[⑲]八音成声，[⑳]绚为文章，[㉑]抱日浮光[㉒]。蔚兮若濯锦出蜀江[㉓]，粲兮若春葩曜都房[㉔]。是以匠石[㉕]见而爱之，期以为明堂之栋梁[㉖]。”

言既，[㉗]棘倚风而啸，振条而吟曰：“美矣哉！吾闻之，冶容色者侮之招，[㉘]丽服饰者盗之招[㉙]，多才能者忌之招[㉚]。今子之美，冠群超伦，名彰[㉛]于时。泰运未开，构厦无人。吾忧子之不得为明堂之栋梁，而剪为黄肠[㉜]，与腐肉同归于冥冥之乡[㉝]，虽欲见太阳，其可得乎？吾长不盈寻[㉞]，大不逾指，扶疏屈律，[㉟]不文不理，[㊱]天不畀[㊲]之以材，而赐之以刺，使人不敢樵[㊳]，禽不敢萃[㊴]。故虽无子之美，而亦无子之忧，则吾之所得多矣，吾又安所求哉！”

［注释］

①梓（zǐ）：一种落叶乔木。②棘：有刺的一种灌木。③尔：你。④修修：端正、整齐貌。这里用以形容“棘”与其它灌木一般高矮。⑤扬：高扬。⑥樠

樠（xiāo）：樠，大木名。这里两字连用作形容词解。草木茂盛的样子。⑦无所容：没什么用处。容，通"庸"。用。⑧幽樛（jiū）于灌莽之中：指棘屈身于灌木草丛之中。幽，幽禁。樛，树木向下弯曲。灌莽，灌木草丛。⑨翳朽箨（tuò）：被腐烂的竹笋壳所遮蔽。翳，遮蔽。箨，竹笋皮，笋壳。⑩痗（mèi）：忧病；忧伤。⑪干竦穹崖：树干耸立在高高的悬崖上。竦，高耸。穹，高。⑫九阳：太阳。⑬九阴：阴暗之地。这里指地底深处。⑭晖：光辉。⑮流其滋：雨露渗入树根。⑯鹓（yuān）雏翠鸾：传说与凤凰同类的鸟。《庄子·秋水》："夫鹓雏，发于南海，而飞于北海，非梧桐不止，非练实不食，非醴泉不饮。"⑰霭：云雾。⑱岚：林中雾气。⑲五色备象：五色齐备。五色，青、赤、黄、白、黑五种颜色。古代以此五者为正色，其他为间色。这里泛指各种颜色。⑳八音成声：指空中飘动着各种各样美妙的音乐。八音，中国古代对乐器的统称。㉑绚为文章：绚丽多彩。㉒抱日浮光：指太阳就在身边浮动着灿烂的光芒。㉓蔚兮若濯（zhuó）锦出蜀江：就像从蜀江中拿出刚刚洗涤过的蜀锦那样华美。蔚，有文采。华美。濯，洗涤。㉔粲兮若春葩曜（yào）都房：就像春花在大花房里熠熠生辉那样绚丽。粲，鲜明；华美。曜，照耀；辉映。都房，大花房。㉕匠石：古代名叫石的巧匠。出自《庄子·徐无鬼》。这里泛指木匠。㉖期以为明堂之栋梁：期望能成为建造高楼大厦的栋梁。明堂，古代天子宣明政教的地方。这里泛指殿堂等高楼大厦。㉗言既：言罢。㉘冶容色者侮之招：容貌艳丽会招致侮辱。冶，艳丽。㉙盗之招：招致偷窃。㉚忌之招：招致妒忌。㉛彰：彰显。㉜剪为黄肠：遭人砍伐并被制成葬具。剪，砍伐。黄肠，古代葬具。㉝冥冥之乡：指暗无天日的阴间地府。㉞长不盈寻：长不满八尺。盈，满。寻，古代的长度单位。八尺为一寻。㉟扶疏屈律：弯弯曲曲，枝条四伸。扶疏，本指大树的枝干四处延伸的样子。这里用以指棘枝条横生。㊱不文不理：没有条理。㊲畀（bì）：给予；付与。㊳樵（qiáo）：砍伐以为柴薪。㊴萃：栖止。

蛰父不仕

宋王欲使熊蛰父为司马①，熊蛰父辞②。宋王谓杞离③曰：

"薄诸乎?④吾将以为太宰⑤。"杞离曰:"臣请试之。⑥"

旦日⑦,之⑧熊蛰父氏,不遇。遇其仆于逵⑨,为道王之意⑩。其仆曰:"小人不能知也。然尝闻之⑪,南海之岛人食蛇,北游于中国⑫,腊蛇以为粮。之齐,⑬齐人馆⑭之厚,客喜,侑主人以文蚨之脩⑮,主人吐舌⑯而走。客弗喻⑰,为其薄也,⑱戒皂臣求王虺以致之⑲。今王与大夫,无亦犹是与?"

杞离惭而退。

[注释]

①司马:官名。西周始置,春秋战国时沿用。掌管军政和军赋。②辞:推辞。③杞离:虚拟人名。④薄诸乎:嫌官不够大吗?⑤太宰:官名。王室事务总管,位列六卿,其职权比司马大。⑥臣请试之:请让我试着去劝劝看。⑦旦日:第二天。⑧之:往。⑨逵(kuí):四通八达的道路。⑩为道王之意:向他说明宋王的意思。⑪尝闻之:曾听说。⑫中国:古称我国中原一带地区。⑬之齐:到齐国去。⑭馆:招待。⑮侑(yòu)主人以文蚨之脩:用风干的花斑毒蛇肉报答主人的盛情接待。侑,报答。文,同"纹"。蚨(dié),毒蛇的一种。脩,肉干。⑯吐舌:受惊的样子。⑰喻:理解;明白。⑱为其薄也:以为礼物不丰厚。薄,意指礼轻。⑲戒皂臣求王虺(huǐ)以致之:告诫仆役寻求大毒蛇以献给主人。戒,告诫。皂臣,仆役;下人。王虺,大毒蛇。致,献给。

化铁之术

郁离子学道于貌乾①罗子冥②,授化铁为金之术。遂往入九折之山,得跃冶之钢③而炼之。以左目取火于太阳,右目取水于太阴④,驱役雷风,收拾鬼神,以集于黄中⑤。浑浑胚胚,⑥如珠在胎;焜焜荧荧⑦,如日将升。仙人皆仰⑧之矣。

山鬼窥而慄⑨焉,啸⑩其徒,谋之曰:"有怪,女⑪知之乎?

若不早图而待其成⑫,悔无及矣。"乃使猱与魃挠之⑬,百端不能破。乃群号而诉诸帝曰:"天生物而赋之形与性,寿夭⑭贵贱司命⑮掌之,弗可移也,夫是谓之天常⑯。今彼将以智夺之,以窃天权,弗可假⑰也。"帝怒,命方伯⑱宵鼓之以犹韝之韛⑲,铁跃弗可止,遂不能成金。

[注释]

①藐乾:藐远的乾山。藐,远。乾,山名。《山海经·北山经》:"又北四百里,曰乾山,无草木,其阳有金玉,其阴有铁而无水。"②罗子冥:应作罗子明,山神。③跃冶之钢:指质地优良的钢。《庄子·大宗师》:"大冶铸金,金踊跃曰:'我且必为莫邪。'"④太阴:指月亮。⑤集于黄中:会集于丹田。黄中,心脏。古代以五色配五行五方,土居中,故以黄为中央正色。心居五脏之中,故称黄中。此指居于心窝部的中丹田。⑥浑浑胚胚:似胚胎浑混,尚未凝结。原本作"肧",据文渊阁本改。⑦焜焜(hùn)荧荧:光芒四射。焜,明亮。荧,光芒。⑧仰:仰慕。⑨慄:因害怕而发抖。⑩啸:啸聚;聚集。⑪女:同"汝"。你们。⑫若不早图而待其成:如果不早作考虑而等到把铁炼成了金。图,考虑。⑬乃使猱(sāo)与魃(líng)挠之:于是让山怪和山鬼去阻挠炼金。猱,即"山魈",亦作"山臊"。传说中的山怪。《神异经·西荒经》:"西方深山中有人焉,身长尺余,袒身捕虾蟹,性不畏人……名曰山臊……此虽人形而变化,然亦鬼魅之类。"魃,鬼。⑭寿夭:长命和短命。夭,原本作"天",据四部丛刊本改。⑮司命:星官名,掌管寿夭。⑯天常:天的常道。⑰假:给予。⑱方伯:殷周时的诸侯之长。《礼记·王制》:"千里之外设方伯。"⑲犹(máng)韝(kuò)之韛(bài):杂毛牛皮制作的鼓风吹火之具。犹,疑即"牻"。毛色黑白相杂的牛,这里泛指牛。韝,去毛的皮,皮革。韛,鼓风吹火的用具,俗称风箱。

石羊先生

石羊先生谓郁离子曰:"子不知予之忧乎!"郁离子曰:"何

为其不知也？"曰："何以知之？"曰：

周人有好姣服①者，有不足于其心，则忸怩而不置②，必易而后慊③。一日有所之④，袂涅而弗知也⑤。扬扬⑥而趋，乐甚。其友半途而指之涅，则惋而嗟⑦，摄而搔之⑧。涅去而迹在，其心妯妯然⑨，五步而六视，不成行而复。

郑子阳好其妻⑩。其妻美而额靥⑪，蔽之以翟⑫，三年未之见。一夕而褫⑬其翟见焉，则怏然⑭不乐，申旦⑮而不寐。其妻虽以翟蔽之，终不好矣。故阴谷之木，生于嵌岩⑯之下，终年不见日月之光而不怨者，不知天之有日月也。

梧丘之野人⑰，种稻以为食，岁储旧而待新，新未尝，不敢竭其旧⑱。旦日之亩视其禾⑲，皆颖而且栗⑳。喜而归曰："新可期㉑矣！"则皆发其旧，与其人饱之。旧且尽而新未熟，不胜其觖望㉒。与其子及妻更往而迭视，蹊㉓其亩而禾愈青。是非禾之返青也，望之者切也。

荆人有走虎而捐其子者㉔，以为虎已食之矣，弗求矣。人有见而告之曰："尔子在，盍㉕速求之？"弗信。从薪者以归，子之㉖。他日，遇而争之，其子弗识矣。

赵王之太子病，召医缓㉗。医缓至，曰："病革㉘矣，非万金之药弗可。"问之，曰："是必得代之赭㉙，荆之玉，㉚岣嵝之沙，㉛禺同青蛉之空曾青㉜，昆仑之紫白英㉝，合浦㉞之珠，蜀之犀，㉟三韩㊱之宝龟，医无闾之珣玗琪，㊲合汞、铅而炼之。一年而和㊳，二年而成，三年而金粟生，则取而埋诸土中，又三年而服之，斯可以起㊴矣。"淳于公㊵闻而笑之曰："诚哉所谓医缓矣！"㊶

庄子之齐，㊷见饿人而哀之。饿者从而求食。庄子曰："吾已不食七日矣。"饿者吁㊸曰："吾见过我者多矣，莫我哀也，㊹哀我者惟夫子。向使夫子不不食,⑮其能哀我乎?"

豢龙先生⑯谓石羊子曰:"往予溯⑰于江十日,而风恒从西来;及还而沿⑱又十日,而风恒从东来。从者恚⑲而泣。予唏⑳之曰:'天有风主为予汝乎?㉑何为泣也?'"

[注释]

①好姣服:喜欢穿华美的服装。姣,服饰华美。②怛怩而不置:怛怩作态,不愿穿不喜欢的衣服。不置,这里指不愿穿。③必易而后慊(qiè):一定要换上喜欢的衣服才感到满意。易,更换。慊,惬意;满足。④有所之:要到某个地方去。之,往。⑤袂(mèi)涅而弗知也:衣袖沾上了黑泥却不知道。袂,衣袖。涅,作动词,指沾上黑泥。下文中的两处"涅"则均作名词,作"黑泥"解。⑥扬扬:得意的样子。⑦惋而嗟:非常惋惜并不停地叹气。⑧摄而搔之:扯起衣袖搔刮,试图除去黑泥。⑨妯妯(chōu)然:悲伤的样子。⑩郑子阳好其妻:郑国有个叫子阳的人很喜欢自己的妻子。郑,周代诸侯国。子阳,人名。⑪额厴:指额头部位有点凹陷。⑫蔽之以翟(dí):用山雉的羽毛遮住额头。翟,长尾的山雉。这里指山雉的羽毛。⑬褫(chǐ):脱去;解下。⑭怏然:心中不快的样子。⑮申旦:通宵达旦。⑯嵌岩:险峻的山岩。⑰梧丘之野人:梧丘有个农夫。梧丘,面临大路的高地。这里用作地名。野人,指乡野农人。⑱竭其旧:把陈谷吃光。⑲旦日之亩视其禾:有一天早上到田里观察禾苗。旦日,第二天。这里指"一天早上"。之亩,到农田去。⑳岂颖而且粟:禾苗都已经吐穗而且颗粒饱满。颖,禾穗。这里作动词,指吐穗。粟,颗粒饱满。㉑可期:这里指"指日可待"。期,期待。㉒觖(jué)望:因不满而怨恨。㉓蹊:小路。这里作动词,意指踩出一条小路。㉔荆人有走虎而捐其子者:楚国有位因逃避老虎而抛弃儿子的人。荆,古代楚国的别称。走虎,逃避老虎。捐,抛弃。㉕盍:何不。㉖子之:指砍柴人把被抛弃的小孩当儿子抚养。㉗医缓:春秋时秦国医生。㉘革(jí):通"亟"。指病重。㉙代之赭(zhě):代地的红土。代,古国名,在今河北蔚县东北,为赵襄子所灭。赭,红土。可作药用。㉚荆之玉:荆山产的璞玉。传世之宝"和氏璧"即出自荆山。㉛岣嵝(gǒu lǒu)之沙:岣嵝山上的朱砂。岣嵝,山名。衡山的主峰。沙,通"砂"。指朱砂。㉜禺同青蛉之空曾青:青蛉县禺同山上出产的铜

矿砂空青、曾青。青蛉，古县名，西汉置。治所在今云南大姚县境。空曾青，名为空青、曾青的两种铜矿砂合称，中医常用以入药。㉝紫白英：紫石英、白石英的合称。为紫色、白色的两种水晶，中医常用以入药。㉞合浦：郡名，汉置，治所在合浦（今属广东），海中产珍珠，世称“合浦珠”。㉟蜀之犀：蜀地出产的犀牛角。蜀，古地名，今四川省的一部分。㊱三韩：古地名。汉时朝鲜南部，有马韩、辰韩、弁韩，故有此称。㊲医无闾之珣（xún）玕（yú）琪：语出《尔雅注疏·释地》：“医无闾，山名，今在辽东。珣玗琪，玉属。”玕，当为“玗”字之误。㊳和：融和。㊴起：指病有起色，开始好转。㊵淳于公：春秋时人。㊶诚哉所谓医缓矣：好你个医缓，真是名不虚传啊！这是一个反讽句。㊷庄子之齐：庄子前往齐国。庄子，名周，战国中期宋人，道家学派代表人物。㊸吁：叹息。㊹莫我哀也：没有谁会可怜我。㊺向使夫子不不食：假使您原先肚子吃得饱饱的。不不食，没有不吃饭。也即肚子饱饱的。㊻豢龙先生：见《采药》篇注释。㊼溯：逆流而上。㊽沿：顺流而下。㊾恚：发怒；怨恨。㊿唏：哀叹。(51)天有风主为予汝乎：上天有管风的风神，难道是专门为你我设置的吗？

灵丘丈人第四

灵丘丈人

灵丘之丈人①善养蜂,岁收蜜数百斛②,蜡称之,③于是其富比封君④焉。丈人卒,其子继之。未期月⑤,蜂有举族⑥去者,弗恤⑦也。岁余,去且半;又岁余,尽去,其家遂贫。

陶朱公⑧之齐,过而问焉,曰:"是何昔者之熇熇而今日之凉凉也?⑨"

其邻之叟对曰:"以蜂。⑩"请问其故,对曰:"昔者丈人之养蜂也,园有庐,庐有守⑪。刳木以为蜂之宫⑫,不罅不庮⑬。其置⑭也,疏密有行,新旧有次,坐有方,庮有乡⑮。五五为伍,一人司之。⑯视其生息,调其暄寒,⑰巩其构架,时其墐发⑱。蕃则从之析之,⑲寡则与之裒⑳之,不使有二王也。去其蛛蟊㉑蚍蜉㉒,弥其土蜂蝇豹㉓。夏不烈日,冬不凝澌㉔。飘风吹而不摇,淋雨沃而不溃㉕。其取蜜也,分其赢而已矣,不竭其力㉖也。于是故者安,新者息,丈人不出户而收其利。今其子则不然矣:园庐不葺,污秽不治,燥湿不调,启闭无节,居处觉脆㉗,出入障碍,而蜂不乐其居矣。及其久也,蛅蟖罔其房而不知㉘,蝼蚁钻其室而不禁,鹎鸠㉙掠之于白日,狐狸窃之于昏夜,莫之察也,取蜜而已。又焉得不凉凉也哉!"

陶朱公㉚曰:"噫!二三子识之,㉛为国有民者,可以鉴矣。"

[注释]

①灵丘之丈人:灵丘有位老先生。灵丘,齐国边境县名。旧址已不详。丈人,古时对老年男子的尊称。②斛(hú):古代容量单位,原十斗为一斛,南宋以后五斗为一斛。③蜡称(chèn)之:所收的蜂蜡与蜂蜜一样多。称,相称;相等。④封君:有封邑的贵族。⑤期(jī)月:满月。⑥举族:全族。这里指整个蜂群。⑦恤:体恤;顾惜。⑧陶朱公:即范蠡,春秋末年政治家。曾辅助越王勾践灭吴雪耻,功成后为免被杀而出走齐国,变姓名,称"鸱夷子皮"。后又居陶山,自称陶朱公。善理财,家资累值百万。⑨是何昔之熇熇(hè)而今日之凉凉也:为什么从前家业那么兴盛而现在却那么萧条冷落呢?熇熇,兴盛的样子。凉凉,萧条冷落的样子。⑩以蜂:因为养蜂的缘故。⑪守:看守人。⑫刳(kū)木以为蜂之宫:挖空树木做成蜂箱。刳,把东西剖开再挖空中间。宫,这里指蜂箱。⑬不罅(xià)不庮(yǒu):没有裂缝、没有臭味。罅,同"罅",裂缝。庮,陈旧屋宇中的朽木所发出的臭味。⑭置:安放。⑮牖(yǒu)有乡(xiàng):窗户有一定的朝向。牖,窗。乡,向;朝向。⑯五五为伍,一人司之:指把二十五个蜂箱编为"一伍",让一人来管理。伍,古代军队编制,五人为一伍。司,主管;管理。⑰调其暄寒:调节温度,使蜂箱冷暖适宜。暄寒,冷暖。⑱时其墐(jìn)发:按时用泥涂塞蜂箱,按时打开蜂箱透气。墐,用泥涂塞。发,打开。⑲蕃则从之析之:繁殖多了就及时把蜂群分开。蕃,繁殖。析,分开。⑳衰(póu):聚集。㉑蛛蝥(máo):蜘蛛。㉒蚍蜉:大蚂蚁。㉓弥其土蜂蝇豹:消灭土蜂、蝇虎。弥,消除;消灭。土蜂,蜜蜂属,其雌蜂尾端有毒针,常用土造巢,往来花间吸食蜂蜜。蝇豹,即蝇虎。形似蜘蛛,能捕食苍蝇及其它小虫。㉔澌(sī):解冻时流动的冰块。原本作"撕",据文渊阁本改。㉕渍(zì):浸泡。㉖不竭其力:不使蜜蜂耗尽力气。竭,尽。㉗觉脆(niè wù):动摇不安。㉘蛅蟖(zhān sī）罔其房而不知：毛虫在蜂房里结网却不知道。蛄蟖，一种毛虫。蛄，原本作“蚶”，据文渊阁本、果育堂刊本改。罔，同“网”。结网。㉙鹩（liáo）鸠（yù）：鹪鹩和鸠鸟。㉚陶朱公：原本“陶”字缺，据四部丛刊本、文渊阁本补。㉛二三子识（zhì）之：你们要记住。二三子，指陶朱公的随从、弟子。识，记住。

刑赦

郁离子曰：刑①，威令②也，其法至于杀，③而生人之道存焉④。赦，德令⑤也，其意在乎生，而杀人之道存焉⑥。《书》曰：“刑，期于无刑。⑦”又曰：“眚灾肆赦，⑧此先王之心也。”是故制刑，期于使民畏刑，有必行。民知犯之之必死也，则死者鲜⑨矣。赦者所以矜⑩蠢愚，宥⑪过误，知罪不避而辄原焉，⑫是启侥幸之心，而教人犯也；至于祸稔恶积⑬，不得已而诛之，是以恩为阱⑭也。然则赦令卒不可行与？曰：法有二，有古今之通禁⑮，有一代之私禁⑯。古今之通禁，恶逆也，杀人伤人及盗之类也，而释勿治，⑰是代之为贼也⑱。一代之私禁，茶盐钱币之类也。民无以为生，而官不能恤⑲，于是乎有犯。虽难以为常⑳，原情而贷之可也㉑。

［注释］

①刑：刑罚。②威令：威严的法令。③其法至于杀：刑法的严酷可直至处死人命。④生人之道存焉：意指处死少数人使得多数人能得以更好地生存。⑤德令：仁慈的法令。⑥其意在乎生，而杀之道存焉：其目的是让人活命，但并没有放弃处死人命的刑罚。⑦《书》曰：“刑，期于无刑”：《尚书》说：“使用刑罚，最终的目的是不使用刑罚。”⑧眚（shěng）灾肆赦：因过失造成灾害的予以赦免。眚灾，因过失造成灾害。肆赦，宽恕；赦免。⑨鲜（xiǎn）少。⑩矜：哀怜；同情。⑪宥（yòu）：宽恕；赦免。⑫知罪不避而辄原焉：知

道犯罪却不去避免，而加以原谅。原，宽恕；原谅。⑬祸稔（rěn）恶积：犹言恶贯满盈。稔，原指庄稼成熟。文中有事态发展到了极端的意思。⑭阱：陷阱。⑮通禁：通用的禁律。⑯私禁：特定的禁律。⑰而释勿治：如果赦免其罪不加处治。而，假如。⑱是代之为贼也：这是姑息养奸，使他们在犯罪路上越走越远，最终成为强盗的做法。代，同"贷"，宽恕。⑲恤：体恤。⑳难以为常：指不符合国家常法。㉑原情而贷之可也：考察其民情，是可以宽大处理的。原，推究；考查。贷，赦免；宽恕。

贾　人

　　济阴之贾人①，渡河而亡②其舟，栖于浮苴③之上，号④焉。有渔者以舟往救之。未至，贾人急号曰："我济上之巨室也，能救我，予尔百金。"渔者载而升诸陆，则予十金。渔者曰："向⑤许百金而今予十金，无乃⑥不可乎？"贾人勃然作色曰："若⑦渔者也，一日之获几何？而骤得十金，犹为不足乎？"渔者黯然⑧而退。他日，贾人浮吕梁⑨而下，舟薄⑩于石，又覆，而渔者在焉。人曰："盍救诸？"⑪渔者曰："是许金而不酬者也。"舣⑫而观之，遂没。

　　郁离子曰："或称贾人重财而轻命。始吾不信，而今知有之矣。张子房⑬谓汉王⑭曰：'秦将，贾人子，可啖也⑮。'抑所谓习与性成者与？⑯此陶朱公之长子所以死其弟也。⑰孟子曰：'故术不可不慎也。⑱'信哉！"

[注释]

　　①济阴之贾（gǔ）人：济阴有位商人。济阴，古郡国名。贾人，商人。②亡：失去。这里指船沉没。③浮苴（jū）：浮在水面上的草。④号：大声喊叫。⑤向：先前。⑥无乃：恐怕。⑦若：你。第二人称代词。⑧黯然：失意的样子。⑨吕梁：河名，又称吕梁洪，在今江苏省徐州市东南五十里。有上下二

洪，相去七里，巨石齿列，波流汹涌。⑩薄：迫近；接近。这里指碰撞。⑪盍救诸：何不去救他？⑫舣（yǐ）：停船靠岸。⑬张子房：即张良。战国时韩人。后辅刘邦打天下，西汉建立后，因功封为留侯。⑭汉王：即刘邦。⑮秦将，贾人子，可啖也：带兵的秦将是商人的儿子，可以利诱他。语出《史记·留侯世家》。啖（dàn），利诱。⑯抑所谓习性成者与：或许这就是所谓人的习性决定了其行为吧。抑，或许。⑰此陶朱公之长子所以死其弟也：这就是陶朱公大儿子致使其弟被斩的原因。《史记·越王勾践世家》载：陶朱公次子杀人，被囚于楚。陶朱公派三儿子带着重金前往营救，可长子要代弟而行。由于长子吝财，不但未把事办好，反倒使二弟被提前处斩。⑱术不可不慎也：一个人选择职业不能不慎重。术，学术；学业。这里指职业。语出《孟子·公孙丑上》。

好禽谏

卫懿公好禽。①见觚牛②而悦之，禄其牧人如中士③。宁子④谏曰："不可。牛之用在耕，不在觚。觚其牛，耕必废。耕，国之本也，其可废乎？臣闻之，君人者，⑤不以欲妨民。"弗听。于是卫牛之觚者，贾⑥十倍于耕牛。牧牛者皆释耕而教觚，农官弗能禁。

邶⑦有马，生驹⑧，不能走而善鸣。公又悦而纳诸厩。宁子曰："是妖也，君不疾，国必亡。夫马，齐力⑨者也；鸣，非其事也。邦君为天牧民，⑩设官分职，以任其事。废事失职，厥有常刑⑪。非事之事，⑫君不举⑬焉，杜⑭其源也。妖之兴也，人实召之。自今以往，卫国必多不耕之夫、不织之妇矣。君必悔之。"又弗听。

明年，狄伐卫。⑮卫侯⑯将登车，而御失其辔⑰。将战，士皆不能执弓矢。遂败于荥泽⑱，灭懿公。

[注释]

①卫懿公好禽：卫懿公喜欢豢养禽兽。卫懿公，春秋时卫国国君。因玩物而丧志，最终为狄人所灭。有关史事在《左传·闵公二年》及《史记·卫康叔世家》中均有所载。②觝（dǐ）牛：善斗的牛。觝，通"牴"。用角顶、触。③禄其牧人如中士：依照中士的等级供给牧牛之人俸禄。禄，官吏的俸禄。这里指供给俸禄。中士，古代官阶之一。④宁子：卫国大臣宁庄子。⑤君人者：统治百姓的君主。⑥贾：价钱。⑦邶（bèi）：地名。在今河南汤阴县南。⑧驹：两岁以下的小马。这里指幼马。⑨齐力：协力。《尔雅·释兽》："戎事齐力，田猎齐足。"⑩邦君为天牧民：君主替天治理百姓。邦君，诸侯国的君主。牧民，古代把君主统治百姓比作牧人管理牲畜，故称"牧民"。⑪厥有常刑：有规定的刑罚。厥，发语词。⑫非事之事：不应做的事。⑬举：举办，引申为"提倡"。⑭杜：杜绝；堵塞。⑮明年，狄伐卫：《左传·闵公二年》载："冬十二月，狄人伐卫，卫懿公……将战，国人受甲者皆曰：'使鹤，鹤实有禄位，余焉能战！'……及狄人战于荧泽（即荥泽），卫师败绩，遂灭卫。"狄，春秋时期对居住在北方的部族的泛称。⑯卫侯：即卫懿公。⑰御失其辔：指由于缺乏训练，车手控制不了马车。御，驾车者。失其辔，缰绳从手中掉落。⑱荥泽：古泽名，故址在今河南郑州西北。原本作"荣"，据果育堂刊本改。

五丁怒

髳酕①问于赤羽雕②曰："盗日杀而日多，何也？"赤羽雕曰："未也。而今方多耳。"髳酕曰："何若是甚也？"赤羽雕曰："乘子之车，循③子之轨，天下之生将尽为盗。"髳酕曰："请闻之。"

赤羽雕曰："昔者蚕蚳暴于岷嶓之间④，蜀王使相回帅师伐之⑤。畏弗进，作土门而壁⑥焉。其士卒日食于民，民瘝弗堪⑦。于是五丁凿山⑧以出于江之源，擒蚕蚳，杀之。相回闻蚕蚳之死也，毁壁⑨而出。取其尸以为功，曰：'我之徒兵实杀之。'五丁怒，杀相回。排天彭而壅之江⑩，江水逆流，覆王宫。王升木而号⑪，化为杜鹃⑫。今天下之治盗者，皆相回也。民不甘喂肉于蚕蚳也，⑬能无泄五丁之怒者乎？"

[注释]

①髬髵（pī ér）：怒兽奋鬣的样子。这里用作猛兽名。②赤羽雕：羽毛红色的雕，为大型猛禽。③循：原本作"楯"，据果育堂刊本、四部丛刊本改。④昔者蚕蚳（lóng chí）暴于岷嶓（bō）之间：从前猛兽蚕蚳在岷山、嶓冢一带施暴为害。蚕蚳，即蚕蚳，猛兽名。《山海经·中山经》："（昆吾之山）其上多赤铜，有兽焉，其状如彘而有角，其音如号，名曰蚕蚳。"暴，施暴；残害；侵害。岷，即岷山，在四川省北部绵延四川甘肃两省边界。嶓，即嶓冢，山名。在今甘肃省天水市和礼县之间。⑤蜀王使相回帅师伐之：蜀王派大臣相回率兵讨伐蚕蚳。蜀王，这里指传说中的古代蜀国国王杜宇。相回，蜀国大夫，事迹不详。⑥壁：筑营垒驻守。⑦民瘵（zhài）弗堪：百姓陷于困顿，忍无可忍。瘵，凋敝；困顿。弗堪，无法忍受。⑧五丁凿山：当秦国开发蜀地时，据说秦惠王许嫁五位美女给蜀王，蜀王派五个力士去迎接。回到梓潼，见一大蛇钻入山穴中。五力士共掣蛇尾，把山拉倒，力士和美女都被压死，山也分成五岭。⑨毁壁：捣毁壁垒。⑩排天彭而壅之江：五丁推倒天彭山，把江水堵塞住。排，推。天彭，山名，在四川彭县西北。壅，堵塞。⑪升木而号：爬上树木哭喊。⑫化为杜鹃：本文所言蜀王死后，其魂化为杜鹃的缘由与古代传说有异，系作者根据寓言旨意所编。⑬民不甘喂肉于蚕蚳也：老百姓不甘心用自己的肉体喂养猛兽蚕蚳。

晋灵公好狗

晋灵公好狗，①筑狗圈于曲沃②，衣③之绣。嬖人④屠岸贾⑤因公之好也，则夸狗以悦公，公益尚狗⑥。一夕，狐入于绛宫⑦，惊襄夫人⑧。襄夫人怒。公使狗搏⑨狐，弗胜。屠岸贾命虞人⑩取他狐以献，曰："狗实获狐。"⑪公大喜，食狗以大夫之俎⑫，下令国人曰："有犯吾狗者，刖⑬之。"于是国人皆畏狗。狗入市，取羊豕⑭以食，饱则曳⑮以归屠岸贾氏，屠岸贾大获⑯。大夫有欲言事者，不因⑰屠岸贾，则狗群噬⑱之。赵宣子⑲将谏，狗逆而拒诸门，弗克⑳入。他日，狗入，并食公羊，屠岸贾欺曰："赵盾之狗也。"公怒，使杀赵盾。国人救之，宣子出奔秦。赵穿㉑因众怒，攻屠岸贾，杀之，遂弑㉒灵公于桃园㉓。狗散走国中，国人悉禽而烹之㉔。

君子曰："甚矣！屠岸贾之为小人也。谀狗以蛊君㉕，卒㉖亡其身，以及其君，宠安足恃哉！人之言曰：'蠹虫㉗食木，木尽则虫死。'其如晋灵公之狗矣！"

[注释]

①晋灵公好狗：晋灵公，春秋时期晋国国君，名夷皋，晋襄公之子，是历史上有名的暴君，后为赵穿所杀。灵公生前爱养狗，其狗名獒。相关史事可参见《左传·宣公二年》。②曲沃：古地名，春秋时属晋国，旧址在今山西闻喜县东北。③衣：用作动词，穿。④嬖（bì）人：君主所宠爱的人。嬖，宠爱。⑤屠岸贾：灵公宠臣。⑥公益尚狗：晋灵公越发喜欢养狗。益，更加；越发。尚，这里有"看重"、"爱好"的意思。⑦绛宫：宫名。⑧襄夫人：晋襄公夫人，灵公之母。⑨搏：抓。原本作"挎"，据文渊阁本改。⑩虞人：官名，掌管山泽苑囿的官员。⑪狗实获狐：确实是狗把狐狸捉住的。实，句中语气词。用以加强语意。⑫食（sì）狗以大夫之俎：按照大夫的伙食规格喂养狗。食，喂。大夫，古代官阶中的一个级别。俎，古代祭祀时盛放牛羊等祭品的礼器。这里指宴飨大夫的肉食。⑬刖（yuè）：古代砍掉双脚或脚趾的酷刑。⑭豕：猪。⑮曳：拖；拉。⑯大获：获利很大。⑰因：通过；依靠。⑱噬：咬。⑲赵宣子：即赵盾，晋襄公时曾主持朝政。宣子是其死后的谥号。⑳克：能。㉑赵穿：赵盾的堂兄弟，晋襄公的女婿。《史记·赵世家》载：晋景公时，屠岸贾为赵盾之孙赵武所杀，而并非为赵穿所杀。本篇是寓言，不拘史实。㉒弑：古时称地位在下者杀在上者为"弑"。㉓桃园：晋灵公的苑囿。㉔国人悉禽而烹之：狗全都

被京城中的人抓获烹煮。禽,同"擒"。㉕诳(shéng)狗以蛊君:借夸狗来蛊惑国君。诳,称赞;夸誉。蛊,蛊惑;迷惑。㉖卒:终于。㉗蠹虫:蛀虫。

官 舟

瓠里子①自吴归粤②,相国③使人送之,曰:"使自择官舟④以渡。"送者未至,于是舟泊于浒⑤者以千数,瓠里子欲择之而不能识。送者至,问之曰:"舟若是多也,恶乎择?"对曰:"甚易也。但视其敝蓬⑥、折橹而破帆者,即官舟也。"从而得之。

瓠里子仰天叹曰:"今之治政⑦,其亦以民为官民与?则爱之者鲜矣,宜其敝也⑧!"

[注释]

①瓠(hù)里子:虚拟人名。②自吴归粤:从吴地回到粤地。吴,周代诸侯国,其属地为今江苏、上海大部和安徽、浙江的一部分。粤,古地名,在广东省一带,因古时百粤族在此居住而得名。③相国:官名,为百官之长。④官舟:指属于公家的船。⑤浒:水边。⑥敝蓬:船蓬破败。蓬,同"篷"。⑦治政:治理国家和百姓的人。⑧宜其敝也:指百姓不可避免地要陷于困顿之中。敝,这里有"贫穷"、"困顿"的意思。

云梦田

楚王好安陵君,①安陵君用事②。景雎邀江乙,③使言于安陵君曰:"楚国多贫民,请以云梦④之田贷⑤之耕以食,无使失所⑥。"安陵君言于王而许之。他日,见景子,问其入之数⑦。景子曰:"无之。"安陵君愕曰:"吾以子为利于王而言焉,乃以与人而为恩乎?⑧"景睢失色而退,语其人曰:"国危矣!志利而忘民,⑨危之道也。"

[注释]

①楚王好安陵君:楚王宠信安陵君。安陵君,战国时楚共王宠臣,因封于安陵,称安陵君。见《战国策·楚策一》。好,宠信。②用事:旧指当权。③景睢(suī)邀江乙:景睢请求江乙。景睢,楚国大夫,其事迹不详。后文称"景子"。邀,请求;谋求。原本作"激",据四部丛刊本改。江乙,魏国人,有智谋,后在楚国做官。④云梦:古泽薮名。⑤贷:借贷;租借。⑥无使失所:不要使老百姓失去安身的地方。⑦问其入之数:向景睢询问"云梦之田"出租后所收的赋税数量。入,收入;收纳。⑧吾以子为利于王而言焉,乃以于人而为恩乎:我以为你是为楚王谋取利益才帮你去说的,没想到你竟把田送给百姓以达到施恩的目的。⑨志利而忘民:一心追逐财利,而忘记了百姓的死活。

弥子瑕

卫灵公①怒弥子瑕②,抶出之③。瑕惧,三日不敢入朝。公谓祝鮀④曰:"瑕也怼⑤乎?"子鱼对曰:"无之。"公曰:"何谓无之?"子鱼曰:"君不观夫狗乎?夫狗,依人以食者也。主人怒而抶之,嗥而逝⑥。及其欲食也,葸葸然⑦复来,忘其抶矣。今瑕,君狗也。仰⑧于君以食者也,一朝不得于君,则一日之食旷焉,其何敢怼乎?"公曰:"然哉⑨!"

[注释]

①卫灵公:春秋时卫国国君。②弥子瑕:卫灵公宠臣。《韩非子·说难》载有卫灵公宠幸弥子瑕的故事。③抶(chì)出之:挥鞭把弥子瑕赶出去。抶,用鞭、杖抽打。④祝鮀(tuó):卫国大夫,字子鱼,善辞令。⑤怼(duì):怨恨。⑥嗥而逝:嗥叫着逃走。⑦葸葸(xǐ)然:畏惧胆怯的样子。⑧仰:仰仗;依赖。⑨然哉:表示肯定的判断。

瞽聩第五

自瞽自聩

郁离子曰：自瞽①者，乐言己之长；自聩②者，乐言人之短。乐言己之长者，不知己；乐言人之短者，不知人。不知己者，无所见；不知人者，无所闻。无见者，谓之瞽；无闻者，谓之聩。人有耳目，而见闻有所不及，恒思所以聪明之③，犹惧其蔽塞也，而况于自瞽、自聩乎！瞽且聩，而以欺人曰："予知且能。"然而不丧者，蔑之有也。④

[注释]

①自瞽：自己让自己瞎了眼睛，即"睁眼瞎"。瞽，眼睛瞎。②自聩：自己让自己聋了耳朵，即充耳不闻。聩，耳朵聋。文中的"自瞽"、"自聩"指那些自尊自大，看不见别人长处的人。③恒思所以聪明之：常想着用什么方法才能使自己更加耳聪目明。④然而不丧者，蔑之有也：如此为人处世却不败亡，那是没有的事。蔑，无。

自讳自矜

郁离子曰：讳者，欺之媒乎？①矜者，谄之宅乎？②媒以招之，宅以纳之，奸其不至乎？③故舟必漏也，而后水入焉；土必湿也，而后苔生焉。奸人伺隙以图进其身，④奚暇⑤为人国家计哉？故因其矜也，而施之谄；因其讳也，而投以欺。⑥然后昭然⑦知其为谄与欺，而弗之拒也。由是而贯⑧，贯而后宠生焉。宠生慕，慕生效。⑨夫奸人之得志于人国家也，一且不能堪也，而况于慕效之相承乎？⑩腐肉之致⑪蝇，非特尽其肉而已⑫也。蝇生蛆，而蛆复为蝇，蝇蛆相生而不穷，夫何以当⑬之？是故君子之修慝辨惑⑭，如良医之治疾也，针其膏肓⑮，绝其根源，然后邪淫不生。苟⑯知谄与欺之能丧人心、亡人国也，屏⑰其媒、坏其宅，奸者熄⑱矣。

[注释]

①讳者，欺之媒乎：隐讳大概是导致欺骗的媒介吧？讳，隐瞒；隐讳。②矜者，谄之宅乎：骄傲自满大概是谄谀的托身之所吧？矜，自满；骄傲。谄，献媚；谄谀。宅，寄托之所。③媒以招之，宅以纳之，奸其不至乎：心有隐讳而招致欺骗；骄傲自满而喜人谄谀，奸邪能不随之而至吗？④奸人伺隙以图进其身：奸诈之人窥测时机以求升官发财。伺隙，窥测时机。进其身，指升官发财。⑤奚暇：哪有空闲。⑥故因其矜也，而施之谄；因其讳也，而投以欺：利用对方骄傲自满，而施加以谄谀；利用对方隐瞒，而投之以欺骗。⑦昭然：明明白白的样子。⑧贯：同"惯"。纵容；放任。⑨宠生慕，慕生效：因人受宠而生羡慕之心，因为羡慕而萌生效仿之念。⑩一且不能堪也，而况于慕效之相承乎：只一个奸人尚且已经让人不堪忍受了，何况随之而来的是众人的羡慕与效仿呢。⑪致：招致。⑫非特尽其肉而已：不只是吃光腐肉而已。特，只。⑬当：抵挡。⑭修慝（tè）辨惑：整治邪恶，辨别蛊惑。慝，邪恶。⑮膏

肓：即膏肓俞，针灸穴位名。这里指要害部位。⑯苟：假如；如果。⑰屏：摈弃。⑱熄：平息；消亡。

祛蔽

瓠里子之艾，①谓其大夫曰："日君之左服病，②兽人③曰：'得生马之血以饮之，可起④也。'君之圉人⑤使求仆之骖，仆难，未与也⑥。"大夫曰："杀马以活马，非人情也。夫何敢？"瓠里子曰："仆亦窃有疑⑦焉。虽然，亦既知君之心矣，⑧愿因而有所请⑨。仆闻有国者，必以农耕而兵战也。农与兵，孰非⑩君之民哉？故兵不足，则农无以为卫；农不足，则兵无以为食。兵之与农，犹足与手，不可以独无也。今君之兵暴⑪于农，而君不禁；农与兵有讼，则农必左⑫，耕者困矣！是见手而不见足也。今君之圉人见君之不可无服，而不见仆之不可无骖也。昔者陈胡公之元妃大姬好舞⑬，于是宛丘之人皆拔其桑而植柳。仆窃为君畏之⑭。"

[注释]

①瓠里子之艾：瓠里子前往艾地。瓠里子，虚拟人名。艾，地名，在今江西修水县西。②日君之左服病：往日你们国君的马病了。君，国君。服，古代一车四马，居中的两匹叫"服"，两边的两匹叫"骖"。③兽人：这里指善医。④起：治愈。⑤圉（yǔ）人：养马人。⑥仆难，未与也：我感到很为难，没有答应。⑦有疑：有所怀疑。意即杀活马以救病马的主意不会是国君的主意。⑧亦既知君之心矣：意指由艾之大夫不赞成杀活马以救病马可推测其国君也有相同的想法。⑨愿因而有所请：希望由这件事而能够请教相关的一些问题。愿，希望。⑩孰非：哪个不是。⑪暴：欺凌；侵害。⑫左：古代尚右，故"左"字可引申为"吃亏"，"失败"。⑬昔者陈胡公之元妃大姬好舞：从前陈胡公的妃子太姬喜欢跳舞。陈胡公，姓妫氏，名满，虞舜的后代。武王灭商，寻找舜的后人，找到了妫满，以元女太姬配之，封于陈。建都宛丘（今河南

淮阳)。大姬,即太姬。⑭为君畏之:替国君害怕担忧。

宋王偃

宋王偃恶楚威王,①好言楚之非。且日视朝,②必诋楚以为笑③。且曰:"楚之不能,若是甚矣!吾其得楚乎。"④群臣和之,如出一口。于是行旅之自楚适宋者⑤,必构楚短以为容⑥。国人大夫传以达于朝,狃而扬,⑦遂以楚为果不如宋。而先为其言者亦惑焉。⑧于是谋伐楚。

大夫华犨⑨谏曰:"宋之非楚敌也,旧矣,⑩犹犫牛⑪之于鼢鼠⑫也。使诚如王言,楚之力犹足以十宋⑬。宋一楚十,十胜不足以直⑭一败,其可以国试乎?"⑮弗听。遂起兵,败楚师于颍上⑯,王益逞⑰。

华犨复谏曰:"臣闻小之胜大也,幸其不吾虞也⑱。幸不可常,⑲胜不可恃⑳,兵不可玩,㉑敌不可侮㉒。侮小人且不可,况大国乎?今楚惧矣,而王益盈㉓。大惧小盈,㉔祸㉕其至矣。"王怒,华犨出奔齐。

明年,宋复伐楚,楚人伐败之,遂灭宋。

[注释]

①宋王偃恶(wù)楚威王:宋王偃不喜欢楚威王。宋王偃,即宋康王。战国时宋国国君,名偃,剔成肝之弟。剔成肝逐杀宋桓侯自立为宋君,不久偃又杀剔成肝自立。此人贪恋酒色,被视为桀纣。恶,讨厌;不喜欢。楚威王,楚国国君,楚宣王之子,名熊商。②旦日视朝:每天早晨临朝听政。③诋楚以为笑:以毁谤楚国作为笑谈。诋,毁谤。④楚之不能,若是甚矣!吾其得楚乎:楚国的无能,竟到了这么严重的地步!我大概可以吞并楚国了吧。其,表推测、估计。⑤行旅之自楚适宋者:从楚国到宋国旅行的人。行旅,旅行的

人。适,前往。⑥必构楚短以为容:一定要捏造楚国的不是以取悦于宋人。⑦狃(niǔ)而扬:反复宣扬。狃,习以为常。⑧先为其言者亦惑焉:最先编造谎言的人也迷惑了。也把自己的谎言当真了。⑨华犫(chōu):楚国大夫,事迹不详。⑩旧矣:这里指早有定论。⑪夔(kuí)牛:古代传说中的一种高大野牛。《山海经·中山经》郭璞注:"今蜀山中有大牛,重数千斤,名为夔牛。"⑫鼢(fén)鼠:即鼹鼠,一种小老鼠。⑬使诚如王言,楚之力犹足以十宋:假使确如大王所说的楚国无能,其力量仍足以抵得过十个宋国。⑭直:抵;相当。⑮其可以国试乎:怎么可以拿整个国家的命运来作这个尝试呢。⑯颍上:颍水之上。颍,即颍水,河名。发源于河南,经安徽入淮河。⑰益逞:更加放肆。⑱幸其不吾虞也:侥幸的是对方没有防备我方。不吾虞,即"不虞吾"的倒装。虞,戒备;准备。⑲幸不可常:不能把侥幸之事视以为常。⑳恃:依仗。㉑兵不可玩:打仗不能视同儿戏。㉒侮:轻慢;侮弄。㉓盈:骄傲自满。㉔大惧小盈:大国已经有了戒惧,而小国却骄傲自满。㉕祸(huò):通"祸"。灾祸,祸患。

越 王

越王燕群臣①,而言吴王夫差②之亡也,以杀子胥③故。群臣未应。

大夫子余④起而言曰:"臣尝⑤之东海矣。东海之若⑥游于青渚⑦,禺强会焉,⑧介鳞之从者以班见⑨。夔⑩出,鳖延颈而笑⑪。夔曰:'尔何笑?'鳖曰:'吾笑尔之跂跃⑫,而忧尔之踣⑬也。'夔曰:'我之跂跃,不犹尔之跛跛⑭乎?且我之用一而尔用四,四犹不尔持也⑮,而笑我乎?故跂之则羸其肝⑯,曳之则毁其腹,⑰终日匍匐⑱,所行几许?尔胡不自忧而忧我也!'今王杀大夫种而走范蠡⑲,四方之士掉首不敢南顾,越无人矣。臣恐诸侯之笑王者在后也。"

王默然。

[注释]

①越王燕群臣：越王宴请大臣。越王，这里指春秋末年越国国君勾践。勾践曾被吴王夫差所败，称臣于吴。后卧薪尝胆，任用范蠡、文种等人治理国政，终于转弱为强，灭亡吴国，成为霸主。燕，通"宴"。②吴王夫差：春秋末年吴国国君。当初越王勾践被吴征服后，励精图治，意在雪耻，吴大夫伍子胥提醒夫差注意，夫差不但不听，反而轻信谄言，将其赐死。不久，吴被越所灭，夫差后悔莫及。③子胥：伍员，字子胥。春秋时楚人，父奢、兄尚，同事于楚平王。平王听信谄言，杀其父、兄。伍员逃奔吴国，任吴国大夫，并为吴国立下许多功劳，最后却含冤而死。④子余：本书中的"子余"均为虚拟人名。⑤尝：曾经。⑥若：海神名。见《庄子·秋水》。⑦青渚（zhǔ）：青色的岛屿。这里用作地名。⑧禺强会焉：指东海海神若与北海海神禺强相会。禺强，北海海神。《山海经·大荒北经》："北海之渚中，有神，人面鸟身，珥两青蛇，践两赤蛇，名曰禺强。"会，聚会；相会。⑨介鳞之从者以班见：水族动物按照等级，依次拜见东海海神若和北海海神禺强。介鳞，指有鳞甲的水族动物。介，甲。以班见，按照等级，依次拜见。⑩夔（kuí）：神话传说中的一种怪兽。《山海经·大荒东经》："状如牛，苍身而无角，一足，出入水则必风雨，其光如日月，其声如雷，其名曰夔。"⑪鳖延颈而笑：鳖伸长脖子嘲笑只有一只脚的夔。鳖，形状似龟的爬行动物，生活于水中，俗名甲鱼。延颈，伸长脖子。⑫跷（qiāo）跃：举足跳跃。这里指夔用一只脚跳着行走。⑬忧尔之踣（bó）：担心你跌倒。踣，仆倒，向前倒下。⑭踾踄（bì bǒ）：这里指腿脚不灵便、走路吃力的样子。⑮四犹不尔持也：四只脚尚且不能稳住你的身体。持，支撑。⑯跂（qǐ）之则赢其肝：踮着脚走路，则会加重肝脏负担。跂，跷起脚后跟。这里指踮着脚走路。赢，盈余，多余。这里有"加重负担"的意思。⑰曳之则毁其腹：拖着身子走路，则会磨破肚皮。曳，拖；拉。这里指拖着身子走路。毁其腹，指磨坏肚皮。⑱匍匐：伏地而行。⑲杀大夫种而走范蠡：越国大夫文种，曾佐勾践灭吴。《史记·越王勾践世家》载：勾践灭吴后，功臣范蠡主动出走，避居齐国，并捎信给文种，指出勾践"可与患难，不可与共乐"，劝他退隐。文种不听，终被勾践赐死。

即 且

即且与蛋遇于町。①蛋褰首而逝②,即且追之,蹁旋③焉绕之。蛋迷其所如④,则呀以待⑤。即且摄其首,身弧屈而矢发⑥。入其肮⑦,食其心,啮其䏤⑧,出其尻⑨,蛋死不知也。

他日,行于煁⑩,见蛞蝓⑪,欲取之。蚿⑫谓之曰:"是小而毒,不可触也。"即且怒曰:"甚矣,尔之欺予也⑬!夫天下之至毒,莫如蛇;而蛇之毒者,又莫如蛋。蛋噬木则木翳⑭,啮人兽则人兽毙,其烈⑮犹火也。而吾入其肮,食其心,菹鲊其腹肠,⑯醉其血而饱其䏲⑰,三日而醒,融融然⑱。夫何有于一寸之蜿蠕⑲乎?"跂其足而凌之。⑳蛞蝓舒舒焉㉑,曲直其角,㉒煦其沫以俟之㉓。即且粘而颠,欲走,则足与须尽解解㒵㒵㉔而卧,为蚁所食。

[注释]

①即且(jí jū)与蛋(è)遇于町(tīng):蜈蚣与大眼蛇在田舍边空地上相遇。即且,同"蝍蛆",蜈蚣的别名。蛋,一种有剧毒的大眼蛇。町,(tīng)町。田舍边空地。②蛋褰(qiān)首而逝:大眼蛇抬头就跑。褰首,抬起蛇头。逝,这里指逃开,避开。③蹁旋:旋行,即绕圈而行。④迷其所如:不知道该往哪个方向逃。如,往。⑤呀(xiā)以待:张开嘴巴伺机而动。⑥即且摄其首,身弧屈而矢发:蜈蚣收紧脑袋,把身子弯成弧形,然后像离弦之箭一样直射出去。⑦肮(háng):同"吭",喉咙。⑧啮其䏤(qǐ):咀嚼蛇的内脏。啮,咬。䏤,原意为小腿肚子,这里当指蛇的肠胃等内脏。⑨尻(kāo):屁股。⑩煁(chén):古代一种可以移动的炉灶。⑪蛞蝓(kuò yú):即蜒蚰,俗名鼻涕虫,身体能分泌粘液。⑫蚿(xián):虫名。马蚿。又名马陆、百足。⑬甚矣,尔之欺予也:太过分了,你竟如此瞧不起我!欺,欺凌;欺负。⑭翳:中毒枯死。⑮烈:这里指毒势凶猛。⑯菹(zū)鲊(zhǎ)其腹肠:嚼烂其腹肠并当成肉酱一样地享用。⑰䏲(liáo):肠部脂肪。⑱融融然:

即且 85

非常满足快乐的样子。⑲蜿蟺：虫爬行的样子。这里指屈曲爬行的蜒蚰。⑳跂(qǐ)其足而凌之：翘起腿向蜒蚰发起进攻。跂，这里指翘起腿来。凌，迫近；进攻。㉑舒舒焉：镇定自若的样子。㉒曲直其角：头上的触角一伸一屈。㉓煦(xù)其沫以俟之：口吐唾沫伺机出击。煦，通"呴"，吐出。沫，唾液。俟，等待。㉔解解腮腮(rùn)：离散僵硬。

术 使

楚有养狙①以为生者，楚人谓之狙公。旦日必部分②众狙于庭，使老狙率以之山中，求草木之实③，赋什一以自奉④。或不给，则加鞭棰⑤焉。群狙皆畏苦之，弗敢违也。一日，有小狙谓众狙曰："山之果，公所树⑥与？"曰："否也，天生也。"曰："非公不得而取与？"曰："否也，皆得而取也。"曰："然则吾何假于彼而为之役乎⑦？"言未既⑧，众狙皆寤。其夕，相与伺狙公之寝⑨，破栅毁柙⑩，取其积⑪，相携而入于林中，不复归。狙公卒馁而死⑫。

郁离子曰："世有以术使民而无道揆者⑬，其如狙公乎？惟其昏而未觉也，一旦有开之⑭，其术穷矣。"

[注释]

①狙：猴的一种，即猕猴。②部分：部署分派。③实：果实。④赋什一以自奉：征收十分之一的果实用来供养自己。赋，征收。⑤鞭棰(chuí)：鞭打。⑥树：栽种。⑦然则吾何假于彼而为之役乎：既然如此，我们为什么要通过狙公，替他服役呢？然则，既然如此；那么。假，借助。为之役，替他服役。⑧既：结束。⑨相与伺狙公之寝：一道等候狙公就寝。伺，守候；等待。⑩破栅毁柙(xiá)：捣毁栅栏木笼。栅，栅栏，关养家禽家畜的围栏。柙，关野兽的木笼。⑪积：指积蓄的果实。⑫卒馁而死：最终饥饿而死。馁，饥饿。⑬世有以术使民而无道揆(kuí)者：世上那些用权术役使百姓而不讲道义和

法度的人。术，权术；手段。使民，役使百姓。道揆，道义和法度。⑭有开之：指受到某种启发醒悟过来。开，启发。

祥不妄集

蒙人衣狻猊之皮以适圹，①虎见之而走，谓虎为畏已也，返而矜②，有大志。明日，服狐裘③而往，复与虎遇。虎立而睨④之，怒其不走也，叱⑤之，为虎所食。

邾娄子泛于河，⑥中流而溺，水涡煦而出之，⑦得壶以济岸，⑧以为天佑己也。归而不事⑨鲁，又不事齐。鲁人伐而分其国，齐弗救。

君子曰："无畏者，祸之本⑩乎？惟有德可以受天祥⑪。祥不妄集⑫，圣人实有之。犹内省⑬而惧，畏其不能胜⑭也，而况敢自祥乎⑮？非祥而以为祥，丧其心⑯矣，其能免乎？"

[注释]

①蒙人衣狻猊（suān ní）之皮以适圹（kuàng）：蒙地有个人披着狻猊的皮到野外去。蒙，地名。今河南省商丘县东北，战国时属宋。狻猊，传说中的一种猛兽，又为狮子的别称。圹，原野；旷野。②矜：骄傲；自满。这里有"自尊自大"的意思。③裘：皮衣。④睨：斜视。⑤叱：大声吼叫。⑥邾（zhū）娄子泛于河：邾国的国君在河上泛舟。邾娄子，邾国的国君。邾娄，即邾国。周代诸侯国，古址在今山东邹城市东南。⑦水涡煦（xǔ）而出之：水中的旋涡把他托出水面。煦，同"呴"。吹气，呵气。这里可作"推、托"理解。⑧得壶以济岸：恰巧抓住了漂在河面上的一个葫芦而得以游到岸边。壶，通"瓠"，葫芦。济岸，指游到岸边。⑨事：侍奉。⑩本：根源。⑪受天祥：承受上天所赐之福。⑫妄集：随便降临。⑬内省（xǐng）：儒家的修养方法。即内心的省察。⑭不能胜：承受不起。⑮而况敢自祥乎：何况竟敢自以为上天赐福呢？敢，胆敢；竟敢。⑯丧其心：指丧失理智。

规姬献

郁离子谓姬献①曰:"吾尝游汝、泗②之间,见丛祠③焉。其中为天仙,其左右为鬼伯④。天仙之祠⑤,香烛之外无物⑥;而鬼伯之祠,击钟烹膻,明膏火,穷昼夜。⑦今子之庭,无雨旸寒暑皆如市,⑧鹅羊鸭鸡之声哑嚄嘈嚍⑨,不得闻人语。吾隐⑩子之不能为天仙而为鬼伯也。"明年而败于鲍瓜之墟⑪,姬献死焉。

[注释]

①姬献:疑指春秋时晋国国君献公。献公姬姓,见《左传·僖公二十三年》。②汝泗:水名。汝,源出河南鲁山县。泗,发源于山东泗水县陪尾山。③丛祠:丛林中的祠庙。④鬼伯:鬼中之长;阎王。⑤祠:祭祀。⑥物:这里指祭品。⑦击钟烹膻,明膏火,穷昼夜:意指阎王贪财,所以人们在祭祀阎王时往往不得不投其所好,击鼓敲钟,烹羊宰牛,点着明晃晃的灯火,昼夜不停。膻,指充满膻气的牛肉羊肉。膏火,灯火。⑧无雨旸(yáng)寒暑皆如市:无论下雨天晴,也无论天冷天热都像集市那么热闹。无,无论。旸,天晴。市,集市。⑨哑嚄(huò)嘈嚍(zá):形容声音杂乱,喧闹。⑩隐:这里有"私下里担心"之意。⑪明年而败于鲍(páo)瓜之墟:第二年晋献公就在鲍瓜之墟被人击败。鲍瓜之墟,疑指春秋时晋国旧都曲沃(在今山西闻喜东北)。历史上的曲沃以盛产鲍瓜而著名,西晋作家潘岳《笙赋》有云:"河汾之宝,有曲沃之悬鲍焉。"但献公系病死,并非兵败而死,有关故事属作者虚构。

蓤 龙

有献陵鲤于商陵君者,①以为龙焉。商陵君大悦,问其食,曰:"蚁。"商陵君使蓤②而扰③之。或曰:"是陵鲤也,非龙也。"商陵君怒,抶④之。于是左右皆惧,莫敢言非龙者,遂从而神之⑤。商陵君观龙⑥,龙卷屈如丸,倏而伸,⑦左右皆佯惊,称龙之神,商陵君又大悦,徙居之宫中。夜穴甓⑧而逝。左右走报曰:"龙用壮⑨,今果穿石去矣。"商陵君视其迹,则悼惜不已。乃养蚁以伺,冀⑩其复来也。无何,天大雨,震电,真龙出焉。商陵君谓为豢龙⑪来,矢⑫蚁以邀之。龙怒,震其宫,商陵君死。

君子曰:"甚矣,商陵君之愚也!非龙而以为龙,及其见真龙也,则以陵鲤之食待之。卒震以死,自取之也。"

[注释]

①有献陵鲤于商陵君者:有人向商陵君进献穿山甲。陵鲤,即鲮鲤,又名穿山甲。有鳞甲,四肢较短,爪强壮锐利,用以搔地觅食或掘洞。穴居,喜食蚁,遇敌常卷缩如球。商陵君,其人不详。据《史记》记载,景帝时封赵周为商陵侯,商陵君或即商陵侯。②豢:喂养牲畜。③扰:驯服。④抶(chì):用鞭、杖抽打。⑤从而神之:顺着商陵君的意思视之为神。⑥龙:被当成龙的穿山甲。⑦倏而伸:突然间又伸直了身躯。倏,突然地。⑧穴甓(pì):在砖墙中挖了个洞。穴,用作动词,"打洞"之意。甓,砖。逝,逃跑。⑨用壮:逞其强力;施展其刚强有力的爪牙。⑩冀:希望。⑪豢龙:所豢养的龙。⑫矢:陈献。

蛇雾

冥谷①之人畏日,恒穴土而居阴②。有蛇焉,能作雾,谨事之,③出入凭焉,④于是其国昼夜雾。巫绐之曰:⑤"吾神已食日矣,日亡矣。"遂信以为天无日也,乃尽废其穴之居而处垲⑥。

羲和氏之子之崦,⑦过焉,谓之曰:"日不亡也。今子之所翳⁸者,雾也。雾之氛⁹,可以晦日景,⑩而焉能亡日?日与天同其久者也,恶乎亡⑪?吾闻之,阴不胜阳,妖不胜正。蛇,阴妖⑫也,鬼神之所诘,雷霆之所射也。⑬今乘天之用否而逞其奸⑭,又因人之讹以凭其妖⑮,妖其能久乎?夫穴,子之常居也。今以讹致妖,而弃其常居。蛇死雾必散,日之赫其可当乎⑯?"

国人谋诸巫⑰,巫恐泄其绐,遂沮之⑱。未期月⑲,雷杀其蛇。蛇死而雾散,冥谷之人相呴而槁⑳。

[注释]

①冥谷:昏暗幽深的山谷。文中用作地名。②恒穴土而居阴:一向来挖土为洞,居住于阴暗之处。恒,长久。这里指"一直","一向"。③谨事之:小心谨慎地侍奉它。④出入凭焉:进出土洞全仗蛇的雾气挡住太阳。凭,依靠;凭借。⑤巫绐(dài)之曰:巫师欺骗说。巫,古代以求神、占卜为职业的人。绐,欺骗。⑥废其穴之居而处垲(kǎi):废弃了他们原先所居住的土洞而搬迁到地势高而干燥的地方居住。垲,地势高而土质干燥。⑦羲和氏之子之崦(yān):太阳神的儿子前往崦嵫(zī)。羲和氏,神话传说中的太阳神。崦,即"崦嵫",神话中的山名,相传为日落之处。屈原《离骚》:"吾令羲和弭节兮,望崦嵫而勿迫。"⑧翳:遮蔽。⑨氛:雾气。⑩可以晦日景:可以使日光昏暗。晦,昏暗。这里作动词,有"使昏暗"的意思。景,阳光。⑪恶乎亡:哪能消失呢?恶,哪里。⑫阴妖:阴暗的妖怪。⑬鬼神之所诘,雷霆之所射:意指蛇妖是鬼神所要查办,雷霆所要劈击的。诘,查究;查办。射,射击。这里指雷劈电击。⑭乘天之用否(pǐ)而逞其奸:趁着天光的作用(指日光的照射)一时达不到,就施展其奸伎。否,阻隔不通;闭塞。奸,邪恶的伎俩。⑮因人之讹以凭其妖:利用巫师的谣言,助长自己的妖术。讹,谣言。⑯日之赫其可当乎:炎热的太阳岂能抵挡。赫,炎热的样子。当,抵挡。⑰谋诸巫:到巫师那里去商量对策。⑱沮之:诋毁羲和氏之子的言论。沮,诋毁。⑲未期月:还没满一个月。⑳相呴(xǔ)而槁:相濡以沫,苟延残喘,最后被太阳晒死。相呴,相濡以沫,互相吐口沫润湿。呴,呴濡。槁,干枯。此指被太阳晒死。

采山得菌

粤人有采山而得菌,①其大盈箱,其叶九成②,其色如金,其光四照。以归,谓其妻子曰:"此所谓神芝③者也,食之者仙。吾闻仙必有分④,天不妄与⑤也。人求弗能得,而吾得之。吾其⑥仙矣。"乃沐浴,斋⑦三日,而烹食之,入咽⑧而死。其子视之,曰:"吾闻得仙者必蜕其骸⑨,人为骸所累,故不得仙。今吾父蜕其骸矣,非死也。"乃食其余,又死。于是同室之人皆食之而死。

郁离子曰:"今之求生而得死者,皆是⑩之类乎?故张网以逐禽,使无所逃而获,非不知而不避者也⑪。设食而机之,则其获也,皆非知之而不避者也。⑫南方有鸟,五采而象凤,名曰昭明⑬,其性好乱⑭,故出则天下起兵。西方有兽,斑文⑮而象虎,名曰驺虞⑯,其性好仁,故出则天下偃兵⑰。其不知者,莫不以为凤与虎也。今天下之人,孰不曰予有知也?由此观之,远矣。"

[注释]

①粤人有采山而得菌:粤地有人上山采药时采到了一棵菌。粤,古地名,在广东省一带,因古时百粤族在此居住而得名。采山,上山采药。菌,菌类植物名。这里指的是一种形似灵芝的毒菌。②九成:九层。表示层层叠叠有很多重,而非实指。③神芝:即灵芝。古人认为可以包医百病,延年益寿,所以称之为"灵芝"。④分:缘分。⑤妄与:随便给与。⑥其:大概;也许。⑦斋:斋戒。沐浴、斋戒都是洁净身心以示虔敬的行为。⑧咽:原本作"膑",据果育堂刊本改。⑨蜕其骸:脱离躯体。道家认为修炼成功,可以遗弃形骸,飞升为仙。蜕,脱去皮壳。骸,骨。这里指躯体,肉身。⑩是:此。⑪非不知而不

避者也：它们虽然知道有危险只是没有办法逃避。⑫设食而机之，则其获也，皆非知之而避者也：放置食物，旁边暗设机关，然后被捕获的那些禽鸟，它们都是不知道有危险所以不去逃避。机，机辟。捕捉鸟兽的机关。这里作动词，意为"用机关捕捉"。⑬昭明：星名。《史记·天官书》："昭明星，大而白，无角，乍上乍下。所出国，起兵多变。"这里作者用以作鸟名。⑭性好乱：天性喜欢祸乱。⑮斑文：斑状花纹。文，纹理；花纹。⑯驺虞（zōu yú）：也作"驺吾"、"驺牙"，古代神话传说中的义兽，据说它不食生物，不履生草，它一出现，天下就会太平。《山海经·海内北经》云："林氏国有珍兽，大若虎，五采毕具，尾长于身，名曰驺吾。乘之日行千里。"⑰偃兵：息兵；战事平息。

枸橼第六

枸 橼

梁王嗜果,①使使者求诸吴②。吴人予之橘,王食之美。他日,又求焉,予之柑,王食之尤美。则意其犹有美者未予也,悆③使者聘于吴而密访焉。御儿④之鄙人⑤有植枸橼⑥于庭者,其实大如瓜,使者见而愕之,曰:"美哉煌煌⑦乎!柑不如矣。"求之,弗予。归言于梁王,梁王曰:"吾固知吴人之靳⑧也。"命使者以币请之。朝而进之,⑨荐⑩而后尝之。未毕一瓣⑪,王舌缩而不能咽,齿柔⑫而不能咀,鼽鼻颦额,⑬以让⑭使者。

使者以诮⑮吴人,吴人曰:"吾国果之美者,橘与柑也。既皆以应王求,无以尚⑯矣。而王之求弗置⑰,使者又不询而观诸其外美,宜乎所得之不称所求也。夫木产于土,有土斯有木,于是乎果实生焉。果之所产不惟吴,王不遍索而独求之吴。吾恐枸橼之日至,而终无适王口者也。"

[注释]

①梁王嗜果：梁王爱吃水果。梁王，即魏王。梁，魏国，周代诸侯国，战国时迁都于大梁（今河南开封），故称为梁。②使使者求诸吴：派遣使节去吴国寻求（味美的水果）。③惎（jì）：教导；嘱咐。④御儿：古地名，又称语儿乡，在今浙江桐乡市南的语溪。⑤鄙人：居住在郊野的人。⑥枸橼（jǔ yuán）：俗称香橼。常绿乔木，果实椭圆，皮如橙、柚，味酸。我国中、南部有栽培。⑦煌煌：光灿灿地。⑧靳（jìn）：吝啬。⑨朝而进之：指早朝时把果品送入王宫。⑩荐：祭奠。⑪辫，原本作"辨"，据果育堂刊本改。⑫齿柔：俗谓"倒牙"，因食物太酸，以致牙齿不能咀嚼。⑬齂（xí）鼻颦（cù）额：鼻子抽气，眉头紧皱。齂鼻，鼻子吸气。齂，息。颦，通"蹙"。⑭让：责备。⑮诮：责问。⑯尚：超过。⑰王之求弗置：梁王一味索求鲜美的果品而不肯罢手。置，舍弃。

淳于獝入赵

公仪子①为政于魏，魏人淳于獝②以才智自荐，公仪子试而知其弗任③也，退之。淳于獝之西河④，西河守使人道而入诸赵，⑤赵人以为将⑥。西河守谓公仪子曰："是必疾⑦赵矣。赵疾，魏国之利也。"公仪子愀然⑧不悦，曰："如大夫言，是魏国之耻也。昔者由余⑨，戎⑩人也。由余入秦，秦穆公⑪用之。由余贤，秦人不敢轻戎。吾惧赵人之由是轻魏也。"

[注释]

①公仪子：复姓公仪，名休。战国时人，为鲁穆公相。奉法循礼，为人廉洁。史书里没有"公仪子为政于魏"的记载。②淳于獝（xù）：虚拟人名。淳于，复姓。③弗任：不能胜任。④之西河：前往西河。之，到。西河，郡名，战国魏置，一称河西，辖境在今陕西东部黄河西岸地区。⑤西河守使人道而入诸赵：西河郡守让人把淳于獝推荐到了赵国。守，郡守，一郡之长官。

道,引导。这里有推荐、介绍的意思。⑥以为将:封(淳于髡)为将军。⑦疚:因过失而内心不安,此处为使动用法。⑧愀然:忧戚变色的样子。⑨由余:春秋时秦国大夫。一作繇余。其先祖原为晋人,逃亡入戎。初在戎任职,转入秦,为秦穆公重用,任上卿,帮助穆公谋伐西戎,灭国十二,称霸西戎。⑩戎:古族名。⑪秦穆公:春秋时秦国国君。任用百里奚、蹇叔、由余为谋臣,击败晋国,称霸西戎。

泗滨美石

泗水①之滨多美石,孟尝君为薛公,②使使者求之以币。泗滨之人问曰:"君用是奚为哉?③"使者对曰:"吾君封于薛,将崇④宗庙之祀,制雅乐⑤焉。微⑥君之石,无以为之磬⑦。使隶人敬请于下执事,⑧惟⑨君图之。"泗滨人大喜,告于其父老,斋戒,肃⑩使者,以车十乘,致石于孟尝君。

孟尝君馆泗滨人而置石于外朝。他日,下宫之碣阙⑪,孟尝君命以其石为之。泗滨人辞诸孟尝君,曰:"下邑⑫之石,天生而地成之。昔者,禹平水土,⑬命后夔取而荐之郊庙,⑭以谐八音⑮,众声依之。任土⑯作贡⑰,定为方物⑱。要之⑲明神不敢亵也。君命使者来求于下邑,曰:'以崇宗庙之祀。'下邑之人畏君之威,不敢不供。斋戒,肃使者,致于君。君以置诸外朝,未有定命,不敢以请。今闻诸馆人曰:'将以为下宫之碣。'臣实不敢闻。"弗谢而走。诸侯之客闻之,皆去。

于是,秦与楚合谋伐齐。孟尝君大恐,命驾趣谢客,⑳亲御㉑泗滨人迎石登诸庙,以为磬。诸侯之客闻之皆来,秦楚之兵亦解。

君子曰:"国君之举,不可不慎也,如是哉!孟尝君失信于一石，天下之人疾㉒之，而况得罪于贤士哉？虽然，孟尝君亦能补过者也，齐国复强，不亦宜乎！"

[注释]

①泗水：又称泗河，在山东。②孟尝君为薛公：孟尝君，战国时齐人，姓田名文，其父田婴曾为齐相，封于薛。婴死，文代立于薛，人称薛公。继任齐相，喜养士，有食客三千人。薛，本为小国，后被齐国所灭，成为齐邑。③君用是奚为哉：您用它来做什么？④崇：尊崇；推重。⑤雅乐：古代指郊庙朝会上所用的音乐。⑥微：无。⑦磬（qìng）：古代一种石制的乐器。⑧使隶人敬请于下执事：派属下恭敬地向您的手下提出请求。隶人，属下，此处是"使者"自称。执事，古时指侍从左右供使令的人，也指在某事件中主事者。⑨惟：语气词，表希望。⑩肃：恭敬地引进。⑪下宫之碣（xì）阙：内宫的垫柱石碎裂。下宫，内宫，内宅，指女眷住所。碣，承柱的圆石墩。阙，空缺，亏损，此处引申为碎裂。⑫下邑：这里是谦称，指泗水。⑬禹平水土：禹，夏代的第一个帝王，即大禹。传说他曾受帝尧之命治理洪水和土地。⑭命后夔取而荐之郊庙：命后夔取泗水之滨的美石献之于宗庙。后夔，虞舜时的乐官。荐，献。郊庙，宗庙。⑮八音：中国古代对乐器的统称。指金、石、土、革、丝、木、匏、竹八类。⑯任土：古代根据土地的肥瘠而定税赋的多寡称"任土"。⑰作贡：制定贡品。⑱方物：土产。⑲要（yāo）之：要而言之。要，概括，总括。⑳命驾趣谢客：命人驾车亲自前去向客人致歉。趣，趋向；奔赴。谢，致歉。㉑御（yà）：迎接。㉒疾：憎恨。

子余知人

越王使其大夫子余造舟。舟成，有贾人求掌为工，①子余弗用。贾人去之吴，因王孙率以见吴王②，且言越大夫之不能用人也。他日，王孙率与之观于江，飓③作，江中之舟扰④，则收指以示王孙率曰："某且覆，某不覆。"无不如其言。王孙率大奇之，举⑤于吴王，以为舟正⑥。

越人闻之，尤⑦子余。子余曰："吾非不知也，吾尝与之处矣，是好夸而谓越国之人无己若者。吾闻好夸者，恒是己以来多谀⑧；谓人莫若己者，必精于察人而暗自察也。今吴用之，偾⑨其事者，必是夫矣。"越人未之信。

未几，吴伐楚，王使操余皇⑩，浮五湖而出三江⑪，迫于扶胥之口⑫，没焉。越人乃服子余之明，且曰："使斯人弗试而死，则大夫受遗才⑬之谤，虽咎繇⑭不能直之矣。"

[注释]

①有贾（gǔ）人求掌为工：有位商人请求掌管船只。贾人，商人。②因王孙率以见吴王：借助王孙率面见吴王。因，凭借；凭靠。王孙率，虚拟人名。③飓：海上大风暴。④扰：乱。⑤举：举荐；推荐。⑥舟正：掌管船只的长官，即船长。⑦尤：归咎；责怪。⑧恒是己以来多谀：常自命正确以博取他人的奉承。是己，自以为是。谀，奉承；谄媚。⑨偾（fèn）：败坏；破坏。⑩余皇：船名。⑪三江：指广州"三江口"。⑫扶胥之口：地名。广州番禺扶胥镇，濒临海湾，其入海之处被称之为扶胥之口。《大清一统志》："扶胥镇在番禺县东南三江口。"⑬遗才：失去人才。⑭咎繇（gāo yáo）：即皋陶，传说中东夷族的首领，曾被舜任为掌刑法之官。

不韦不智

越人寇，不韦避兵而走剡①。贫无以治舍，徘徊于天姥②之下，得大木而庥③焉。安。一夕，将斧其根以为薪，其妻止之，曰："吾无庐④，而托是以庇⑤身也。自吾之止于是也，骄阳赫而不吾灼，寒露零而不吾凄，飘风扬而不吾漂⑥，雷雨晦冥⑦而不吾震撼，谁之力耶？吾当保之如赤子⑧，仰之如慈母，爱之如身体,犹惧其不蕃且殖也⑨,而况敢毁伤之乎!吾闻之,水泉缩而潜鱼惊,霜钟鸣而巢鸟悲,畏夫川之竭⑩、林之落也。鱼鸟且然⑪,而况于人乎?"

郁离子闻之,曰:"哀哉,是夫也!而其知不如一妇人也。呜呼!岂独不如一妇人哉?则亦鸟鱼之不若矣!"

[注释]

①不韦避兵而走剡(shàn):不韦为躲避战乱而逃亡到剡。不韦,虚拟人名。避兵,躲避战乱。剡,古县名,西汉置,治所在今浙江嵊州市西南。②天姥(mǔ):山名,在今浙江境内。③庥(xiū):庇荫;保护。这里有"居住"的意思。④庐:简陋的房屋。⑤庇:遮蔽;掩护。⑥㵢:因寒冷而瑟瑟发抖。⑦晦冥:昏暗。⑧赤子:初生的婴儿。⑨犹惧其不蕃且殖也:尚且担心树木长得不茂盛得不到很好的繁殖。蕃,茂盛。殖,孳生;繁殖。⑩竭:干涸;枯竭。⑪且然:尚且如此。

冯妇之死

东瓯①之人谓"火"为"虎",其称"火"与"虎"无别也。其国无陶冶②,而覆屋以茅,故多火灾,国人咸苦之③。

海隅之贾人适晋,④闻晋国有冯妇⑤,善搏⑥虎。冯妇所在,则其邑无虎。归,以语⑦东瓯君。东瓯君大喜,以马十驷⑧、玉二彀⑨、文锦十纯⑩,命贾人为行人⑪,求冯妇于晋。

冯妇至,东瓯君命驾虚左⑫,迎之于国门外,共载而入,馆于国中,为上客。明日,市有火,国人奔告冯妇。冯妇攘臂⑬从国人出求虎,弗得。火迫于宫肆,⑭国人拥冯妇以趋,火灼而死。于是贾人以妄⑮得罪,而冯妇死弗痞。

[注释]

①东瓯：即战国时的瓯越，相传是越国的一个支脉，汉初被封为东海王国，因建都于东瓯（旧址在今浙江温州），故又称东瓯国。②陶冶：此指用粘土烧制的砖、瓦等。③咸苦之：都为此事感到苦恼。④海隅之贾（gǔ）人适晋：海边有位商人前往晋国。海隅，海边。适，前往。⑤冯妇：人名。《孟子·尽心下》："晋人有冯妇者，善搏虎。"赵岐注云："冯，姓；妇，名也。"⑥搏：捕捉。⑦语（yù）：告诉；报告。⑧马十驷：马四十匹。驷，同驾一辆车的四匹马。⑨瑴（jué）：同"珏"，双玉。⑩文锦十纯：华美的锦缎十匹。纯，匹。⑪行人：使者的通称。⑫命驾虚左：命人驾车并空出车子左边的位置。虚左，古时乘车以左为尊。空着左边的位置，以待宾客，表示尊敬，叫"虚左"。⑬攘臂：卷起袖子。⑭火迫于宫肆：大火逼近宫殿边的店铺。迫，逼近。肆，店铺。⑮妄：荒诞；荒谬。

燕文公求马

燕文公①之路马②死，或③告之曰："卑耳氏④之马良，请求之。"辞曰："野马也，不足以充君驷。"公使强⑤之，逃。苏代⑥之徒欲以其马售，公弗取。

巫闾大夫⑦入言曰："君求马，将以驾乘舆⑧也，何必近舍其所欲售，而远取其不欲售者乎？"公曰："吾恶夫自衒⑨者。"对曰："昔中行伯⑩求妇于齐，高、鲍氏⑪皆许之。谋诸叔向⑫，叔向曰：'娶妇所以承宗祧、奉祭祀⑬，不可苟⑭也，惟其贤而已。'今君之求马，亦惟其良而已可也。昔者，尧让天下于许由，许由逃⑮，尧弗强也，而卒得舜⑯。宁戚饭牛以自售于齐桓公，桓公用之，⑰而卒得管仲⑱。使尧不听许由，何以得舜？桓公不用宁子，何以得管仲？君何固⑲焉！"

[注释]

①燕文公：即战国时的燕文侯。②路马：亦作辂马。古代为君主驾车的马。③或：有人。④卑耳氏：指居住在卑耳山上的氏族。卑耳山在今山西平陆县。⑤强：强迫。这里指燕文侯非得要卑耳氏之马不可。⑥苏代：战国时东周洛阳（今河南洛阳）人，纵横家苏秦之弟，于齐湣王末年游说于齐、燕两国间。⑦巫闾大夫：虚拟人名。⑧乘舆：国君所乘的马车。⑨衒（xuàn）：炫耀。⑩中行伯：即中行穆子，春秋时晋国大夫中行偃（即荀偃）之子，名荀吴。⑪高、鲍氏：指齐国贵族高昭子、鲍牧两大姓。⑫叔向：晋国大夫。⑬承宗祧（tiāo）、奉祭祀：指儿女接管宗庙，奉祀祖先。宗祧，宗庙世系。⑭苟：随便；马虎。⑮尧让天下于许由：传说尧为天子时，有高士许由隐于沛泽，尧认为他很贤能，想让位给他，许由不肯接受帝位，逃到颍水一带去。⑯卒得舜：最终物色到了继承人舜。史载尧晚年知子丹朱不成器，征询谁可代他为帝，四方诸侯之长都荐举舜。尧让他经过种种锻炼之后，将帝位传给了他。⑰宁戚饭牛以自售于齐桓公，桓公用之：《吕氏春秋》等书记载：卫国人宁戚欲自荐于齐桓公，便为商旅至齐，住在齐国都城郭门之外。刚好碰上齐桓公郊迎宾客，夜开门，宁戚便于车下喂牛，击牛角而歌。桓公知其为贤者，用他做卿士。⑱管仲：春秋时齐国人，字仲，名夷吾，曾任齐桓公之相，使齐桓公成为五霸之一。⑲固：固执。

士䓵谏用虞臣

晋献公①灭虞②，置其俘于下阳③，使士䓵监焉④。其大夫⑤多逃，士䓵弗禁。公闻之，怒，召士䓵，让⑥之。

士䓵对曰："君以是为可以充吾国之用也夫？夫彼虞公之臣也，皆尝任虞公之事矣。食虞公之禄⑦，而立虞公之朝，闻虞公之政。虞亡，不能救；虞公执⑧，而身随之，君将焉用是为哉⑨？"公曰："吾惧其邻国之之也⑩。"士䓵笑曰："若是，则臣滋惑⑪矣。"公曰:"何哉?"士蔿曰:"往岁臣之里有厉,⑫卜之曰:'丛为祟。⑬'于是集里之老幼,召巫觋⑭,具⑮舟车,奉牲币⑯,羞桃茢,⑰男女以班⑱,举丛而置诸衢⑲。东里之人利其器物⑳而收之㉑,因得厉㉒焉,死者且过半。故废社之土,不可以涂宫室;弃出之妇,不可以主中馈㉓。鬼神之所遗也。今虞之贤臣,曰宫之奇㉔、百里奚㉕而已矣。宫之奇,先虞公之亡而以其族去,百里奚与于俘㉖,则君既入之秦矣,其它奚取焉?而必欲置之,曰:'无使适邻国。㉗'君实欲善邻㉘,则曰爱厥苗,无遗莠可也㉙。今君坐不安,食不甘,缮甲兵以睨四封㉚,无岁不征,岂有他哉?求吾欲也。敌衅未生,无所用谋。如其弗欲,犹将纳之,矧自往焉。㉛如其用诸,适吾愿也,㉜君何怒为?"

公曰:"善㉝。"

[注释]

①晋献公:春秋时晋国国君,晋文公之父。②虞:古国名。周文王时建立的诸侯国。姬姓。在今陕西平陆北。公元前655年晋国假道灭虢时,被晋袭击攻灭。③下阳:古邑名。春秋虢地,在今陕西平陆北。《左传·僖公二年》:"晋里克,荀息帅师会虞师伐虢,灭下阳。"即此。④使士蔿(wěi)监焉:派士蔿看管俘虏。士蔿,晋国大夫,《史记》有载。监,监视;看管。⑤大夫:先秦时期,国君之下有卿、大夫、士三级,这里指被俘虏的虞国大小官员。⑥让:责备。⑦禄:古代官吏的俸给。⑧执:捉;逮捕。此处为被动用法。⑨君将焉用是为哉:您将怎样使用他们呢?⑩吾惧其邻国之之(zhī)也:我担心他们跑到邻国去。⑪滋惑:更加困惑。⑫往岁臣之里有厉:往年我的故里曾经有恶鬼。里,故里,乡里。厉,恶鬼。⑬丛为祟:丛林里鬼怪作祟。祟,原本作"崇",据四部丛刊本改。⑭巫觋(xí):古代称女巫为巫,男巫为觋,合称巫觋。⑮具:备办。⑯牲币:牺牲和币帛。祭祀用的供品。⑰羞桃茢(liè):进献桃子、苕帚。羞,进献。桃茢,《周礼·夏宫·戎右》:"赞牛耳桃茢。"郑玄注:"桃,鬼所畏也。茢,苕帚,所以扫不祥。"⑱班:排列等级,引申为依次。⑲衢:四通八达的道路。⑳利其器物:认为祭祀用过的那些供品

很有用处。㉑收之：指把人家用剩的祭祀用品收集起来。㉒得厉：指遭遇恶鬼。㉓主中馈：主持饮食之事。㉔宫之奇：春秋时虞国大夫。一作宫奇。晋献公十九年（公元前658年），晋以良马和璧向虞借道攻虢，宫之奇力谏不可，虞君不听。后三年，晋又向虞借道攻虢，宫之奇以"辅车相依，唇寒齿亡"劝谏，虞君又不听，因而率族奔曹。下文谓宫之奇"先虞公之亡而以其族去"，即指此。㉕百里奚：本为虞大夫，虞亡时被晋俘去，作为晋献公女儿陪嫁的奴仆入秦。后逃往楚国，为楚人所执，秦穆公闻其贤，以五张黑羊皮赎回，用为大夫，称为五羖（黑色的公羊）大夫。㉖与于俘：与俘虏关在一起。㉗无使适邻国：别让（他们）到邻国去。㉘善邻：与邻国和睦相处。㉙爱厥苗，无遗（wèi）莠：真正的人才要爱惜留用，坏人不要让他们到邻国去作害。厥，其。苗，没有吐穗的庄稼，这里比喻有用的人才。遗，送；赠送。莠，恶草的通称，常用以比喻恶人、坏人。㉚睨（nì）四封：窥视着国之四周疆界。封，疆界。㉛如其弗欲，犹将纳之，矧（shěn）自往焉：就算从虞国俘虏来的这些官员邻国不想要，我们尚且要想办法送给他们，何况这些官员自己愿意跑到邻国去呢。矧，况且。㉜如其用诸，适五愿也：如果邻国任用这些跑过去的官员，那正好是我们所希望的。适，恰好。愿，愿望。㉝善：应答之词。表示同意。

养鸟兽

郁离子曰：鸟兽之与人，非类也①。人能扰②而驯之，人亦何所不可为哉？鸟兽以山薮③为家，而豢养于樊笼之中，非其情④也，而卒⑤能驯之者，使之得其所嗜好而无违也。今有养鸟兽而不能使之驯，则不食⑥之以其心之所欲、处⑦之以其性之所安，而加矫迫⑧焉，则有死耳。乌乎！其能驯之也？人于人为同类，其情为易通，非若⑨鸟兽之无知也。而欲夺其所好，遗之以其所不好；绝其所欲，强之以其所不欲，迫之而使从，其果心悦而诚服耶？其亦有所顾畏而不得已耶？若曰非心悦诚服，而出不得已，乃欲使之治吾国，徇⑩吾事，则尧舜亦不能矣⑪。

[注释]

①非类也：是不一样的。②扰：教习使之驯服。③薮：水少而草木茂盛的湖泽。④非其情：非其性情所愿。⑤卒：最后；终于。⑥食（sì）：饲养。⑦处：安置。⑧矫迫：纠正逼迫。⑨若：如；像。⑩徇：顺从。⑪则尧舜亦不能矣：对于那些还没有心悦诚服的人，就是贤明如尧舜也不能让他们心甘情愿地为国家效劳。

蛩蛩驱虚

孙子自梁之齐①，田忌郊迎之而师事焉②。饮食必亲启③，寝兴必亲问④。孙子所喜，田忌亦喜之；孙子所不欲，田忌亦不欲也。邹奭⑤谓孙子曰："子知蛩蛩驱虚之与蟨乎⑥？蛩蛩驱虚负蟨以走，为其能啮甘草以食己⑦也，非忧其将为人获而负之也。今子为蟨，而田子⑧蛩蛩驱虚也。子其识之。⑨"孙子曰："诺。"

[注释]

①孙子：即孙膑，战国时著名军事家。齐国阿（今山东阳谷北）人。孙武的后代。曾与庞涓同学兵法，后庞涓为魏将，嫉其才能，诳他到魏，处以膑刑（剔去膝盖骨的酷刑），故称孙膑。后来齐国使者将孙载至齐国，被任为军师，曾多次帮助齐将田忌，用围魏救赵、减灶法等战术击败对手。②田忌郊迎之而师事焉：田忌亲自到城郊迎接孙膑并把他当老师般地服侍。田忌，战国初期齐国著名将领。师事，像对待老师般地服侍。③亲启：亲自过问。④寝兴必亲问：就寝和起床都要亲自问候。寝兴，夜里就寝和早晨起床。问，存问；问候。⑤邹奭（shì）：战国时齐国人。善辩，有"雕龙奭"之称。见《史记·孟子荀卿列传》。⑥子知蛩蛩（qióng）驱虚之与蟨（jué）乎：刘向《说苑·复恩》："孔子曰：北方有兽，其名曰蟨，前足鼠，后足兔。是兽也，甚矣其

爱蛩蛩駏虚也，食得甘草，必啮以遗蛩蛩駏虚。蛩蛩駏虚见人将来，必负蹶以走。蹶非性之爱蛩蛩駏虚也，为其假足之故也。二兽者亦非性之爱蹶也，为其得甘草而遗之故也。"文中邹奭所言即本于此。蛩蛩駏虚，传说中的两种异兽。一说为一兽。"駏"亦写作"钜"、"距"、"巨"。蹶，传说中的异兽。⑦食（sì）己：给自己吃。⑧田子：即田忌。⑨子其识（zhì）之：您当记住我所说的话。

致人之道

或问致人之道，①郁离子曰："道②致贤，食致民，渊致鱼，薮致兽，林致鸟，臭致蝇，利致贾③，故善致物者，各以其所好致之，则天下无不可致者矣。是故不患其有所不至，而患其有所不安④。能致而不能安，不如不致之亡伤⑤也。粤⑥人有学致鬼者，三年得其术，于是坛其室之北隅⑦以集鬼。鬼至而多，无以食，则相帅⑧以为妖，声闻于外。一夕，其人死，而爇⑨其室，邻里莫⑩不笑。"

［注释］
①或问致人之道：有人问罗致人才的方法。或，有人。道，方法。②道：指仁义道德。③贾（gǔ）：商人。④不安：不能安下心来。⑤亡伤：不会有伤害。亡，无。⑥粤：古地名，在广东省一带，因古时百粤族在此居住而得名。⑦坛其室之北隅：在居室的北角设祭坛。隅，角；角落。⑧相帅：即相率。相继；一个接一个。⑨爇（ruò）：燃烧。⑩莫：没有谁。

韩垣干齐王

韩垣①之齐，以策干齐王②，王不用。韩垣怒，出诽言。王闻而拘诸司寇③,将杀之。

田无吾④见,王以语之。田无吾曰:"臣闻娵萌学扰象而工。⑤北之义渠,⑥以扰象之术干义渠君,义渠君不答⑦。退而诽⑧诸馆。馆人曰:'非吾君之不听子也,顾⑨无所得象也。'娵萌赧⑩而归。医胡之魏,⑪见魏太子之神驰而气不属⑫也,谓之曰:'太子病矣,不疾⑬治,且不可救。'太子怒,以为谤己也。使人刺医胡。医胡死,魏太子亦病以死。夫以策干人,不合而怨者,非也;人有言不察,恚⑭而雠之,亦非也。臣闻之,江海不与坎井⑮争其清,雷霆不与蛙蚓⑯斗其声。硁硁⑰之夫,何足杀哉!"

王乃释⑱韩垣。

[注释]

①韩垣:虚拟人名。②以策干(gān)齐王:以献计献策为名求见齐王。干,干谒。下文中的"干"同此。③司寇:官名。西周始置,春秋战国时沿用,掌管刑狱、纠察等事。此处引申为牢狱。④田无吾:虚拟人名。⑤臣闻娵(jū)萌学扰象而工:我听说娵萌学习驯象之术,技艺精湛。娵萌,虚拟人名。扰象,驯象。工,娴熟;精湛。⑥北之(zhī)义渠:前往北方的义渠。之,到。义渠,古族名,西戎之一。春秋时,势力强大,自称为王,有城郭,地近秦国。⑦不答:不予答理。⑧诽:毁谤。⑨顾:只是。⑩赧(nǎn):因羞愧而脸红。⑪医胡之魏:一位姓胡的医师到了魏国。⑫属:连接。⑬疾:迅速。⑭恚:愤怒;怨恨。⑮坎井:浅井。⑯蛙蚓:蛙与蚯蚓。此为偏义复词,指蛙。⑰硁硁(kēng):同"硁硁"。浅见固执的样子。⑱释:释放。

噬狗

楚王问于陈轸①曰:"寡人之待士也,尽心矣,而四方之贤者不觌②寡人,何也?"陈子曰:"臣少尝游燕,③假馆于燕市④。

左右皆列肆⑤，惟东家甲⑥焉，帐卧起居、饮食器用，无不备有，而客之之者⑦，日不过一二，或终日无一焉。问其故，则家有猛狗，闻人声而出噬⑧，非有左右之先容⑨，则莫敢蹑⑩其庭。今王之门，无亦有噬狗乎⑪？此士所以艰其来⑫也。"

[注释]

①陈轸（zhěn）：战国时纵横家。历仕秦、楚、齐。②贶（kuàng）：赏赐。文中有"赏脸"、"赏光"的意思。③臣少尝游燕：我年轻时曾经游历燕国。少，年轻时。尝，曾经。燕，周代诸侯国。战国时为七雄之一。在今北京、河北北部和辽宁南部一带。④假馆于燕市：住在燕国都城的客店里。假馆，暂住客店。燕市，燕国的都城。⑤列肆：成列的店铺。⑥甲：第一，居于首位。⑦客之之（zhì）者：客人到这里来的。⑧出噬：出来咬人。⑨先容：事先介绍，说情。⑩蹑：踩；踏。这里指登门入室。⑪无亦有噬狗乎：莫不是因为有咬人的狗吧？无，"得无"的省略，表猜度语气。⑫艰其来：不敢到这里来。

郤恶奔秦

秦楚交恶①，楚左尹②郤恶③奔秦，极言楚国之非。秦王喜，欲以为五大夫④。陈轸曰："臣之里⑤有出妻而再嫁者，日⑥与其后夫言前夫之非，意甚相得⑦也。一日，又失爱于其后夫，而嫁于郭南之寓人⑧，又言其后夫如昔者。其人为其后夫言之，后夫笑曰：'是所以语子者，犹前日之语我也。'今左尹自楚来，而极言楚国之非，若他日又得罪于王而之⑨他国，则将移其所以訾⑩楚者訾王矣。"秦王由是不用郤恶。

[注释]

①交恶：双方关系破裂，互相憎恨仇视。②左尹：春秋楚国官名。左尹、右尹职位均在令尹之下。③郤（xì）恶：虚拟人名。④五大夫：爵位名。战国

时楚魏始设，秦汉因之，为二十等爵的第九级。⑤里：故里；乡里。⑥日：每日。⑦相得：相投合。⑧寓人：客居之人。⑨之（zhì）：往，到。⑩訾（zǐ）：毁谤；非议。

乌　蜂

杞离谓熊蛰父①曰："子亦知有乌蜂②乎？黄蜂殚其力③以为蜜，乌蜂不能为蜜，而惟食蜜，故将墐④户，其王使视蓄而计课⑤，必尽逐其乌蜂，其不去者，众哜⑥而杀之。今居于朝者无小大，无不胝手瘃足⑦以任王事，皆有益于楚国者也。而子独遨⑧以食，先星而卧，见日而未起，是无益于楚国者也。旦夕⑨且计课，吾忧子之为乌蜂也。"

熊蛰父曰："子不观夫人之面乎？目与鼻、口皆日用之急，独眉无所事，若可去也，然人皆有眉而子独无眉，其可观乎？以楚国之大，而不能容一遨以食之士，吾恐其为无眉之人，以贻观者笑⑩也。"

楚王闻之，益厚待熊蛰父。

[注释]

①杞离、熊蛰父：两人均系作者虚拟。②乌蜂：蜂的一类。筑巢于地下或泥墙上，形体近似黄蜂，色黑褐，只吃蜜，不酿蜜。③殚其力：竭尽其力。④墐（jìn）：用泥土涂塞。⑤其王使视蓄而计课：蜂王派遣亲信视黄蜂酿蜜之多少征收赋税。计课，计算、征收赋税。⑥哜（jiē）：鸣叫。⑦胝（zhī）手瘃（zhú）足：手长老茧，脚生冻疮。胝，即胼（pián）胝，俗称"老茧"。瘃，冻疮。⑧遨：游；遨游。⑨旦夕：早晚。⑩贻观者笑：为旁观者所笑。

议使中行说

汉八年,高皇帝①崩,吕太后②临朝听政。大臣患匈奴③之强,将与为和亲,④议使者⑤。太后恶宦者中行说,⑥欲去之,故使往焉。⑦

栾布⑧谏曰:"陛下之所以使中行说者,不过以匈奴骄恣,必不能善待汉使,或留之,则非我所惜,从而弃之耳。臣独以为不便⑨。夫使所以达主命,释仇讲好,决疑解纷,卑不可以屈国体,高不可以激敌恚,察变应机以制事权,国之荣辱,已之休戚,非素所爱信而知其忠且亮者,不可遣也。今中行说,刑臣⑩也。名不齿⑪于国士,又陛下之所素恶⑫。夫素恶于君,则不重其君;名不齿于国士,则不重其身。臣惧其泄国情而开敌衅也。"弗听。

栾布退谓辟阳侯⑬曰:"子不力谏,北边自此弗宁矣。昔郑伯⑭恶其大夫高克⑮,弗能去,而使帅师以御狄⑯,次于河上,⑰久而不召。众溃,高克奔陈⑱。《春秋》书曰:'郑弃其师。'⑲病⑳郑伯也。今使说也如匈奴,无乃弃说以及其介币乎?㉑昔晋之败于邲也,先縠实往楚师;㉒楚之败于鄢陵也,苗贲皇实在晋。㉓此古人之偾车辙也㉔。上㉕必悔之。"

[注释]

①高皇帝:即汉高祖刘邦。②吕太后:汉高祖皇后。名雉。其子惠帝即位后,她掌握实际政权,即后文所说的"临朝听政"。③匈奴:古族名。战国时活动于燕、赵、秦以北地区。秦汉之际,势力强盛,统治了大漠南北广大地区,汉初不断南下攻扰。④将与为和亲:拟将与匈奴和亲。和亲,指汉族封建王朝与少数民族首领以及少数民族首领之间具有一定政治目的的联姻。⑤议使

者：讨论和亲使者的人选。⑥太后恶宦者中行说：太后不喜欢宦官中行（háng）说。中行，复姓。中行说，汉代燕人。文帝时宦官。朝廷令其送公主到匈奴和亲，他不愿前往。后强令其出使，因此而投降单于。⑦欲去之二，故使往焉：企图除去他，因此令其前去和亲。⑧栾布：西汉漂（河南商丘）人。汉高祖时任督尉。文帝时，为燕相。吴楚七国之乱时，以军功封鄃侯。⑨不便：不适宜；不合适。⑩刑臣：即宦官。因宦官均受过宫刑（阉割生殖器）故称。⑪不齿：不能并列。⑫素恶（wù）：向来厌恶。⑬辟阳侯：刘邦谋士审食其，因功封为辟阳侯，曾任左丞相。其人阿附吕太后，深得宠幸。⑭郑伯：即郑文公，春秋时郑国国君。⑮高克：春秋时郑国大夫。⑯狄：古族名。春秋时长期活动于齐、鲁、晋、卫、宋、邢等国之间，与诸国有频繁的接触。因为他们居住于北方，故又通称北狄。⑰次于河上：驻扎在黄河边。⑱陈：古国名。周武王灭商后所封。建都宛丘（今河南淮阳），有今河南东部和安徽一部分。⑲郑弃其师：郑国自己遗弃了自己的军队。⑳病：不满；指责。㉑今使说也如匈奴，无乃弃说以及其币乎：现在让中行说出使到匈奴，莫非是想舍弃他以及用以和亲的礼物吗？介币，指披甲、帛币等和亲礼物。㉒昔晋之败于邲（bì）也，先縠实往楚师：鲁宣公十二年，楚军攻郑，晋兵往救，途中得知楚军已经攻破郑国班师南返。是否与楚军交战，晋军将领意见不一。晋军中军副将先縠力主决战，擅自率军渡过黄河。因麻痹轻敌，不肯备战，遭到楚军袭击。后楚军列阵于邲，晋军早已丧胆，争船渡河退走，溃不成军，因而大败。所以晋军这次失败，是由于晋国用人不当，被副将先縠葬送了战争的主动权。㉓楚之败于鄢陵也，苗贲皇实在晋：鲁成公十六年，晋楚两军在鄢陵交战，逃奔晋国的原楚国贵族苗贲皇向晋军透露了楚军的情况，致使楚军败绩。所以楚军的这次失败，是由于苗贲皇心在晋国的结果。㉔此古人人之偾车辙也：这就是古人失败的教训。也即所谓前车之鉴。偾车辙，车子翻倒在路上。㉕上：指吕太后。

论　相

楚王患其令尹艻吕臣之不能，①欲去之。访于宜申②，宜申曰："未可。"王曰："何故？"宜申曰："令尹，楚相③也。国之大事，莫大乎置④相，弗可轻⑤也。今王欲去其相，必先择夫间⑥之者，有乃可耳。"王蹙然⑦曰："令尹之不足以相楚国，不惟⑧诸大夫及国人知之，鬼神亦实知之，大夫独以为未可，寡人惑焉。"

宜申曰："不然。臣之里有巨室，梁蠹且压⑨，将易⑩之，召匠尔⑪。匠尔曰：'梁实蠹，不可以不易，然必先得材焉，不则⑫未可也。'其人不能堪⑬，乃召他匠，束⑭群小木以易之。其年冬十有一月⑮，大雨雪⑯，梁折而屋圮⑰。今令尹虽不能，而承其祖父之余⑱，国人与之素⑲矣。而楚国之新臣弱，未有间者，此臣之所以曰未可也。"

[注释]

①楚王患其令尹芋吕臣之不能：楚王担忧令尹芋吕臣缺乏才干。患，忧虑；担心。芋吕臣，楚大夫。晋楚城濮之战，楚军大败，令尹子玉畏罪自杀，其职务由芋吕臣接替。《左传》："芋吕臣实为令尹，奉己而已，不在民矣。"不能，缺乏才干。②宜申：楚国大夫。③相（xiàng）：辅佐君主、掌管国事的最高官吏，后世称作宰相、丞相、相国。④置：弃置；废弃。⑤轻：轻率；不慎重。⑥间（jiàn）：替代；接替。⑦蹙（cù）然：局促不安的样子。⑧不惟：不只是；不仅仅是。⑨压：崩坏。⑩易：改换；更换。⑪匠尔：名尔的木匠。⑫不则：即"否则"。⑬堪：忍受。⑭束：捆；绑。⑮有（yòu）：通"又"。用于整数与零数之间。"十有一月"，即"十一月"。⑯大雨（yù）雪：降大雪。雨，如下雨一般降落，作动词。⑰圮（pǐ）：坍塌。⑱余：余荫；余福；余威。⑲国人与（yù）之素：一向得到国人的认可、支持。与，称誉。此处引申为认可、支持。素，一向，向来。

捕　鼠

赵人患鼠，①乞猫于中山②，中山人予之。猫善捕鼠及鸡，月余,鼠尽,而其鸡亦尽。其子患之,告其父曰:"盍去诸?"③其父曰:"是非若所知也。④吾之患在鼠,不在乎无鸡。夫有鼠,则窃吾食,毁吾衣,穿吾垣墉⑤,坏伤吾器用,吾将饥寒焉,不病⑥于无鸡乎?无鸡者,弗食鸡则已耳,⑦去饥寒犹远,若之何⑧而去夫猫也!"

[注释]

①赵人患鼠:有位赵国人苦于鼠患成灾。赵,周代诸侯国,战国七雄之一。在今河北省南部,山西省东部一带。患鼠,苦于鼠患成灾。②中山:古国名。在今河北省正定东北。③盍去诸:何不把它赶走呢?④是非若所知也:这不是你所能懂得的。是,这,指示代词。若,你。⑤垣墉:矮墙和高墙。这里泛指墙壁。⑥病:忧虑;担心。⑦弗食鸡则已耳:不吃鸡罢了。已耳,罢了。⑧若之何:为什么。

使 贪

客有短吴起于魏武侯者,①曰:"吴起贪②,不可用也。"武侯疏吴起。

公子成③入见,曰:"君奚为④疏吴起也?"武侯曰:"人言起贪,寡人是以不乐焉。"

公子成曰:"君过⑤矣。夫起之能,天下之士莫先焉⑥。惟其贪也,是以来事君;不然,君岂能臣之⑦哉?且君自以为与殷汤、周武王孰贤?⑧务光⑨、伯夷⑩,天下之不贪者也,汤不能臣务光,武王不能臣伯夷。今有不贪如二人者,其⑪肯为君臣乎?今君之国,东距⑫齐,南距楚,北距韩、赵,西有虎狼之秦。君独以四战之地处其中,而彼五国顿兵⑬坐视不敢窥魏者,何哉?以魏国有吴起以为将也。《周诗》有之曰:'赳赳武夫,公侯干城⑭.'吴起是也。君若念社稷⑮,惟起所愿好⑯而予之,使起足其欲而无他求,坐威魏国之师,所失甚小,所得甚大。乃欲使之饭粝茹蔬⑰,被短褐⑱步走以供使令,起必去之。起去,而天下之如起者却行⑲,不入大梁⑳,君之国空矣。臣窃为君忧之。"

　　武侯曰:"善。"复进吴起。

[注释]

①客有短吴起于魏武侯者:有一位食客,在魏武侯面前揭吴起的短处。吴起,战国时兵家。善用兵。初任鲁将,继任魏将,屡建战功,被魏文侯任为西河守。文侯死,遭陷害,逃奔楚国,初为宛(今河南南阳)守,不久任令尹,辅佐楚悼王实行变法。魏武侯,战国时魏国的建立者。曾任用李悝为相,吴起为将,使魏成为当时的强国。客,指寄食于贵族豪门的人。短,说人短处。②贪:爱财。③公子成:虚拟人名。④奚为:为什么。⑤过:错误。⑥莫先焉:没有人能超过他。⑦臣之:使他(吴起)成为臣子。⑧君自以为与殷汤、周武王孰贤:您自认为与成汤王、周武王比较,谁更贤明?⑨务光:夏代人。汤克桀后,想把王位让给务光。务光得知信息,即负石自沉于蓼水,已尔隐匿,不知去向。传说其四百年后至武丁时复见。武丁欲以为相,复隐去。⑩伯夷:商末人。武王灭商后,逃避到首阳山,不食周粟而死。⑪其:岂;难道。⑫距:通"拒"。抵御。⑬顿兵:屯兵。⑭周诗有之曰:"赳赳武夫,公侯干城":《诗经·周南·兔罝》有"赳赳武夫,公侯干城"句。意思是:雄壮威猛的武将,是保卫国家的人才。干,原本作"于",据文渊阁本改。⑮社稷:古代帝王、诸侯所祭祀的土神和谷神,后来用作国家的代称。⑯所愿好(hào):所愿意喜欢的。⑰饭粝(lì)茹蔬:吃粗淡的饭菜。饭、茹都是动词,吃的意思。粝,粗粮,粗米。⑱被(pī)短褐:穿着平民百姓的服装。被,通"披"。穿戴;披戴。短褐,粗布短衣,古代指一般庶民的服装。⑲却行:止步不前。⑳大梁:战国时魏国的都城,旧址在今河南开封市西北。

去蠹

郁离子疾病，气菀①痰结，将殽②之。或曰："痰，荣③也，是养人者也。人无荣则中干④，中干则死，弗可殽也。"

郁离子曰："吁！吾子过哉！⑤吾闻夫养人者，津⑥也，医家者所谓荣也。今而化为痰，是荣贼也，则非养人者也。夫天之生人，参⑦地而为三，为其能赞化育⑧也，一朝而化为贼，其能赞天地之化育乎？是故俞跗⑨、扁鹊⑩之为医也，浣⑪胃涤肠，绝去病根，而阽死者⑫生。舜、禹、成汤、周文王之为君也，诛四凶⑬，戮防风⑭，剿昆吾⑮，放夏桀⑯，戡黎伐崇⑰，而天下之乱载⑱宁，其将容诸乎⑲？容之无益，以戕⑳人也。故虫，果生也，虫成而果溃，自我而离焉。非我已㉑，其能养我乎？弗去，是殖㉒贼以待我也。从子之教，吾其不远溃矣㉓！"

[注释]

①气菀（yùn）：中医学术语，气血郁结的意思。菀，聚积，郁结。②殽（què）：从上往下拍打，以使郁结之物能从体内排出。③荣：中医学称血气为"荣卫"。血为荣，气为卫。④无荣则中干：无血则体虚。中，内里。干，空虚。⑤吾子过哉：您错了。吾子，对人相亲爱的称呼。过，错误。⑥津：唾液。《素问·调经论》："人有精气津液。"⑦参：合并；合。⑧赞化育：有助于化生和养育。赞，辅助；帮助。化育，化生和养育。⑨俞跗（fù）：亦作俞附。相传为黄帝时的良医。《史记·扁鹊仓公列传》："上古之时，医有俞跗"。⑩扁鹊：战国时良医。姓秦，名越人。⑪浣：洗涤。⑫阽（diàn）死者：病危之人。阽，临近。⑬四凶：古代传说舜所流放的四族首领。《尚书·尧典》："流共工于幽州，放驩兜于崇山，窜三苗于三危，殛鲧于羽山，四罪而天下咸服。"⑭防风：古部落首长名。《国语·鲁下》："昔禹致群神于会稽之山，防风氏后至，禹杀而戮之。"⑮昆吾：夏的同盟部落。在今河南许昌东。善于制

造陶器铸造铜器。夏启曾命人在昆吾铸鼎,后为商汤所灭。⑯放夏桀:放逐夏桀。夏桀,夏朝末代君主,暴虐荒淫。商汤起后伐桀,桀败,流死于南巢。⑰戡黎伐崇:平定黎国,讨伐崇国。戡,攻克;平定。黎,古国名。在今山西黎城,一说在今长治县南。商末为周文王所灭。崇,古国名。商的属国。在今河南嵩县北,到崇侯时,为周文王所灭。⑱载:开始。⑲其将容诸乎:难道可以宽容他们吗?⑳戕:残杀;残害。㉑已:句末语气词,同"矣"。㉒殖:繁殖,此处引申为助长。㉓从子之教,吾其不远溃矣:听从您的建议,那死期当离我不远了吧!其,表揣测语气。溃,肌肉腐烂。

螇螰第七

螇 螰

智伯围赵襄子于晋阳,①使人谓其守②曰:"若能以城降,吾当使若子及孙③世世保之。"

守者对曰:"昔者中牟之郭圮④,有螇螰⑤堕于河⑥,沫⑦拥之以旋,其翅拍拍。蟹⑧见而怜之,游而负之。及陆,谓曰:'吾与子百年无相忘也。'蟹振羽大笑曰:'若⑨冬春之不知也,而能百年无忘我乎?'今晋国惟无人而壅⑩,女以天盈,⑪盈而恃之,是壅祸⑫也。壅祸恃盈,以蚕尾于人⑬,天实厌⑭之。晋阳朝亡,女必夕死。予死不寒,⑮犹及见之,其何有于子及孙?"

是夕,智伯为韩、魏所杀。

[注释]

①智伯围赵襄子于晋:春秋末,晋室衰微,智伯已与韩、赵、魏三氏吞灭范、中行氏而瓜分其地。后智伯又向韩、魏求地,韩、魏与之。向赵求地,赵襄子不许,故智伯纠合韩、魏共伐襄子。襄子退保晋阳(今山西太原市南晋源镇)。智伯利令智昏,与韩、魏共围晋阳,又决汾水灌城,大失民心,与

韩、魏的矛盾也日益加剧。赵襄子乘机与韩、魏合谋反灭智伯。韩、赵、魏三分智伯之地。事见《史记·赵世家》。智伯，即知伯。赵襄子，晋大夫赵衰之后。②守：守城之人。③若子及孙：你的儿子与孙子。④昔者中牟之郭圮（pǐ）：从前晋邑中牟城墙倒塌。中牟，春秋时晋邑，在今河南开封附近。郭，在城的外围加筑的一道城墙。圮，坍塌。⑤蟪蛄（xī lù）：又名"蟋蛄"，一种蝉，较小，青紫色，寿命很短。《庄子·逍遥游》："蟪蛄不知春秋。"⑥河：黄河。⑦沫：水沫。原本作"沫"，当为"沫"之误。⑧螜（hú）：同"螜（hú）"，即"蝼蛄"，一种对农作物有害的昆虫，俗称"土狗"。⑨若：你。⑩壅（yōng）：堵塞；阻碍。此处引申为"受挫"。⑪女（rǔ）以天盈：你凭着天意（指偶然的机会）而强盛起来，女，同"汝"，你们。盈，满，增长。⑫壅祸：酿祸。⑬虿（chài）尾于人：用毒蝎的尾刺蜇人。比喻其多行不义。虿，蝎类毒虫。⑭厌：厌弃；厌恶。⑮予死不寒：意谓尸骨未寒。

德　量

郁离子曰：人之度量相越也，①其犹江海之于瀸泉②乎。瀸泉之微，积而至于海，无以尚③之矣。而海亦不自知其大也。惟其不自知其大也，故其纳不已④，而天下之大莫加焉。圣人之为德，亦若是而已矣⑤。是故汧泉⑥纳瀸泉，池纳汧泉，沟纳池，浍⑦纳沟，溪纳浍，川纳溪，泽纳川，江河纳泽而归诸海。故天子，海也；公、侯、卿、大夫，江河也，川泽也；庶官⑧，溪、浍之类；而万民皆瀸泉也。瀸泉之于海，其相去也不亦大县绝⑨矣乎？而其势必趋焉，其志之感，情之达，如气至而虫鸣也，如雨来而础⑩润也。

君人者，⑪惟德与量俱⑫，而后天下莫不归⑬焉。德以收之，量以容之。德不广，不能使人来；量不弘，不能使人安。故量小而思纳大者，祸也。汋谷之鲼，⑭不可以陵⑮洪涛；蒿樊之鴽，⑯不可以御飘风⑰。大不如海，而欲以纳江河，难哉！

[注释]

①人之度量相越也：人与人之间的度量是相差很远的。相越，相距；相差。②瀸（jiān）泉：时有时无之泉水。《尔雅·释水》："泉一见一否为瀸。"③尚：超过；胜过。④其纳不已：指大海广纳百川永无休止。纳，容纳。不已，不止。⑤亦若是而已矣：亦无非如此罢了。⑥汧（qiān）泉：小水沆。⑦浍（kuài）：田间大沟渠。⑧庶官：普通官吏。⑨县绝：非常悬殊。县，通"悬"。⑩砋：柱下石礅。⑪君人者：治理国家的君主。⑫俱：（同时）具备。⑬归：归附。⑭汋（zhuó）谷之鲼（yìng）：山涧里的小鱼。汋谷，有水流淌的山谷。汋，水涌出。鲼，小鱼。⑮陵：乘；驾。⑯蒿樊之鴽（rú）：飞窜于杂草、篱笆间的小鸟。鴽，小鸟名。《礼记·月令》："（季春之月）田鼠化为鴽。"⑰御飘风：驾驭暴风。御，驾驭；控制。飘风，旋风；暴风。

鼗辫失笑

介葛卢鼗，①白狄辫，②皆朝于鲁③。遇于沈犹氏之衢，④相睨而失笑。从者归而语诸馆，交訾焉⑤。鲁人使执渠略⑥与蛞蝓⑦以示之，弗喻⑧。

公山弗狃⑨欲伐季氏⑩，问于冉有⑪。冉有曰："盍召仲尼？⑫"公山弗狃使召仲尼。或谓其人曰："子之从夫子⑬也，粢衣而齑食⑭。今将恒其故而丰其新⑮矣，而召仲尼焉，至必授之政，将绳子以缧⑯，子其悔哉？"乃阴嗾⑰使者，易其礼，仲尼不至。将起师，冉有曰："盍闻诸公乎？⑱"弗听。遂以费⑲人攻季氏。问昭公⑳焉。师入，惊公宫。季桓子㉑挟公以登台，使行人㉒辞诸费人曰："先君㉓之事，先大夫㉔有之。虽然，盟主㉕实有命。今斯㉖之事君惟谨，君惠优渥㉗，蔑㉘有二命。二三子㉙不念鲁国，不谋于君，而佛临以兵㉚，其若君与社稷何㉛！且吾闻之，鸢不吓乌㉜，袒裼㉝不责夷踞㉞，惟二三子图㉟之。"费人曳戈而走㊱，公山㊲弗狃出奔齐㊳。

君子曰："公山之伐季氏也，其犹介葛卢之呰㊴狄乎？虽欲召仲尼，卒蒙于其人而弗果，㊵其无成也，宜㊶哉！"

[注释]

①介葛卢髽（zhuā）：介国国君葛卢以麻束发。介葛卢，春秋时介国的国君。相传通兽语。《左传》杜预注："介，东夷国也，在城阳黔陬县。葛卢，介君名也。"髽，以麻束发。②白狄辫：出使鲁国的白狄使者将头发打成辫子。春秋时我国北方地区狄族的一部。其衣尚白，故名。散居在山西、陕西西北一带。此处之"白狄"应指出使鲁国的使者。辫，将头发打成辫子。③鲁：春秋时鲁国，在今山东西南部，建都曲阜。介葛卢朝鲁一事《左传》有记载。④遇于沈犹氏之衢：指介葛卢、白狄两人在鲁国的大道上相遇。沈犹氏之衢，鲁人沈犹氏经常往返的大路。这里代指鲁国的大道。沈犹氏，春秋鲁国人，其名不详，以贩羊为生。每次贩羊时，都事先让羊喝饱以获取暴利。《春秋战国异辞》："鲁之贩羊有沈犹氏者，常朝饮其羊以诈市人……仲尼为鲁司寇，沈犹氏不敢朝饮其羊。"衢，四通八达的道路。⑤交訾（zǐ）焉：指相互诋毁对方的装束。訾，诋毁。⑥渠略：虫名。即蜉蝣。⑦蛣蜣（jié qiāng）：虫名。即黑甲虫。⑧弗喻：不能明白。⑨公山弗狃（niǔ）：春秋鲁国人。曾为费邑宰，不得志于季氏，故兴兵伐季，事败。⑩季氏：春秋鲁桓公子季友的后裔，又称季孙氏。自文公以后，季孙行父、季孙宿等世为大夫，专国政，权势日重，公室日卑。鲁昭公兴兵伐之，不胜，出奔于齐。其后家臣阳虎擅权，季氏始衰。⑪冉有：即冉求。春秋鲁国人，字子有。孔子弟子，为季孙氏的家臣。⑫盍召仲尼：何不把孔丘召来征求一下他的意见？盍，何不。仲尼，即孔丘，春秋鲁国陬邑（今山东曲阜）人。儒家的创始者。后世被尊为圣人。⑬夫子：此指公山弗狃。⑭粲衣而凿食：犹言穿得美，吃得好。粲，鲜明；华美。凿，通"糳"。将糙米舂成精米。⑮恒其故而丰其新：使老部下变得平常，让新来的

得到重用。恒、丰，均为使动用法。⑯绳子以缧（mò）：用绳索把你捆缚住。意即受制约，不得自由。绳，捆绑，作动词。缧，绳索。⑰阴唆（sǒu）：暗地里怂恿。⑱盍闻诸公乎：为什么不听听大家的意见呢？⑲费（bì）：古地名，即今山东省费县。⑳昭公：即鲁昭公。春秋时鲁国国君，襄公庶子。㉑季桓子：春秋时鲁国大夫。㉒行人：使者的通称。㉓先君：先代的君主。特指在位国君的亡父。㉔先大夫：已故的大夫。㉕盟主：古代诸侯盟会中的领袖或监会的主持者。㉖斯：即上文中的季桓子。㉗优渥（wò）：优厚。㉘蔑：无。㉙二三子：诸位。㉚怫（fú）临以兵：愤愤然以兵戈相加。怫，愤怒的样子。㉛其若君与社稷何：（在你的心目中）难道还有君主和国家吗？㉜鸢（yuān）不吓乌：老鹰不会吓唬乌鸦。鸢，老鹰。㉝袒（tǎn）裼（xī）：脱去上衣，露出内衣，以示无礼。《礼记·内则》："不有敬事，不敢袒裼。"㉞夷踞：未开化之少数民族的傲慢。夷，古代指我国东方的少数民族。踞，通"倨"，傲慢。㉟图：考虑。㊱曳戈而走：拖着兵器逃走了。㊲公山：原本作"子山"，据四部丛刊本改。㊳齐：春秋战国时诸侯国。在今山东北部。㊴咻（xiū）：喧扰。㊵卒蒙于其人而弗果：最终还是被人所蒙骗而没有成功。㊶宜：适宜；顺理成章。

淳于髡论燕叛

齐人伐燕，取其财而俘其民。王朝而受俘，①喜见于色，②谓其大夫曰："寡人之伐燕，不戮一人焉，虽汤武亦若是而已矣。"大夫皆顿首贺。

已而燕人畔。③王怒曰："吾之于燕民，尽心焉，一朝而畔，寡人德不足为与④？"淳于髡⑤仰天大笑，王怪而问之。

对曰："臣邻之富叟疾⑥，使巫祷⑦于神。神告之曰：'若能活物万⑧，吾当为若请于帝，去尔疾，锡尔寿⑨。'富叟曰：'诺⑩。'乃使人蒐⑪于山，罗⑫于林，罾⑬于泽，得羽毛鳞介⑭之生者万,言于神而放之。罔罟⑮所及,铩翅⑯而灭足者,嘈嘈聒聒,⑰蔽野摈谷。明日而富叟死。其子往泣于巫曰:'神亦有迋⑱乎?'问之,以实对。巫笑曰:'有是哉!是女实自迋,非神迋女也⑲。'今燕之君臣相为不道⑳,而民无故㉑也,君伐而取其财,迁其居,冤号之声,訇殷㉒天地,鬼神无所依归,帝怒不可解矣,而曰不戮一人焉。夫㉓人饥则死,冻则死,不必皆以锋刃而后谓之杀之也。《周诗》㉔曰:'树怨以为德。'君实有焉㉕。而以尤㉖燕民,非臣之所知也。"

[注释]

①王朝而受俘:齐王朝见群臣并接受俘获品。受俘,封建统治者战争胜利有俘获,向宗庙社稷行献俘礼,再行受俘礼。②喜见(xiàn)于色:即喜形于色。③已而燕人畔:不久燕人叛齐。已而,不久。畔,通"叛"。④德不足为与:难道是"仁德"的事不值得去做吗?⑤淳于髡(kūn):齐人,滑稽多辩,齐威王时为大夫,多次讽谏齐威王和邹忌改革政治。见《史记·滑稽列传》。⑥疾:患病。⑦祷:祈求。⑧活物万:救活成千上万的生物。⑨锡尔寿:赐给你长寿。锡,赐。⑩诺:应答之词。表示同意。⑪蒐(sōu):同"搜"。春季打猎。《国语·齐语》:"春以蒐振旅,秋以狝治兵。"⑫罗:捕鸟的网。此作动词,意即"张网捕捉"。⑬罾(zēng):撒网捕鱼。⑭羽毛鳞介:指飞禽鱼鳖之类。⑮罔罟(gǔ):网的总称。罟,网。⑯铩(shā)翅:弄断翅膀。铩,折;残。⑰嘈嘈聒聒(guō):声音嘈杂。此指哀鸣之声。⑱迋(kuáng):欺。⑲是女(rǔ)实自迋,非神迋她:实在是你自己欺骗自己,并非神灵欺骗你。女,同"汝",第二人称代词。⑳相为不道:(君、臣)彼此皆不行正道。即通常所说,君无君德,臣无臣道。㉑无故:无辜。㉒訇(hōng)殷:声音很大。㉓夫:句首发语词。㉔周诗:指《诗经·大雅·荡》,但稍有出入。原句是"敛怨以为德",本是周文王说的话。本文中的意思是:多为可怨之事,却反自以为德。㉕君实有焉:您确实存在这种情况。㉖尤:责怪。

造物无心

郁离子曰：呜呼！天下之乱也，天亦无如之何矣①！夫天下之物，动者、植者、足者、翼者、毛者、裸者、戢戢如②也，沸如③也，莑如④也，森如⑤也，出出而不穷，连连而不绝，莫非⑥天之生也。则天之好生，亦尽其力矣。尽其力以生之，又尽其力以歼之，不亦劳且病⑦哉？其生也非一朝，而其歼也在顷刻。天若能⑧，如之何而为之？则亦不诚甚矣！⑨

[注释]

①天亦无如之何矣：天对它也没有任何办法。②戢戢（jí）如：和睦相聚貌；簇聚貌。③沸如：喧闹嘈杂貌。④莑（běng）如：茂盛貌。⑤森如：繁密貌；高耸貌。⑥莫非：无一不是。⑦劳且病：辛苦而又疲倦。⑧能：亲善；友善。《诗经·大雅·民劳》："柔远能迩，以定我王。"⑨则亦不诚甚矣：那么，天也太不诚信了。

秦 医

楚令尹①病，内结区霶②，得秦医而愈。乃言于王，令国人有疾不得之他医③。无何，④楚大疫，凡疾之之秦医者，⑤皆死，于是国人悉往齐求医。

令尹怒，将执之。子良⑥曰："不可。夫⑦人之病而服药也，为其能救己也。是故辛螫⑧涩苦之剂⑨，针砭熨灼之毒，⑩莫不忍而受之，为其苦短而乐长也。今秦医之为方⑪也，不师古人而以臆⑫，谓岐伯、俞跗为不足法⑬，谓《素问》、《难经》为不足究也⑭。故其所用，无非搜泄酷毒之物，⑮钩吻戟喉之草，⑯荤心晕脑，⑰入口如锋，胸肠刮割，弥日达夕，⑱肝胆决裂。故病去而身从之，不如死之速也。吾闻之，择祸莫若轻，人之情也。今令尹不求诸草茅⑲之言，而图利其所爱，其若天道何?⑳吾得死于楚国，幸也!"

[注释]

①令尹：见《贿亡》篇注释。②区霿（kòu mào）：愚昧无知。这里用作疾病名。《汉书·五行志》："貌言视听，以心为主，四者皆失，则区霿无识。"内结区霿，内心郁结，头脑昏乱。③有疾不得之他医：有病不能找别的医生就诊。之，往，动词。④无何：没过多久。⑤凡疾之之（zhī）秦医者：凡找秦国医生看病的患者。⑥子良：似指庄襄王时郑人子良。他是郑伯弟，出质于楚。见《史记·楚世家》。⑦夫：句首发语词。⑧辛螫（zhē）：辛辣。⑨剂：药剂。⑩针砭熨灼之毒：针刺、热熨、薰灼等治疗方法所带来的肌肤之痛。针与砭都是古代用以针刺治病的医疗工具。熨，中医外治法之一，把药物炒热，布包之，热熨患处，或用药汁以棉布浸渍，乘热熨之。灼，指灸法而言。灸法，一般指艾灸法，采用陈艾叶，捣搓成细末后，做成艾炷或艾条，在选定的穴位的表皮上薰灼，借艾火的热力透入肌肤，以起温经散寒，调和气血的作用。⑪为方：采取的治疗方法。⑫臆：臆断，凭主观经验而下判断。⑬谓岐伯、俞跗为不足法：认为岐伯、俞跗不值得效法。谓，认为。岐伯，传说中的古代医家，其名见于《内经》。俞跗，见《去蠹》篇注释。⑭谓《素问》、《难经》为不足究也：认为医书《素问》、《难经》不值得探究。《素问》，医书名，与《灵枢》合称为《内经》。它汇集了各家的医论，是着重论述基础理论的中医学著作。《难经》，医书名，原名《黄帝八十一难经》，旧题战国秦越人（扁鹊）撰。以问答体裁解释《内经》中关于脉法、经络等方面的疑义。特别是对脉法、针法等内容有所发挥。究，探求；研究。⑮搜泄酷毒之物：收集、散发毒性特大的药物。搜泄，收集；散发。酷毒，毒性特大。⑯钩吻戟喉之草：指断肠草之类的毒草。戟，刺激。⑰荤（xūn）心晕脑：即"熏心晕脑"。指药的气味难闻，使人头脑眩晕。⑱弥日达夕：从早到晚。⑲草茅：在野未出仕的人。⑳其若天道何：将天道置于何处呢？天道，中国哲学术语。包

含有天文学知识和关于上帝、天命等迷信观念两种因素,而后者则被统治者用作统治百姓的工具。

不为不情之事

郁离子曰:膏粱可以易豆羹,①狐貉可以夺缊絮,②民情之常也。是故膏粱不足,豆羹可也;狐貉不足,缊絮可也。野鸟縶于笼中而驯者,以食也。③笼中之不如山薮④,入其笼者知之。有童子侧木槃⑤而设食,以诱鼠,多获鼠。一夕,逸⑥其一,遂不复获鼠。今使持槲叶⑦之衣、麦麸⑧之饼而招于市,曰:"舍尔室,捐而⑨服,而来与我共此。"则虽其子亦走而避矣。是故不情⑩之事,大人不为之。

[注释]

①膏粱可以易豆羹:用肥美的食物可以交换普通食物。膏粱,肥美的食物。豆羹,用豆类制成的糊状食物。这里指普通食物。②狐貉可以夺缊(yùn)絮:用狐、貉之皮可以更换乱麻之絮。狐貉,此指狐、貉之皮。夺,更易。缊絮,以乱麻为絮。③野鸟縶于笼中而驯者,以食也:关在笼中的野鸟得以驯服,靠的是食物。縶,拘囚。驯,驯服。④山薮:山林和水草地。⑤木槃:木制的盆子。⑥逸:逃跑。⑦槲(hú)叶:槲树叶。槲,木名。也称柞栎。⑧麦麸(hé):麦糠里的粗屑。泛指粗食。⑨而:你。⑩不情:不通情理。

荀卿论三祥

楚王好祥①,有献白乌、白鹳鸰、木连理者,②群臣皆贺,荀卿③不来。王召而谓之曰:"寡人不佞④,幸赖先君之遗德,群臣辑睦⑤，四鄙⑥无事，鬼神鉴格⑦而降之祥。大夫⑧独不喜焉，愿闻其故。"

荀卿对曰："臣少尝受教于师矣。王之所谓祥者，非臣之所谓祥也。臣闻王者之祥有三：圣人为上，丰年次之，凤凰、麒麟⑨为下。而可以为祥、可以为妖者不与焉。⑩故凡物之殊形诡色⑪，而无益于民用者，皆可以谓之祥、可以谓之妖者也。是故先王之思治其国也，见一物之非常⑫，必省其政⑬。以为祥与⑭，则必自省曰：'吾何德以来之⑮？'若果有之，则益勉其未至⑯；无则反躬⑰自励，畏其僭⑱也，畏其易福而为祸也。以为妖与⑲，则必自省曰：'吾何戾⑳以致之？'若果有之，不待旦而改之；无则夙夜祗惕㉑，检视听之所不及，畏其蔽也，畏其有隐慝而人莫之知也㉒。夫如是，故祥不空来而妖虚其应㉓。今三闾大夫放死于湘㉔，鄢郢㉕、夷陵㉖皆举于秦㉗，耕夫牧子莫不荷㉘戈以拒秦，老弱馈饷㉙，水旱相仍㉚，饥馑无蓄，㉛虽有凤凰、麒麟日集于郊，无补楚国之罅漏㉜，而况于易色㉝之乌、乱常之木㉞乎？王如不省㉟，楚国危矣。"

王不寤，荀卿乃退处兰陵。楚遂不振以亡。

[注释]

①祥：祥瑞，吉兆。迷信的人以为某种事物出现，是吉祥的征兆。②有献白乌、白鸲鹆（qú yù）木连理者：乌，乌鸦，羽毛通常黑色，白色者罕见。鸲鹆，同"鸲鹆"，俗名八哥。一般黑色，白色者稀有。木连理，不同根的树木，枝干连生在一起。以上诸物，古时被看作是"吉祥"的征兆。③荀卿：战国时赵人，名况。曾在齐国稷下讲学，后去秦国考察，晚年在楚国做兰陵令。④不佞：犹"不才"，自谦的说法。⑤辑睦：辑、睦同义，都是"和睦"的意思。⑥四鄙：四方边境。⑦鉴格：指明察秋毫、明辨是非。鉴，明察。格，推究。⑧大夫：对有官位者的通称。此指荀卿。⑨麒麟：古代传说中的一种动物，其状如鹿，独角，全身生鳞甲，尾似牛，亦简称"麟"。凤、

麟,古代多视为"吉祥"之物。⑩可以为祥,可以为妖者不与焉:介于两者之间,可以成为吉兆,也可以成为凶兆的事物不属于"祥"的范围。妖,与"祥"对举,这里有"凶兆"之意。与,在其中。⑪殊形诡色:奇异的形状和颜色。⑫非常:非同寻常,非同一般。⑬省(xǐng)其政:考虑、检查国家治理的情况。⑭祥与:征兆"吉祥"的事物。⑮以来之:使它出现。⑯益勉其未至:更加勉励自己去做尚未达到的方面。⑰反躬:这里是"回过来"、"反转来"的意思。⑱僭(jiàn):超越本分。⑲妖与:预示凶兆的事物。⑳庚:罪过。㉑夙夜祗(zhī)惕:日夜小心警惕。夙,早晨。祗,恭敬。㉒畏其有隐慝(nì)而人莫之知也:害怕有什么不好的东西隐藏起来而没有被发现。隐慝,隐藏。莫之知也,即"莫知之也"的倒置,意为"没有人知道它"。㉓妖虚其应:凶兆没能变成现实。㉔今三闾大夫放死于湘:如今,屈原被流放到湘水流域而死。三闾大夫,官名。战国时楚国设置。掌管昭、屈、景三姓贵族。屈原曾任此职。放,流放。湘,今湖南一带,因湘水流经此地而得名。㉕鄢(yān)郢(yǐng):春秋楚文王定都于郢,惠王之初曾迁都于鄢,仍号郢。因以"鄢郢"指楚都。㉖夷陵:战国楚邑名。在今湖北宜昌市东南。公元前278年,秦将白起打败楚军,烧楚先王墓于此。㉗举于秦:被秦国攻陷。举,攻占,攻取。㉘荷:扛。㉙馈饷:给军队送饭送粮。㉚相仍:连续不断。㉛饥馑无蓄:灾荒发生了,却没有储粮。《尔雅·释天》:"谷不熟为饥,蔬不熟为馑。"㉜罅(xià)漏:漏洞。㉝易色:变成异样颜色。如"白乌"之类。㉞乱常之木:违反常理的树木。指树木连理而生。㉟省(xǐng):反省。

齐伐燕

齐伐燕,用田子①之谋:通往来,②禁侵掠,释其俘,而吊③其民。燕人皆争归之矣。燕王患之。

苏厉④曰:"齐王非能行仁义者,必有人教之也。臣知齐王急近功而多猜⑤,不能安受教⑥;其将士又皆贪,不能长受禁。

请以计中之⑦。"

乃阴使人道齐师要降者于途,⑧掠其妇人而夺其财,于是降者皆畏,弗敢进。乃使间招亡民,⑨亡民首鼠⑩。齐将士久欲掠而惮禁⑪,则因民之首鼠而言于王曰:"燕人叛齐。"王见降者之弗来也,果大信之,下令尽收拘降民之家。

田子谏,不听。将士因而纵掠,燕人遂不复思降齐。

[注释]

①田子:对田忌的尊称。战国初期齐国著名将领,善用兵,屡立战功。②通往来:指两国间百姓的交通往来。③吊:悼念死者。④苏厉:战国时苏代的弟弟,亦习纵横术。⑤多猜:多疑。⑥安受教:虚心地倾听别人的教导。⑦以计中之:用计谋中伤它。⑧乃阴使人道齐师要降者于途:于是暗中让人引诱齐国的军队在半路上拦截从燕国归降过来的军民。阴,暗地里。道,通"导",诱导;引导。要(yāo),半路拦截。⑨乃使间(jiàn)招亡民:于是悄悄地招徕流亡在外的百姓。间,秘密地,悄悄地。⑩首鼠:迟疑不定。⑪惮禁:畏惧禁令。

任己者术穷

郁离子曰:善①疑人者,人亦疑之;善防人者,人亦防之。善疑人者,必不足于信②;善防人者,必不足于智③。知人之疑己而弗舍④者,必其有所存⑤也;知人之防己而不避者,必其有所倚⑥也。夫天下之人⑦,焉得尽疑而尽防之哉?智不足以知贤否,信不足以弭⑧欺诈,然后睢睢⑨焉,惟恐人以我之所以处人者处我也,于是不任人而专任己。于是谋者隐,识者⑩避,哲者愚,⑪巧者拙,⑫廉者匿,⑬而圆曲顽鄙之士⑭来矣。圆曲顽鄙之士盈于前,而疑与防愈急,至于术穷⑮而身愤,愈悔其防与疑之不足，不亦痛哉！

[注释]

①善：喜欢；喜好。②信：信用；守信用。③智：聪明；智慧。④弗舍：指仍然跟对自己有怀疑的人交往。舍，舍弃。⑤存：存心；居心。此指不良的居心。⑥倚：依仗；依恃。⑦人：原本作"天"，据果育堂刊本改。⑧殲：消除。⑨睢睢（suī）：仰视的样子。⑩识者：有识之士。⑪哲者愚：智慧之士装作愚昧无知。⑫巧者拙：技艺高超之人装成笨拙。⑬廉者匿：为政清廉者躲避于世。⑭圆曲顽鄙之士：处世圆滑的人和愚蠢无知的人。顽鄙，愚蠢无知。⑮术穷：方法穷尽。术，途径；方法；策略。

论 史

郁离子曰："呜呼！吾今而后知以讦为直①者之为天下后世害不少也！夫天之生人，不恒②得尧舜禹汤文王③以为之君，然后及其次焉，岂得已哉！如汉之高祖④，唐之太宗，⑤所谓间世之英⑥，不易得也，皆传数百年。天下之生赖之以安，民物蕃昌，⑦蛮夷向风，⑧文物典章⑨可观，其功不细，乃必搜其失⑩而斥之以自夸大，使后世之人举⑪以为词曰：'若是者，亦足以受天命，一九有⑫！'则不师其长而效其短，是岂非以讦为直者之流害哉？"

或曰："史，直笔也，有其事则直书之，天下之公也，夫奚讦⑬？"

郁离子曰："是儒生之常言，而非孔子之训⑭也。孔子作《春秋》⑮，为贤者讳，故齐桓⑯、晋文⑰皆录其功，非私之也，以其功足以使人慕，录其功而不扬其罪，虑人之疑之，立教之道⑱也。故《诗》、《书》⑲皆孔子所删，其于商周之盛王⑳，存其颂美㉑而已矣。"

[注释]

①以讦（jié）为直：以揭人短处为正义。也即喜欢揭人之短。讦，揭发攻击他人的隐私、过错或短处。《论语·阳货》："恶讦以为直者。"直，公正的，正义的。②恒：经常。③尧舜禹汤文王：我国古代的五位明君典范。④汉之高祖：即汉高祖刘邦。⑤唐之太宗：即唐太宗李世民。⑥间（jiàn）世之英：百年难遇的英才。⑦民物蕃昌：指百姓丰衣足食，国家繁荣昌盛。⑧蛮夷向风：未开化的异族闻风仰慕。蛮夷，古代泛指华夏中原以外的少数民族。向风，闻风仰慕。⑨文物典章：礼乐、法令制度。文物，古时礼乐、典章制度的统称。⑩失：过失。⑪举：全部；都。⑫一九有：统一并掌管整个中国。一，统一。九，即指九州，古时中国设置九州。⑬夫奚讦：怎么可以说是"揭人短处"呢？⑭训：训导；教导。⑮春秋：书名。相传孔子据鲁史修订而成。⑯齐桓：即齐桓公。春秋时齐国国君，"春秋五霸"之首。姜姓，名小白，齐襄公弟。⑰晋文：即晋文公。春秋时晋国国君，"春秋五霸"之一，晋献公之子，名重耳。⑱道：方法；途径。⑲诗、书：《诗经》、《尚书》的简称。相传以上二书皆为孔子所编选，但此说不可信。⑳盛王：有盛德之王。㉑颂美：颂扬美德。

天地之盗第八

天地之盗

郁离子曰:人,天地之盗也①。天地善生,盗之者无禁。惟圣人②为能知盗,执其权,用其力,攘其功,③而归诸己,非徒发其藏,④取其物而已也。

庶人⑤不知焉,不能执其权,用其力,而遏其机逆其气,⑥暴夭其生息,⑦使天地无所施其功,则其出也匮⑧,而盗斯穷矣⑨。

故上古之善盗者,莫伏羲、神农氏若也⑩。惇其典,⑪庸⑫其礼,操天地之心以作之君,⑬则既夺其权而执之矣,于是教民以盗其力,以为吾用。春而种,秋而收,逐其时而利其生,高而宫,卑而池,水而舟,风而帆,⑭曲取⑮之无遗焉。而天地之生愈滋⑯,庶民之用愈足。

故曰:惟圣人为能知盗,执其权,用其力,非徒取其物,发其藏而已也。惟天地之善生而后能容焉,⑰非圣人之善盗而各以其所欲取之,则物尽而藏竭,天地亦无如之何矣。是故天地之盗息而人之盗起⑱，不极不止也。

然则何以制之？曰：遏其人盗，而通其为天地之盗，斯可矣。

[注释]

①天地之盗也：指人类是从大自然中获取财富的。天地，指自然界。盗，偷盗者。《荀子·修身》："窃货曰盗。"这里指向大自然获取财富。②圣人：指品德最高尚、智慧最高超的人。③攘其功：指把大自然功绩化为己有。攘，夺取。功，功劳；功绩。④非徒发其藏（zàng）：指圣人向大自然获取财富，不是一味的索取，而是懂得怎么利用，怎么管理。徒，只，仅仅。发其藏，开发其自然资源。⑤庶人：泛指无官爵的平民百姓。⑥而遏其机逆其气：阻碍自然界的生机，遏止自然界的元气。⑦暴天其生息：强力摧残自然界（万物）的生长繁殖。⑧匮：缺乏；不足。⑨而盗斯穷矣：自然界的财富也就穷尽，无从获取了。⑩莫伏羲、神氏农若也：没有人能像伏羲、神农氏那样的。也即伏羲、神农氏是上古最懂得利用大自然、最善于从大自然中获取财富的人。伏羲，我国神话传说中人类的始祖。传说他教民结网，从事渔猎、畜牧。神农氏，传说中农业和医药的发明者。相传由他开始教民为耒（lěi）、耜（sì），以兴农业，尝百草为医药以治疾病。若，如，像。⑪惇（dūn）其典：笃守文物典章制度。惇，笃守。⑫庸：用。⑬操天地之心以作之君：把持自然界万物之精魂。⑭高而宫，卑而池，水而舟，风而帆：地势高则建筑宫殿，地势低则开挖池塘，有水之处则造船交通，有风之时则扬帆航行。⑮曲取：用各种方法去获取。曲，曲折周到。⑯天地之生愈滋：自然界的财富越生越多。⑰惟天地之善生而后能容焉：唯有自然界善于滋生财富而又能够被容纳。⑱天地之盗息而人之盗起：向大自然获取财富的行为停止后，人类便开始向人自身获取财富了。也即通过掠夺、屠杀、战争等手段从他人身上获取财富。

治圃

公仪子①谓鲁穆公②曰："君知圃人之为圃乎？③沃其壤，平其畦,④通其风,日疏其水潦⑤,而施艺植⑥焉。窊⑦干湿,各随其物产之宜,时而树之,⑧无有违也。蔬成而后撷⑨之,相其丰瘠,⑩取其多而培⑪其寡,不伤其根。撷已而溉,⑫蔬忘其撷⑬。于是庖日充而圃不匮⑭。今君之有司取诸民不度,⑮知取而不知培之,其生几何,⑯而入于官者倍焉。君之圃匮也已,臣窃为君忧之。"

[注释]

①公仪子:复姓公仪,名休。战国时人,为鲁穆公相。奉法循礼,刚直廉洁。②鲁穆公:战国时人,鲁悼公之孙。以公仪休为政,尊礼孔子后学子思。③君知圃人之为圃乎:你知道菜农是怎样管理菜园的吗?圃人,菜农。为圃,管理菜园。④沃其壤,平其畦:使土壤肥沃,使土地平整。畦(qí),有土埂围着的一块块排列整齐的田地。⑤潦(lǎo):积水。⑥艺植:种植。⑦窊(wā)隆:谓地形洼下和隆起,引申为起伏高下。⑧时而树之:适时地种植各种菜苗。时,适时地。树,种植。⑨撷(xié):摘取。⑩相(xiàng)其丰瘠:据土地肥沃、贫瘠情况而定。相,察看。⑪培:培植。⑫撷已而溉:采摘完毕后及时进行灌溉。撷已,采摘完毕。⑬蔬忘其撷:意谓种植有方,蔬菜丰茂,供应足矣,忘了采摘。⑭庖日充而圃不匮:厨房里每天都有充足的蔬菜供给,而菜园里从不缺乏蔬菜。庖,厨房。匮,缺乏。⑮今君之有司取诸民不度:如今你手下的官吏无节制地向百姓索取。有司,古代设官分职,各有专司,因称官吏为"有司"。不度,犹"无度"。⑯其生几何:指百姓的血汗有限,经不起一味的榨取。几何,多少。

芈叔被黜

楚使芈叔①为尹②,课上最③。楚王大悦,谞④诸朝。孙叔敖⑤仰天大笑,三噎⑥而三顿。楚王不怿⑦,曰:"令尹有不足于寡人与?盍教之?而廷耻寡人⑧,窃为令尹不取也。"

孙叔敖对曰："臣之里人⁹有洿池⑩以为利者,吴行人⑪过楚,见其鱼鳖之牣⑫也,谓之曰:'我善渔。'臣之里人喜,为之具罔罟舟楫⑬,资其行,则趋而之其池,曰:'我于是乎渔。'臣之里人蹙然⑭曰:'吾惟子能取江湖之鱼以益我也⑮,若是,则吾固有之矣,而焉用子为哉!'今楚国之民莫非王民矣,羋叔之尹申⑯也,不闻有令政⑰以来邻国之民⑱,而多取诸王之固有以最其课,是剜王之股以啖王⑲也,则王之左右皆能之矣,不惟是夫⑳也。今王朝㉑群臣而谀之,群臣不佞㉒,由是而度㉓王心,则相率㉔而慕效之,以为敌国驱㉕,是社稷之忧也。"

楚王曰："善哉!"乃黜㉖羋叔,下令国中曰:"下邑㉗之大夫有效羋叔剥吾民以最课者,服上刑㉘。"楚人大悦,三年而伯㉙诸侯。

[注释]

①羋(mǐ)叔:虚拟人名。②尹:古代长官。③课上最:指交纳的租税最多。课,租税。④谉(shéng):称赞;夸誉。⑤孙叔敖:春秋时楚国令尹,自奉极俭。⑥噎(yē):原指食物堵住食管,这里指因大笑而引起呼吸困难。⑦怿(yì):喜悦。⑧廷耻寡人:在朝廷上羞辱我。廷,名词作状语,在朝廷上。耻,羞辱。寡人,国君自称。⑨里人:同乡。⑩洿(wā)池:湖泊。⑪行人:外交使者。⑫牣(rèn):盈满。牣,原本作"仞",据果育堂刊本改。⑬具罔罟(gǔ)舟楫:准备了鱼网、船只、船桨。具,准备。罔罟,鱼网的总称。⑭蹙(cù)然:皱着眉头。⑮吾惟子能取江湖之鱼以益我也:我想你能够捕捉江湖里的鱼给我带来好处。惟,思。益,增加。⑯尹申:在申这个地方作官。申,楚国地名,在今河南南阳北。⑰令政:好的管理。⑱以来邻国之民:以使邻国的百姓前来投奔。⑲剜(wān)王之股以啖王:把大王的大腿肉挖出来给大王吃。剜,挖。股,大腿。啖王,给大王吃。⑳是夫:此人,指羋叔。㉑朝:召见。㉒不佞:没有才智。㉓度:揣度;推测。㉔相率:相继;一个接一个。㉕为敌国驱:被敌国役使。指替敌国效劳。驱,役使。㉖黜:罢免。㉗下邑:小地方;小县。㉘上刑:重刑;极刑。㉙伯:同"霸"。称霸。

养民之道

艾大夫①曰:"民不可使佚②也。民佚,则不可使也。故曰:有事以勤之,则易治矣③。"

郁离子曰:"是术④也,非先王之道也。先王之使民也,义而公,⑤时而度,⑥同其欲,⑦不隐其情,⑧故民之从之也,如手足之从心,而奚恃于术乎⑨!今子之民,知畏而不知慕,知免而不知竞,⑩而子之所用者,无非掊克⑪之吏,所行者,无非朝四暮三⑫之术也。子以为人不知之,而不知人皆知之也。故子以是施诸民,民亦以是应诸子,上下之情交隐矣。子徒见其貌之合,而不知其中之离也,见其外而不察其心者也,故自喜以是为得计,而不思恶劳欲逸,人志所同。是故先王之养民⑬也,聚其所欲,⑭而勿施其所恶。今子反之,庸非罔乎⑮?上罔下则不亲⑯,下罔上则不孙⑰。不孙不亲,乱之蕴⑱也。《诗》云:'彼其之子,邦之司直。'⑲子为司直,乃不循先王之旧章⑳,而以罔教仆,实不敢与闻㉑。"

大夫虽惭,弗能改也。

[注释]

①艾大夫:虚拟人名。②佚:安逸;安乐。③有事以勤之,则易治矣:让老百姓有事情可做,就容易治理了。勤,辛苦,劳倦。④术:权术。⑤义而公:符合道义而又公平合理。⑥时而度:适时而又适度。指不是没完没了、超负荷地役使百姓。⑦同其欲:认同他们的愿望。⑧不隐其情:指能正视百姓的实际情况。⑨而奚恃于术乎:又哪里用得着靠权术去管理百姓呢?⑩知免而不知竞:只知道逃避而不知道竞争。免,逃避。⑪掊(póu)克:聚敛;搜括。⑫朝四暮三:见《庄子·齐物论》:"狙公赋芧,曰'朝三而暮四。'众狙皆

怒。曰：'然则朝四而暮三。'众狙皆悦。"本谓只变名目，不变实质以欺人。后比喻变化多端或反复无常。⑬养民：保养百姓。⑭聚其所欲：满足百姓的欲求。⑮庸非罔乎：难道不是欺骗百姓吗？罔，欺骗，蒙蔽。⑯不亲：失去信任。亲，信任，相信。⑰孙：同"逊"。谦顺；恭顺。⑱乱之蕴：社会动荡不安的根源。⑲彼其之子，邦之司直：语出《诗经·郑风·羔裘》。这两句诗赞美了郑国一位正直的官吏，称赞他身任司直之职，直言敢谏。司直，官名，掌管劝谏君主过失。⑳不循先王之旧章：不遵循先代君王制定的规章。旧章，旧时的规章。㉑不敢与闻：不愿意听闻。对人家观点表示反对的委婉说辞。

民怨在腹

郁离子谓艾大夫曰："子以为以力毒人①而人不言怨者，其畏威②也乎？怀德③也乎？"大夫曰："亦畏威而已矣。"

郁离子曰："吾始以为夫子莫之知也，而今而后知夫子非莫之知也。夫子以钩距擿民隐④，罗其财以供⑤公，非得已也⑥。夫子之心，人知之也。而夫子之所任⑦，则非能以夫子之心为心者也⑧。是以民免而弗子怀也⑨。《诗》云：'小东大东，杼轴其空。'⑩又曰：'东人之子，职劳不来；西人之子，粲粲衣服；舟人之子，熊罴是裘；私人之子，百僚是试。'⑪今兹备矣。⑫而民不言，是怨不在口而在腹也。《诗》云：'中心藏之，何日忘之！'⑬若药之在碬，⑭未有火以发之也。夫子而今知之矣，能无虞乎⑮！"

[注释]

①毒人：伤害人。②畏威：害怕威势。③怀德：感念恩德。④以钩距擿(tī)民隐：指挖空心思地去推究老百姓的隐情。钩距，辗转推问，究得实情。语出《汉书·赵广汉传》："（广汉）尤善为钩钜，以得实情。"擿，揭发。⑤供：原本作"共"，据文渊阁本改。⑥非得已也：不得已。指身不由己。⑦所任：所担负的职责。⑧非能以夫子之心为心者也：不能照着你本愿去做你

心中真正想做的事情。⑨是以民免而弗子怀也：因此即使百姓被免除了某些负担，他们也不会怀念你。⑩小东大东，杼轴（zhù zhóu）其空：语出《诗经·小雅·大东》。意思是说周王室只知搜刮东方各诸侯国的财物，连织布机上未完成的丝线也被掠夺一空。小东大东，指东方各诸侯国，离周朝都城远的称大东，近的称小东。杼轴，织布机上的两个主要部件，这里用以代指织布机。⑪语出《诗经·小雅·大东》。意思是说东方各诸侯国的子弟，工作劳苦无人慰问。周王室的子弟，穿着鲜艳华丽的衣服。贵族的子弟，穿着熊皮制作的衣裳。贵族家的仆隶，他们也拥有各种职权。职，专任。来，慰勉。西人，指周人。粲粲，鲜明华丽的样子。舟人，大人，高高在上的人。舟，"周"的假借。罴，熊的一种。私人，小人，私家仆隶之类。僚，官。试，用。⑫今兹备矣：意谓正如《诗经·小雅·大东》里东方诸侯国臣民对社会的种种不满那样，这些不满在当今也已经齐备了。⑬语出《诗经·小雅·隰桑》。意思是说内心里深藏着，没有一天忘记。⑭若药之在礮（pào）：就像火药在火炮里。药，火药。礮，同"炮"。原本作"駮"，据文渊阁本改。⑮能无虞乎：能不担心吗？虞，忧虑。

韩非子为政

韩非子①为政于韩且十年②，韩贵人③死于法者无完家④，于是韩多旷官⑤。

王谓公叔⑥曰："寡人欲用人，而韩之群臣举无足官者⑦，若之何哉？"公叔对曰："王知夫种树乎？臣家国东郊，⑧世业种树。树之材者，松枏栝柏，⑨可以为栋梁，种之必三五十年而后成；其下者为柽柳朴樕⑩，种之则生，不过为薪⑪。故以日计之，则栋梁之利缓，而薪之利速；以岁计之，⑫则薪之利一，而栋梁之利百。臣俱种之，世享其利，是以富甲⑬于韩国。臣邻之婆叟⑭急，慕而思效之。植松栝，不能三年，⑮不待其成而辄伐之以为常⑯，仅足以朝夕食，⑰无余也⑱。今君之用人也，不待其老成，至于不克负荷而辄以法戕之，⑲栋梁之材竭矣。一朝而屋坏，臣恐束薪不足以支之也。⑳"

[注释]

①韩非子：战国末期韩国王室公子，喜刑名法术之学，与李斯同为荀卿弟子。曾建议韩王变法图强，不听，著书十余万言，提出以法治为中心的封建专制理论。秦王嬴政欲加重用，而遭到贵族反对。后被李斯等人陷害而死。②且十年：将近十年。③贵人：指王公贵族。④无完家：指韩国那些贵族几乎每家都有人死于刑法。⑤旷官：官位空缺，无人担任。⑥公叔：韩国的相国。⑦举无足官者：全都不足以胜任官职。⑧臣家国东郊：我的家在都城的东郊。国，都城。⑨松枏（nán）栝（guā）柏：四种树木名，均为建筑或器制的良材。枏，同"楠"，常绿乔木。栝，一种叶似柏，干似松的乔木，即"桧"。⑩柽（chēng）柳朴樕（sù）：指没有什么重要用处的树木。柽柳，又名观音柳、西河柳。朴樕，丛生的小树。⑪不过为薪：顶多充当柴火。⑫以岁计之：以年为单位计算。连后两句意思是说如果从长远来看，那么种植楠、桧、松、柏获利要比种植柳树、朴樕强过百倍。⑬甲：居于首位；冠于。⑭寠（jù）叟：贫穷老人。⑮不能（nài）三年：耐不住三年。也即还不到三年。能，通"耐"。经得起，受得住。⑯常：经常；习以为常。⑰仅足以朝夕食：指砍树所得只够早晚填饱肚子。⑱无余也：没有盈余。⑲至于不克负荷而辄以法戕之：以至于不能胜任就用刑法加以杀害。不克，不能够。负荷，担任。戕，杀害。⑳一朝而屋坏，臣恐束薪不足以支之也：一旦房屋坏了，我担心束薪为梁是难以支撑房屋的。

力与智

郁离子曰：虎之力于人，不啻倍①也；虎利其爪牙，而人无之，又倍其力焉，则人之食于虎②也，无怪矣。然虎之食人不恒见，而虎之皮，人常寝处之，何哉？虎用力，人用智；虎自用其爪牙，而人用物③。故力之用一，而智之用百；爪牙之用各一，而物之用百。以一敌百，虽猛不必胜④。故人之为虎食者，有智与物而不能用者也。是故天下之用力而不用智，与自用⑤而不用人者，皆虎之类也，其为人获而寝处其皮也，何足怪哉⑥！

[注释]

①不啻（chì）倍：远不止超过一倍。②食于虎：被老虎吃掉。③人用物：人类懂得利用各种器物作为武器。④不必胜：不一定取胜。⑤自用：指光靠自己。⑥其为人获而寝处其皮也，何足怪哉：那些用力不用智、自用不用人的人，像老虎那样是注定要失败的。

省敌第九

省　敌

郁离子曰：善战者省敌，不善战者益敌。①省敌者昌，益敌者亡。夫欲取人之国，则彼国之人皆我敌也，故善省敌者，不使人我敌②。汤武之所以无敌者，以我之敌敌敌也。③惟天下至仁，为能以我之敌敌敌，是故敌不敌而天下服④。

[注释]

①善战者省敌，不善战者益敌：擅长战争者，能使敌手越来越少；不擅长战争者，则树敌越来越多。省敌，削减敌对势力。②善省敌者，不使人我敌：懂得"省敌"道理的人，总能够做到不使敌国之民众成为自己的敌人。③汤武之所以无敌者，以我之敌敌敌也：意思是说：汤王、武王之所以无敌于天下，是因为能以仁德感化对手，使他们转化为对付敌人的力量。敌敌敌，前后二"敌"，是"敌人"的意思，中间一"敌"是"抵御"的意思。④是故敌不敌而天下服：意思是说一旦敌人受到感化，放弃了对抗，那么天下就可以归顺了。

辞祸有道

郁离子曰：水赴壑，鸟赴林，蝇赴臭，不驱而自至者也，而奚以召之哉①？利者，众之所逐；名者，众之所争；而德者，众之所归也。是皆足以聚天下者也②。故聚天下者，其犹的乎？③

夫的也者，众矢之所射，众志之所集也。尧舜以仁义为的，而天下之善聚焉。收天下之所争逐者，为之均之，不使其争逐也。④及其至也，⑤九州来同，⑥四夷乡风，⑦穆穆⑧雍雍⑨，以入于其的之中。桀纣以淫欲为的，而天下之不善聚焉。收天下之所争逐者，私诸其人⑩。及其穷也，⑪诸侯百姓相与⑫操弓注矢⑬，的其躬而射之⑭。

是故不能仁义而为天下的者，祸也。故秦之未帝也，天下莫强焉⑮。及其吞六国而一⑯，位号不过再世，⑰匹夫呼而与之争，天下并起和之，莫不以秦为辞⑱者，的所在也。陈涉⑲先起而先亡，以其先自王，以为秦兵之的也。故曰：不为事先，动而辄随者，不为的而已矣。⑳昔者秦攻韩上党㉑，上党之守冯亭㉒以上党归㉓于赵，赵人受之。是以有长平㉔之败，赵国几㉕亡。夫秦之所欲取者，上党也。兵之所加，不选其韩与赵也，惟上党之所在耳。㉖介山㉗之草木，何罪而焚乎？子推㉘之所在也。是故辞祸㉙有道，辞其的而已矣㉚。

[注释]

①奚以召之哉：又哪里用得着去招引它们呢？②是皆足以聚天下者也：这些都足以把天下之人聚集起来。是，此。即前文所提到的利、名、德。③故聚天下者，其犹的（dì）乎：所以说能把天下之人聚集起来的名、利、德，不就好像是箭靶了吗？的，箭靶。④收天下之所争逐者，为之均之，不使其争逐

也：把天下之人所争逐的名位和利益收拢起来，一视同仁，公平处置，不使他们去拼死争逐。⑤及其至也：到了尧舜治理天下的鼎盛时期。⑥九州来同：天下之人纷纷前来聚集。⑦四夷乡风：四方少数民族趋从教化。⑧穆穆：端庄恭敬的样子。⑨雍雍：和乐的样子。⑩私诸其人：意思是说桀纣把天下名位和利益擅自给了少数权贵，没能作到天下为公。⑪及其穷也：桀纣暴虐天下到穷途末路之时。⑫相与：共同。⑬注矢：把箭搭在弓上。⑭的其躬而射之：瞄准箭靶射出弓箭。躬，箭靶的上下幅。⑮天下莫强焉：天下没有比它更强大的了。⑯一：统一。⑰位号不过再世：指皇位只传了二世国家就灭亡了。位号，皇位、国号。再世，二世。⑱辞：借口；口实。这里指起兵的理由。⑲陈涉：秦末农民起义领袖，曾建立张楚政权，自封为王，后兵败被杀。⑳不为事先，动而辄随者，不为的而已矣：不事先出头，待到人家动起来后再跟随，就是为了不被人家当靶子而已。㉑上党：郡名，战国韩置，其后入赵，入秦后仍置，治所在壶关（今山西长治市北）。㉒冯亭：上党郡守。㉓归：归附。㉔长平：古城名，故址在今山西高平西北。公元前260年秦将白起在长平大破赵将赵括，坑杀赵降卒四十余万。㉕几：将近；几近。㉖兵之所加，不选其韩与赵也，惟上党之所在身：秦国加兵，没有去选择是韩国还是赵国，而只是看中了上党这个地方。㉗介山：山名，在山西省介休县东南。介之推隐居此山，故名。㉘子推：介之推，春秋晋国人。从晋公子重耳出亡，历经各国，凡十九年。重耳还国为君，赏从亡者，介之推不愿无功受禄，与母隐藏于山中不肯出见，重耳不得已而焚山。㉙辞祸：避免灾祸。㉚辞其的而已矣：不要做箭靶而已。

秦恶楚善齐

秦恶楚而善于齐，①王翦②帅师伐楚。

田璆③谓齐王曰："盍救诸？"④齐王曰："秦王与吾交善而救楚，是绝秦也。"邹克⑤曰："楚非秦敌也，必亡，不如起师以助秦，犹可以为德⑥，而固其交⑦。"

田璆曰："不然。秦，虎狼也。天下之强国六，秦已取其四，所存者齐与楚耳。譬如摘果，先近而后远，其所未取者，力未至也，其能终留之乎？今秦岂诚恶楚而爱齐也？齐、楚若合，犹足以敌秦。以地言之，则楚近而齐远，远交而近攻，秦之宿计⑧也。故将伐楚，先善齐，以绝其援，然后专其力于楚。楚亡，齐其能独存乎？谚有之曰：攒⑨矢而折之，不若分而折之之易也。此秦之已效计⑩也。楚国朝亡，齐必夕亡。"

秦果灭楚，而遂伐齐，灭之。

[注释]

①秦恶楚而善于齐：秦国不喜欢楚国而与齐国友善。②王翦：战国末秦国著名将领。先后率军攻破赵国、燕国和攻灭楚国。后封武城侯。③田璆(qiú)：虚拟人名。④盍救诸：何不去救援楚国？⑤邹克：虚拟人名。⑥德：恩德。⑦固其交：巩固与秦国的友善关系。⑧宿计：一向采用的计策。宿，素来。⑨攒：簇聚；聚集。⑩已效计：已经取得成效的计谋。

九头鸟①

孽摇之虚，②有鸟焉，一身而九头。得食则八头皆争，呀然而相衔③。洒血飞毛，食不得入咽，而九头皆伤。海凫④观而笑之曰："而胡不思，⑤九口之食同归于一腹乎？而奚其争也？⑥"

[注释]

①以下《九头鸟》、《晋平公作琴》、《无支祈与河伯斗》、《常羊学射》四则故事，原作一篇，今据四部丛刊本、果育堂刊本一分为四。②孽摇之虚：孽摇之丘。《山海经·大荒东经》："大荒之中有山，名曰孽摇。"虚，同"墟"。山丘。③呀然而相衔：张口相互抢夺食物。呀然，口张开的样子。相衔，指相互抢夺食物。④海凫：一种海鸟。⑤而胡不思：你们为什么不思考一下。而，你们。胡，怎么；为什么。⑥奚其争也：争什么呢？

晋平公作琴

晋平公①作琴,大弦与小弦同②。使师旷调之,③终日而不能成声④。公怪⑤之。师旷曰:"夫琴,大弦为君,小弦为臣。大小异能⑥,合而成声。无相夺伦,⑦阴阳乃和⑧。今君同之,失其统⑨矣。夫岂瞽师⑩所能调哉!"

[注释]

①晋平公:春秋时晋国国君,晋悼公之子。②大弦与小弦同:大小琴弦粗细相同。弦,乐器上用来发音的丝线。③使师旷调之:让师旷调琴。师旷,春秋时晋国乐师。字子野。目盲,善弹琴、辨音。调,调音。把各弦的声音调和谐。④不能成声:指弹不成曲调。⑤怪:责怪。⑥异能:性能不同。⑦无相夺伦:指琴弦应有粗细之分,各司其职,发挥各自的功能。夺伦,越位。伦,条理,顺序。⑧阴阳乃和:高音与低音才能和谐。阴阳,指高音与低音。和,和谐。⑨统:体统。⑩瞽师:古时乐师多以盲人充任,故乐师又称瞽师。

无支祈与河伯斗

无支祈①与河伯②斗,以天吴③为元帅,相抑氏④副之。江疑⑤乘云,列缺⑥御雷,泰逢⑦起风,萍号⑧行雨。蛟、鼍⑨、鳄、鲮⑩,激波涛而前驱者,三百朋⑪。遂北至于碣石⑫,东及吕梁⑬。

河伯大骇,欲走。灵姑胥⑭止之,曰:"不如且战,不捷而走未晚也。"乃谋元帅,灵姑胥曰:"飍屃⑯可。"河伯曰:"天吴八首八足,而相抑氏九头,实⑰佐之;雷风雨云之神,各专其能,⑱以卫中坚⑲;蛟、鼍、鳄、鲮,莫不尾剑口凿,鳞锋鬣锷,⑳掉首摧山,㉑捷鬐倒渊,㉒而岂赑屃所敢当哉?"灵姑胥曰:"此臣之所以举赑屃也。夫将,以一身统三军㉓者也。三军之耳目,齐㉔于一人,故耳齐则聪,目齐则明,心齐则一。万夫一力,天下无敌。今天吴之头八,而副之者又九其头。臣闻:人心之神,聚于耳目。目多则视惑,耳多则听惑。今以二将之心而御㉕其耳目六十有八,则已不能无惑矣。加以云雷风雨之师,各负其能,而毕欲逞焉㉖,其孰能一之?㉗故惟赑屃为足以当之。赑屃之冥冥㉘,不可以智诱威胁而谋激也,㉙而其志有必至,破之必矣。"

乃使赑屃帅九夔㉚以伐之,大捷。故曰:众志之多疑,不如一心之独决也。

[注释]

①无支祈:又作巫之祈,淮水水神名。②河伯:黄河水神。③天吴:水神名。《山海经·海外东经》:"朝阳之谷,神曰天吴,是为水伯……其为兽也,八首八面,八足八尾。"④相抑氏:又作相柳氏。《山海经·海外北经》:"共工之臣曰相柳氏,九首,以食于九山。"⑤江疑:神名。《山海经·西山经》:"又西二百里,曰符惕之山……神江疑居之。"⑥列缺:本指闪电,《汉书·扬雄传》有"辟历(霹雳)列缺,吐火施鞭"。这里指雷神。⑦泰逢:《山海经·中山经》:"又东二十里,曰和山……吉神泰逢司之。其状如人,而虎尾。"这里指风神。⑧萍(píng)号:神话传说中的雨师。雨师名萍翳,行雨时会发出号呼之声,故称"萍号"。⑨鼍(tuó):动物名,亦称"扬子鳄",俗称"猪婆龙"。⑩鲮:即鲮鱼。《山海经·海内北经》:"人面手足,身在海中。"⑪朋:群。⑫碣石:山名。《山海经·北山经》:"又北五百里,曰碣石之山。"旧址在今河北昌黎县北,后为海水浸吞。⑬吕梁:河名。详见《贾人》篇注释。⑭灵姑胥:疑指姑胥山山神。姑胥山,即姑苏山,在苏州市西南。⑮谋元帅:考虑元帅人选。⑯赑屃(bì xì):一种大龟。传说它是龙所生的儿子之一,性好负重。⑰实:语气词,用以加强语意。⑱各专其能:各自具有独特的本领。⑲中坚:指军队中最重要最坚强的部分。⑳鳞锋鬣(liè)锷

(è)：鱼鳞鱼鳍如锋刃般锐利。鬣，鬃毛。这里指鱼鳍。锷，剑刃。㉑掉首摧山：摆动脑袋就可以摧毁高山。掉，摇动，摆动。㉒揵（qián）鬐（qí）倒渊：竦起背脊就能够倒翻深渊。揵，举起，翘起。鬐，鱼脊鳍。㉓三军：周制，诸侯大国三军，为上军、中军、下军。㉔齐：集。㉕御：驾御；支配。㉖毕欲逞焉：全都想逞能。毕，全部。㉗其孰能一之：又有谁能统领它们呢？㉘冥冥：专默精诚。㉙不可以智诱威胁而谋激也：难以用智慧诱骗、武力威胁、阴谋刺激所能战胜的。㉚夔：神话传说中的一种怪兽。《山海经·大荒东经》："状如牛，苍身而无角，一足，出入水则必风雨，其光如日月，其声如雷，其名曰夔。"

常羊学射

常羊学射于屠龙子朱。①屠龙子朱曰："若欲闻射道乎？楚王田于云梦，②使虞人③起禽④而射之。禽发，⑤鹿出于王左，麋交⑥于王右。王引弓欲射，有鹄拂王旞而过，⑦翼若垂云。王注矢⑧于弓，不知其所射。养叔⑨进曰：'臣之射也，置一叶于百步之外而射之，十发而十中。如使置十叶焉，则中不中，非臣所能必矣⑩。'"

[注释]

①常羊学射于屠龙子朱：常羊向屠龙子朱学习射箭之术。常羊、屠龙子朱，均为虚拟人名。《庄子》："朱泙漫学屠龙于支离益。"屠龙子朱或本此。②楚王田于云梦：楚王在云梦狩猎。田，狩猎。云梦，古泽薮名。③虞人：古代掌管山泽苑囿之官。④起禽：指把禽兽从隐蔽处哄赶出来。⑤禽发：指鸟兽从隐蔽处跑出来。⑥交：交错。⑦有鹄拂王旞（zhān）而过：有天鹅掠擦大王的旞旗飞过。鹄，天鹅。拂，掠过。旞，赤色的曲柄旗。⑧注矢：把箭搭在弓上。⑨养叔：即养由基。春秋时楚国大夫，善射，能百步穿杨。⑩则中不中，非臣所能必矣：那么射得中射不中，就不是我所能肯定的了。必，肯定；断定。

一其心

郁离子曰：多能者鲜精，多虑者鲜决。故志不一则厖①，厖则散，散则溃，溃溃然罔知其所定②。是故明生于一。③禽鸟之无知，而能知人之所不知者，一也。人为物之灵，而多欲以昏之④，反⑤禽鸟之不如，养其枝而枯其根者也。呜呼！人能一其心⑥，何不如之有哉！

[注释]

①厖（máng）：纷乱。②溃溃然罔知其所定：头脑昏乱不知道该作出怎样的决定。溃溃然，昏乱的样子。罔知，不知。③是故明生于一：所以说明断来自于用心专一。明，心明，不糊涂。一，专一。④昏之：使之糊涂。⑤反：反而。⑥一其心：心无旁鹜，一心一意。

造舟者操舟

粤工善为舟，①越王用之良，命廪人②给上食③，粤之治舟者宗之④。岁余，言于粤王曰："臣不惟⑤能造舟，而又能操舟⑥。"王信之。隽李之役，⑦风于五湖，⑧溺焉，越人皆怜之。

郁离子曰："是画蛇而为之足者之类也。人无问⑨智愚，惟知止⑩，则功完而不毁⑪。故以子胥之贤而不免焉。夫子胥之入吴⑫也，图报其父、兄之仇而已矣。及其入郢而鞭平王⑬，足矣，夫复何求哉？乃不去⑭而沉其身⑮，不知止也。"

[注释]

①粤工善为舟：粤地有位工匠擅长造船。粤，古地名，在今广东省一带，

因古时百粤族在此居住而得名。②廪人：古代管理粮仓的官吏。③给上食：供给上等的伙食。④治舟者宗之：造船的工匠们都尊奉他。治舟，造船。宗，尊奉。⑤不惟：不只。⑥操舟：撑舟。⑦隽李之役：春秋时，吴越两国在隽李交战，吴国大败。隽李，古地名。⑧风于五湖：五湖上刮起了大风。五湖，泛指太湖流域一带的湖泊。⑨无问：无须考虑。⑩知止：懂得适可而止。⑪功完而不毁：功业完满而不会损毁。⑫入吴：投奔吴国。⑬入郢而鞭平王：《史记》有子胥助吴攻楚，直入郢都，"鞭平王之尸以报父仇"的记载。⑭去：指离开吴国。⑮沉其身：身陷其中，丧送身家性命。

诚则明

郁离子曰：水鸮①翔而大风作，穴蚁徙而阴雨零，岂其知之独觉哉？②惟其所愿欲莫切于饱与安也③，故孜孜④以候之，气将来而必知，惟其心之专也。是故知暵潦者⑤，莫如农；知水草者，莫如马；知寒暑者，莫如虫。故以刖守阍⑥，以瞽听乐，⑦取其专也。鲁人有善言《易》者，百家之训诂⑧疏义⑨，无不诵而记之。命之卜⑩，则不中⑪。吴有医，与之谈脉证必折，⑫而请其治疾，无不愈者。故曰：诚⑬则明矣。水鸮之知风，穴蚁之知雨，诚也。

[注释]

①水鸮（xiāo）：鷖鸥。《古今事文类聚》："鷖鸥也名水鸮，江鸥一名海鸥，在涨海中随潮上下，常以三月风至乃还洲屿，颇知风云，若群飞至岸必风。"②岂其知之独觉哉：哪里是它们的知觉独特呢？③惟其所愿欲莫于饱与安也：只是因为对于水鸮、穴蚁来说没有比填饱肚子和性命安全更为迫切的愿望了。愿欲，愿望；欲望。切，迫切。饱与安，填饱肚子和性命安全。④孜孜：勤勉、努力不懈的样子。⑤暵（hàn）潦（lào）：旱涝。暵，干旱。潦，同"涝"，雨多成灾。⑥以刖（yuè）守阍（hūn）：让受过刖刑的人来看守大

门。刖，古代一种把脚砍掉的酷刑。阍，宫门。这里泛指大门。⑦以瞽听乐：让瞎眼的人来负责音乐。⑧训诂：对古书字句的解释。⑨疏义：为古书旧注所作的阐释或进一步发挥的文字。⑩卜：占卜；预测吉凶。⑪不中：指不灵验。⑫与之谈脉证必折：跟他谈论脉象，必定不符实际。脉证，根据脉象判断病症。证，病症。折，折毁；挫败。原作"析"，据果育堂刊本、四部丛刊本改。⑬诚：诚心；用心专一。

屠龙子与都黎奕

屠龙子与都黎奕。①都黎数败，馆人②怜而助之，又败。观者皆愕，胥助③焉。从者请已，④曰："吾闻寡不敌众。彼方鸠群知，⑤吾忧子之不胜，以圮前劳⑥也。"屠龙子弗应，坐而奕如故。都黎乃大败，不能支。助者相顾皆失色，执子以诟⑦。使复之，俱弗敢矣。从者喜曰："神矣哉，夫子之奕也！"

屠龙子曰："未也。子不观夫斗兽乎？夫兽，虎为猛。今以虎斗虎，则独虎之不胜多虎也，明矣；以狐斗虎，则虽千狐其能胜一虎哉？多愈见其自乱也。昔者六国合从以摈秦⑧，辩士之为秦者，以连鸡⑨喻之。六国果不胜，如辩士言。今者之奕，犹是也。吾尝行于野，见两头之蛇，其首一东而一西，二首相掣⑩，终日不能离其处。吾观而悲焉。故为巨室者，工虽多，必有大匠焉，非其画不敢裁也⑪；操巨舟者，人虽多，必有舵师焉，非其指不敢行也。故视听专而事不偾⑫。是故四海之民听于一君，则定；百万之师听于一将，则胜。《易》曰：'长子帅师，弟子舆尸，凶。'⑬《诗》曰：'如彼筑室于道谋，是用不溃于成。'⑭虽使奕秋⑮为之，犹当败也，而况非奕秋者乎？吾何惴焉！"⑯

[注释]

①屠龙子与都黎奕：屠龙子与都黎下棋。屠龙子、都黎，均为虚拟人名。奕，通"弈"。下棋。②馆人：古代掌管馆舍的人。③胥助：相助。④从者请已：屠龙子的随从请求屠龙子不要再下了。⑤彼方鸠（jiū）群知：对方正纠合众人的智慧。鸠，鸠合，同"纠合"。知，同"智"。智慧。⑥以圮（pǐ）前劳：把先前的功劳毁了。圮，毁坏。前劳，先前的功劳。⑦执子以诟：拿着棋子骂开了。诟，骂。⑧六国合从以摈（bìn）秦：六国联合起来对付秦国。合从，战国时，合齐、楚、燕、赵、韩、魏六国以抗秦，称为合纵。从，同"纵"。纵向的联合。摈，排斥。⑨连鸡：缚在一起的鸡。比喻互相牵制，不能并容的几种势力。《战国策·秦策一》："诸侯不可一，犹连鸡之不能俱止于栖之明矣。"⑩相掣（chè）：相互牵引。掣，拽，拉。⑪非其画不敢裁也：不是大工匠所画的墨线不敢随便裁木料。⑫偾（fèn）：覆败。⑬语出《周易》，但有省略。原文为："长子帅师，弟子舆尸，贞凶。"意思是说，虽然统帅之人选对了，如果有其他人影响其决策，那也将抬着尸体，失败而归，是很凶险的。《杨氏易传》："长子帅师，非独指长子。凡任而为帅者即长子之谓也。行师事权必出于一而后可济，若使弟子众主之，虽所任弟子贤亦不可，故曰贞凶，言虽正亦凶。"⑭语出《诗经·小雅·小旻》。意思是说就如造房子却去问路人，终究盖不成房子。⑮奕秋：古时候的一位下棋高手，名秋。⑯吾何惴焉：我有什么可害怕的呢？惴，恐惧害怕的样子。

虞孚第十

虞 孚

　　虞孚问治生于计然先生，①得种漆之术。三年树成而割之，得漆数百斛②，将载而鬻③诸吴。其妻之兄谓之曰："吾常于吴商④，知吴人尚饰⑤，多漆工，漆于吴为上货⑥。吾见卖漆者煮漆叶之膏以和⑦漆，其利倍，而人弗知也。"虞孚闻之喜，如其言，取漆叶煮为膏，亦数百瓮，与其漆俱载，以入于吴。

　　时吴与越恶⑧，越贾不通，⑨吴人方艰漆⑩。吴侩⑪闻有漆，喜而逆⑫诸郊，道⑬以入吴国，劳而舍诸私馆⑭。视其漆甚良也，约旦夕⑮以金币来取漆。虞孚大喜，夜取漆叶之膏和其漆以俟⑯。及期，吴侩至，视漆之封识⑰新，疑之。谓虞孚，请改约，期二十日⑱。至则其漆皆败⑲矣。虞孚不能归，遂丐而死于吴。

[注释]

　　①虞孚问治生于计然先生：虞孚向计然先生请教谋生发财之道。虞孚，虚拟人名。治生，谋生发财之道。计然先生，春秋时葵丘濮上人，本姓辛，名研，因善计算而又精于经济，故号曰计然，曾仕于越国，范蠡事之为师。②斛

(hú)：古量器名，也是容量单位，十斗为一斛，南宋末年改五斗为一斛。③鬻：卖。④商：经商。⑤尚饰：指吴国人喜欢用漆刷饰器具。尚，崇尚。⑥上货：指销路特别好的商品。⑦和（huò）：混和；掺和。⑧吴与越恶：指吴国与越国关系不好。⑨越贾不通：越国的商人进不了吴国。⑩艰漆：指很难得到漆。⑪侩（kuài）：牙侩，旧时买卖的中间人。⑫逆：迎接。⑬道：引路。⑭劳而舍诸私馆：慰劳一通后将其安排在私人客栈里住宿。劳，慰劳。舍，安排住宿。⑮旦夕：比喻短时间内。⑯俟：等待。⑰封识（zhì）：封口的标记。⑱期二十日：取货的约定期限改为二十天后。⑲败：败坏，这里指漆变质。

知一不知二

若石隐于冥山之阴，①有虎恒蹲，以窥其藩②。若石帅其人昼夜警③，日出而殷钲④，日入而燎辉⑤，宵则振铎⑥以望，植棘树墉⑦，坎山谷⑧以守。卒岁⑨，虎不能有获。

一日而虎死，若石大喜，自以为虎死，无毒⑩己者矣。于是弛其机⑪，撤其备，垣坏而不修，藩决⑫而不理。无何⑬，有䝙⑭逐麋⑮来，止其室之隈⑯，闻其牛羊豕之声而入食焉。若石不知其为䝙也，叱之，不走；投之以块⑰，䝙人立⑱而爪之，毙。

君子谓若石知一而不知二，宜其及也。

[注释]

①若石隐于冥山之阴：若石隐居在冥山的北面。若石，虚拟人名。冥山，又名石城山，旧址在今河南信阳东南。②藩：篱笆墙。③警：警戒。④殷钲（zhēng）：敲击钲锣。殷，震动。钲，打击乐器，形似钟，铜制。⑤燎（liáo）辉：点燃火把。⑥振铎（duó）：摇铃。铎，大铃。⑦树墉：修建高墙。⑧坎山谷：在山谷挖坑穴。⑨卒岁：一年终了。⑨毒：在此作动词，威胁，伤害之意。⑪弛其机：拆除捕兽工具。弛，拆除。机，有机关装置的捕兽工具。⑫决：断裂。⑬无何：没多久。⑭䝙（chū）：狼科动物，性凶恶。⑮麋：鹿的一

种。⑯隈（wēi）：角落。⑰块：土块或石头之类。⑱人立：像人一般直立起来。

狸　贪

郁离子居山，夜有狸①取其鸡，追之，弗及。明日，从者䂻其入之所以鸡，②狸来而縶③焉。身缧④而口足犹在鸡，且掠且夺之，至死弗肯舍也。

郁离子叹曰："人之死货利者，⑤其亦犹是也夫！宋人有为邑而以赂致讼者⑥，士师鞫之，⑦隐弗承⑧；掠⑨焉，隐如故。吏谓之曰：'承则罪有数，不承则掠死，胡不择其轻？'终弗承以死。且死，呼其子私之曰：'善保若货，是吾以死易之者。'人皆笑之，则亦与狸奚异焉。"

[注释]

①狸：狸猫，状似猫，性凶猛，常盗食家禽。②从者䂻（huò）其入之所以鸡：随从用鸡作诱饵，在狸猫进入的地方放置了捕兽木笼。䂻，装有机关的捕兽木笼。在这里作动词。③縶：拘禁。这里指被关进木笼。④缧（léi）：捆绑；拘禁。⑤人之死货利者：那些为了钱财而死的人。⑥以赂致讼者：因财产之事而招致官司的人。赂，财物。讼，诉讼。⑦士师鞫（jū）之：狱官审讯他。士师，古代执掌禁令刑狱的官名。鞫，审讯。⑧隐弗承：隐瞒事实，不肯招供。⑨掠：拷打；拷问。

蹶叔三悔

蹶叔①好自信，而喜违人言。田于龟阴，②取其原③为稻，而隰为粱④。其友谓之曰:"粱喜亢⑤,稻喜隰,而子反之,失其性矣,其何以能获!"弗听。积十稔⑥而仓无储。乃视于其友之田,莫不如所言以获。乃拜曰:"予知悔矣。"

既而商于汶上。⑦必相货之急于时者趋之⑧,无所往而不与人争。比得⑨,而趋者毕至⑩,辄不获市⑪。其友又谓之曰:"善贾者,收人所不争,时来利必倍,此白圭⑫之所以富也。"弗听。又十年而大困,复思其言而拜曰:"予今而后不敢不悔矣。"

他日,以舶⑬入于海,要其友与偕,⑭则泛滥⑮而东,临于巨渊,其友曰:"是归塘⑯也,往且不可复。"又弗听,则入于大壑⑰之中。九年得化鲲之涛⑱,嘘⑲之以还。比还,而发尽白,形如枯腊⑳,人无识之者。乃再拜稽首㉑,以谢其友,仰天而矢㉒之曰:"予所弗悔者,有如日㉓!"其友笑曰:"悔则悔矣,夫何及乎㉔?"

人谓蹶叔三悔以没齿㉕,不如不悔之无忧也。

[注释]

①蹶(jué)叔:虚拟人名。取其倔强固执之意。②田于龟阴:在龟山的北面耕种。田,耕种。龟阴,龟山的北面。龟山,在山东泗水东北部。③原:高平的旱地。④隰为粱:在湿地上种高粱。隰,低下的湿地。粱,高粱。性抗旱。⑤亢:高。这里指旱地。⑥积十稔(rěn):十年积累下来。稔,谷熟为稔,引申为年。⑦既而商于汶上:不久到汶水一带经商。既而,不久。汶上,汶水之上。汶水在山东。⑧相货之急于时者趋之:指看到市场上哪种货物紧俏就去收购哪种货物。⑨比得:及至得到了货物。⑩趋者毕至:收购到紧俏货物的商人全都来了。⑪不获市:东西卖不出去。⑫白圭:战国时魏人,为人乐观时变,自云:"人弃我取,人取我与。"是当时著名的善于管理生产的人才,曾使魏国大富。⑬舶:航海的大船。⑭要其友与偕:邀请友人一同前往。要,约请;邀请。偕,一同前往。⑮泛滥:指顺水漂流。⑯归塘:亦作"归墟"。传说为海中无底之谷,众水汇聚之处。⑰大壑:《列子·汤问》:"渤海之东,不知几亿万里,有壑焉,实惟无底之谷,其下无底,名曰'归墟'。"这里指

大海最深处。⑱化鲲之涛：北冥之鲲化作大鹏时所荡激起来的波涛。《庄子·逍遥游》："北冥有鱼，其名为鲲……化而为鸟，其名为鹏……鹏之徙于南冥也，水击三千里……"⑲嘘：呼；吐气。此指大海波涛将蹶叔推回海岸。⑳枯腊（xī）：干尸。㉑稽首：叩头。㉒矢：发誓。㉓有如日：以太阳作证。古人发誓时常用的套语。㉔何及乎：有什么能够追回呢？及，赶上，追上。㉕没齿：终身。

齐人好诟

齐人有好诟食者①，每食必诟其仆，至坏器、投匕箸②，无空日。馆人③厌之，忍弗言。将行，赠之以狗，曰："是能逐禽，不腆④以赠子。"行二十里而食，食而召狗与之食。狗嗥⑤而后食，且食而且嗥。主人诟于上，而狗嗥于下，每食必如之。一日，其仆失笑，然后觉。

郁离子曰："夫人必自侮而后人侮之。"又曰："饮食之人，则人贱之⑥，斯人之谓矣⑦。"

[注释]

①好诟食者：喜好边骂边吃东西的人。②投匕箸：投掷汤匙筷子。匕，勺、匙类取食物的用具。箸，筷子。③馆人：古代掌管馆舍的人。④不腆：谦词，不丰厚。⑤嗥：野兽吼叫。⑥人贱之：被人瞧不起。⑦斯人之谓矣：讲的就是这种人啊。

好 贿

黔中仕于齐，①以好贿黜而困，②谓蒙龙先生③曰："小人今而痛惩于贿矣，惟先生怜而进之。"又黜。

豢龙先生曰："昔者玄石④好酒，为酒困，⑤五藏熏灼，肌骨蒸煮如裂，百药不能救，三日而后释，谓其人⑥曰：'吾今而后知酒可以丧人也，吾不敢复饮矣。'居不能阅月⑦，同饮至曰：'试尝之。'始而三爵⑧止，明日而五之，又明日十之，又明日而大釂⑨，忘其故，死矣。故猫不能无食鱼，鸡不能无食虫，犬不能无食臭。性之所耽⑩，不能绝也。"

[注释]

①黔中仕于齐：黔中在齐国做官。黔中，虚拟人名。仕，做官。②以好贿黜而困：因喜好收受贿赂而罢官，从而陷入困境。黜，被罢官。③豢龙先生：见《采药》篇注释。④玄石：即刘玄石。晋人张华《博物志》："昔刘玄石于中山酒家酤酒，酒家与千日酒，忘言其节度，归至家当醉。而家人不知，以为死也，权葬之。酒家计千日满，乃忆玄石前来酤酒，醉当醒耳。往视之，云玄石亡三年，已葬。于是开棺，醉始醒。俗云'玄石饮酒，一醉千日'。"⑤为酒困：指沉湎于饮酒。⑥其人：别人；他人。⑦阅月：经一月。⑧爵：古代一种酒器。⑨釂（jiào）：饮尽杯中酒。⑩耽：沉湎；爱好。

见利不见害

句章之野人翳其藩以草，①闻喈喈②之声，发之而得雉③。则又翳之，冀④其重获也。明日，往聆⑤焉，喈喈之声如初，发之而得蛇，伤其手以毙。

郁离子曰："是事之小，而可以为大戒者也。天下有非望⑥之福，亦有非望之祸。小人不知祸福之相倚伏⑦也，则侥幸以为常。是故失意之事，恒生于其所得意，惟其见利而不见害，知存而不知亡也。"

[注释]

①句章之野人翳其藩以草：句章有位农夫用杂草遮盖藩篱。句章，县名，故址在今浙江省慈溪市西南。野人，农夫。翳，遮蔽；掩盖。②嗜嗜（jí）：鸟鸣声。③发之而得雉：揭开杂草，意外捕捉到一只野鸡。发，揭开。雉，野鸡。④冀：希望。⑤聆：听。⑥非望：期望之外；意料之外。⑦倚伏：《老子》："祸兮福之所倚，福兮祸之所伏。"意谓祸福相因，互相依存，互相转化。

识 宝

犁冥①之梁父之山②，得玛瑙③焉，以为美玉而售之。人曰："是玛瑙也，石之似玉者也。若以玉价售，徒贻人笑，④且卒不克售⑤，胡不实之？⑥虽不足尔欲，售矣。"弗信。则抱而入海，将之燕，适海有怪涛，舟师大怖，遍索于舟之人，曰："是必舟有宝，而龙欲之耳。有，则亟献之无惜，惜，胥没矣⑦。"犁冥拊膺⑧而哭，问其故，曰："予实有重宝，今将献之，不能不悲耳。"索而视之，玛瑙也。舟师哑然，忘其怖而笑曰："龙宫无子⑨，不能识此宝也。"

[注释]

①犁冥：虚拟人名。②梁父之山：山名，在泰山下。③玛瑙：矿物名。玉的一种。品类甚多，颜色光美，可制器皿及装饰品。④徒贻人笑：白白留给人耻笑。徒，徒然；白白地。贻，遗留。⑤不克售：卖不出去。⑥胡不实之：为什么不以它实际的价值来卖它？⑦惜，胥没矣：如果吝惜宝物，整个船都将沉没。胥，齐；皆。⑧拊（fǔ）膺：拍胸。膺，胸。⑨无子：没有你这样的人。

吴王吝赏

姑苏之城①围,吴王使太宰伯嚭发民以战②。民诟曰:"王日饮而不虞寇,③使我至于此,乃弗自省,而驱予战。战而死,父母妻子④皆无所托;幸而胜敌,又不云予功,其奚以战?"太宰嚭以告王,请行赏,王吝不发⑤;请许以大夫之秩⑥,王顾有难色⑦。王孙雄⑧曰:"姑许之,寇退,与不与在我。"王乃使太宰嚭布令。或曰:"王好诈⑨,必诳⑩我。"国人⑪亦曰:"姑许之,寇至,战不战在我。"于是王乘城⑫。鸱夷子皮⑬虎跃而鼓之⑭,薄诸闾阖之门⑮。吴人不战。太宰嚭帅左右扶王以登台,请成⑯,弗许。王伏剑⑰,泰伯之国⑱遂亡。

[注释]

①姑苏之城:即今江苏苏州市。春秋吴国筑,并建都于此。②吴王使太宰伯嚭发民以战:吴王让太宰伯嚭发动国民迎战。吴王,春秋末吴国国君夫差。太宰,官名。相传殷置太宰。周称冢宰,为天官之长,掌建邦之六典,以佐王治其国。春秋列国亦多置太宰之官,职权不尽相同。伯嚭(pǐ),春秋末吴国大臣,又称"太宰嚭"。为人谄佞,巧于逢迎,颇受吴王夫差宠信。③王日饮而不虞寇:大王每天饮酒取乐,对敌寇毫不戒备。虞,戒备。④妻子:妻子儿女。⑤王吝不发:吴王吝啬不肯行赏。⑥大夫之秩:大夫的俸禄。秩,官吏的俸禄。⑦难色:为难的神色。⑧王孙雄:吴国大夫。⑨诈:欺骗。⑩诳(kuáng):欺骗。⑪国人:国都的人。⑫乘城:登上城墙。⑬鸱夷子皮:越国大夫范蠡隐退后所改之名。《史记》:"范蠡浮海出齐,变姓名,自谓鸱夷子皮。"⑭虎跃而鼓之:有如猛虎般跳跃着击鼓指挥进攻。⑮薄诸闾阖之门:迫近城门。薄,迫近。闾阖,传说中的天门,古人常用以作城门名。⑯成:媾和。⑰伏剑:自刎。⑱泰伯之国:指吴国。传说吴国系泰伯所传。泰伯,周太王长子。一作太伯。太王晚年,欲传位第三子季历。他和弟仲雍一起,率部分

周人逃往荆蛮,改从当地习俗,又传以耕作、筑城等技术,被推戴为君长,号曰"勾吴",都梅里(今江苏无锡东南)。

郑人学艺

郑之鄙人①学为盖②,三年艺成而大旱,盖无所用。乃弃而为桔槔③。又三年艺成而大雨,桔槔无所用,则又还为盖焉。未几而盗起,民尽改戎服④,鲜有用盖者。欲学为兵,则老矣。

郁离子见而嗟⑤之曰:"是殆类汉之老郎与!⑥然老与少,非人之所能为也,天也。艺事由己之学,⑦虽失时在命,而不可尽谓非己也⑧。故粤有善农者,凿田以种稻,三年皆伤于涝⑨,人谓之:'宜泄水以树黍。'弗对,而仍其旧。其年乃大旱,连三岁,计其获,则偿所歉而赢焉⑩。故曰:'旱斯具舟,⑪热斯具裘⑫。'天下之名言也。"

[注释]

①鄙人:指居住在郊野的人。②盖:挡雨之具。③桔槔(jié gāo):一种用杠杆从井中汲水的装置。④戎服:军服。⑤嗟:叹息。⑥是殆类汉之老郎与:这大概类似于汉朝的那位老郎吏吧。汉之老郎,《西汉年纪》:"上(指汉武帝)尝辇至郎署,一老郎鬓眉皓白,衣服不整。上问曰:'公何时为郎,何其老也?'对曰:'臣姓颜名驷,江都人也,以文帝时为郎。'上曰:'何其不遇也?'驷曰:'文帝好文而臣好武,景帝好老而臣尚少,陛下好少而臣已老,是以三世不遇也。'"⑦艺事由己之学:由自己决定学什么技艺。艺事,技艺之事。⑧虽失时在命,而不可尽谓非己也:指所学技艺错过时机不能得到发挥,固然是由命运决定,但是也不能说完全跟自己无关。失时,错过时机。⑨伤于涝:被水涝损害。⑩偿所歉而赢焉:补偿年成不好时减少的粮食而且还有赢余。歉,年岁欠收。⑪旱斯具舟:在干旱的季节里就要准备好船只。意谓做事情要有远见,不能光顾眼前。斯,则;乃。具,准备;备办。⑫裘:皮衣。

弃农为驺

狐丘之野人世农。①农田之入俭②,恒思易其业,③而未有加于农者④。其舅之子驺于邑大夫⑤,归而华其衣⑥,见而企⑦焉。遂弃农而往为驺。其主曰:"汝自欲耳,余弗女逐也⑧。三年而不返,则汝之田与庐,吾当使他人营之,无悔也。"跽⑨而辞曰:"唯⑩。"越三年,而其所事者物故⑪,欲复归,而田与庐皆易人矣。故主怜而召之,而其同里皆疾其亡故而违常也⑫,遂恧不敢复,⑬而涂殍⑭焉。

或以语郁离子。郁离子曰:"古称良农不为水旱辍耕⑮,良贾不以折阅废市⑯,正谓此也。吴人有养猿于笼,十年,怜而放之,信宿⑰而辄归。曰:'未远乎?'舁而舍诸大谷⑱。猿久笼而忘其习,遂无所得食,鸣而死。是以古人慎失业也。"

[注释]

①狐丘之野人世农:狐丘有位农夫世代务农。狐丘,古地名。其地不详。《韩诗外传》有"孙叔敖遇狐丘丈人"的记载。野人,农夫。世农,世代务农。②入俭:田地收入低微。③恒思易其业:经常想改行。④未有加于农者:一时想不出比种田更好的行业。⑤驺(zōu)于邑大夫:替城镇的贵族养马驾车。驺,养马驾车的人。此处作动词。⑥华其衣:穿戴华丽。⑦企:企慕;仰慕。⑧余弗女逐:我并非要赶你走。女,同"汝",你。⑨跽(jì):长跪,挺直上身两膝着地。⑩唯:表示接受的应答之辞。⑪物故:亡故。⑫其同里皆疾其亡故而违常也:乡亲们都厌恶他无缘无故地违弃农耕。亡故,无故。⑬遂恧(nù)不敢复:最终因自感惭愧而不敢回去。恧,惭愧。⑭涂殍(piǎo):饿死在路上。涂,同"途"。⑮辍(chuò)耕:放弃耕作。辍,废止,舍弃。⑯良贾不以折(zhé)阅废市:与上句均语出《荀子·修身》。意谓好的商人不会因为卖价不高就废止买卖。折阅,卖价减损。废市,废止买卖。⑰信宿:

两夜。信,连住两夜。⑱舁(yú)而舍诸大谷:把猿抬到大山谷里放生。舁,抬。舍,放弃;舍弃。这里指放生。

多疑与侥幸

郁离子曰:多疑之人,不可与共事;侥幸之人,不可与定国①。多疑之人,其心离,其败也,以扰②;侥幸之人,其心汰③,其败也,以忽④。夫惟其多疑也,而后逢迎之夫集焉;惟其侥幸也,而后亡忌惮之夫⑤集焉。逢迎之夫,道其猜而揜其明⑥;亡忌惮之夫,盈其欺而厉其暴⑦。然后益疑其所不当疑,而决其所不当决。败而后悔,奚及哉⑧!

[注释]

①定国:商定国家大事。②以扰:因为乱。指各有各的心思。③汰:骄傲自大。④以忽:因为不重视。忽,忽略;忽视。⑤亡忌惮之夫:没有顾忌畏惧的人。亡,无。⑥道其猜而揜(yǎn)其明:引导他去猜疑而掩盖了他的明智。揜,掩盖;遮蔽。⑦盈其欺而厉其暴:增长了他的欺凌行为,加剧了他的暴力行为。盈,增长。厉,勉励;激励。⑧奚及哉:哪里还来得及呢?

天道第十一

天 道

盗子①问于郁离子曰:"天道②好善而恶恶③,然乎④?"曰:"然。"曰:"然则天下之生,善者宜多,而恶者宜少矣。今天下之飞者,乌鸢⑤多而凤凰少,岂凤凰恶而乌鸢善乎?天下之走者,豺狼多而麒麟少,岂麒麟恶而豺狼善乎?天下之植者,荆棘多而稻粱少,岂稻粱恶而荆棘善乎?天下之火食而竖立者⑥,奸宄⑦多而仁义少,岂仁义恶而奸宄善乎?将⑧人之所谓恶者,天以为善乎?人之所谓善者,天以为恶乎?抑天不能制物之命,⑨而听从其自善恶乎?将善者可欺,恶者可畏,而天亦有所吐茹⑩乎?自古至今,乱日常多,而治日⑪常少;君子与小人争,则小人之胜常多,而君子之胜常少,何天道之好善恶恶而若是戾⑫乎?"郁离子不对。

盗子退谓其徒曰:"甚矣,君子之私⑬于天也!而今也,辞穷于予矣。"

[注释]

①盗子：虚拟人名。②天道：天理，天意。③恶（wù）恶（è）：讨厌不好的。④然乎：是这样吗？⑤乌鸢（yuān）：乌鸦。古人认为是一种不祥之鸟。⑥火食而竖立者：指人类。只有人是用火烧东西吃而且直立行走的。⑦奸宄（guǐ）：邪恶狡诈犯法作乱之人。⑧将：抑或；还是。⑨抑天不能制物之命：或者上天不能主宰自然万物的命运。抑，还是；或者。制，控制。物，自然万物。⑩吐茹：吐刚茹柔。比喻怕强欺弱。⑪治日：太平的日子。与"乱日"相对。⑫戾（lì）：乖张；违背。⑬私：偏爱；不公平。

夺物自用

郁离子曰：蚕吐丝而为茧，以自卫也，卒以烹其身；而其所以贾祸者，乃其所自作以自卫之物也。^①蚕亦愚矣哉！蚕不能自育，而托于人以育也。托人以育其生，则竭其力，戕^②其身，以为人用也弗过^③。人夺物之所自卫者为己用，又戕其生而弗恤^④，甚矣！而曰天生物以养人，人何厚^⑤，物何薄也！人能财成^⑥天地之道，辅相天地之宜，^⑦以育天下之物，则其夺诸物以自用也，亦弗过；不能财成天地之道，辅相天地之宜，蚩蚩^⑧焉与物同行，而曰天地之生物以养我也，则其获罪于天地也大矣！"

[注释]

①而其所以贾（gǔ）祸者，其所自作以自己之物也：然而蚕招致祸端的，竟是它自己制作出来用以自卫的丝茧。贾祸，招惹祸端。②戕：杀害。③以为人用也弗过：认为人类怎么利用它们都不过分。④弗恤：不体恤；不怜悯。⑤厚：重要，与"薄"相对。⑥财成：成就。⑦辅相天地之宜：使天地处于自然和谐的状态。辅相，辅助。宜，适宜。文中有自然和谐的意思。⑧蚩蚩：痴呆；无知。

东陵侯问卜

东陵侯既废,①过司马季主而卜焉②。

季主曰:"君侯何卜也?"东陵侯曰:"久卧者思起,久蛰③者思启,久懑④者思嚏⑤。吾闻之:蓄极则泄,闷极则达,热极则风,壅极则通。⑥一冬一春,靡⑦屈不伸;一起一伏,无往不复。仆窃有疑,⑧愿受教焉。"季主曰:"若是,则君侯已喻之矣,又何卜为?"东陵侯曰:"仆未究其奥也,愿先生卒教之。"

季主乃言曰:"呜呼!天道何亲?惟德之亲;鬼神何灵?因人而灵。夫蓍⑨,枯草也;龟,枯骨也。物也。人灵于物者也,何不自听而听于物乎?且君侯何不思昔者也?有昔者,必有今日。是故碎瓦颓垣⑩,昔日之歌楼舞馆也;荒榛断梗,昔日之琼蕤⑪也;露蛬风蝉,昔日之凤笙龙笛也;鬼磷萤火,昔日之金釭华烛⑫也;秋荼春荠,⑬昔日之象白驼峰⑭也;丹枫白荻,昔日之蜀锦⑮齐纨⑯也。昔日之所无,今日有之,不为过;昔日之所有,今日无之,不为不足。是故一昼一夜,华⑰开者谢;一秋一春,物故者新。激湍之下,必有深潭;高丘之下,必有浚谷⑱。君侯亦知之矣,何以卜为!"

[注释]

①东陵侯既废:东陵侯的侯爵被废除。东陵侯,名邵平,也写作召平。秦汉间广陵人。《史记》:"召平者,故秦东陵侯。秦破,为布衣,贫,种瓜于长安城东,瓜美,世谓之东陵瓜。"②过司马季主而卜:拜访司马季主并请其为己占卜。过,造访。司马季主,汉初楚人,善卜。《史记》有传。卜,古人烧灼龟甲,据其裂纹以测吉凶。后泛指用各种方法预测吉凶。③蛰(zhé):动物冬眠,藏起来不食不动。④懑:烦闷。⑤嚏:打喷嚏。这里指把内心的郁闷

之气抒发出来。⑥畜极则泄，闷极则达，热极则风，雍极则通：这几句说的都是物极必反的意思。畜，积储。闷（bì）关闭。风，起风。雍，通"壅"。壅塞。⑦靡：无。⑧仆窃有疑：我私下心存疑虑。⑨蓍（shì）：一种草，古代常用于占卜。⑩颓垣：倒塌的墙壁。⑪琼蕤（ruí）：玉花。⑫金釭华烛：金质的灯盏，华美的烛台。釭，油灯。⑬秋荼春荠：指普通的菜肴。荼，一种苦菜。荠，荠菜。⑭象白驼峰：泛指美味佳肴。象白，指象脂，珍贵的食品。驼峰，骆驼背上的肉峰。⑮蜀锦：我国传统工艺丝织品，是锦中名品，因产于四川，故名。⑯齐纨：齐地生产的白细绢。古代绢中名品。⑰华：同"花"。⑱浚谷：深谷。

气与情

郁离子曰：气者，道之毒药也；①情者，性之锋刃也②。知其为毒药、锋刃而凭之以行③者，欲使之也④。呜呼！天与人，神灵者也，而皆不能不为欲所使。使⑤气与情得以逞其能，而性与道反随其所如往⑥，造化⑦至此，亦几乎穷⑧矣。

[注释]

①气者，道之毒药也：意气犹如毒药，会毒害道义。②情者，性之锋刃也：情欲就像刀锋剑刃，会伤害人的本性。③凭之以行：指放纵意气、情欲，率性而为。④欲使之也：是在欲望的驱使之下才这么去做的。⑤使：假使；假若。⑥随其所如往：意即不加克制，任其自流。⑦造化：天地；自然界。⑧穷：穷尽。这里指穷途末路，不可救药。

牧 民

郁离子见披枯荷而履雪者，恻然①而悲，涓然②而泣之，沾其袖。

从者曰:"夫子奚悲也?"郁离子曰:"吾悲若人之阽死而莫能恤也。"③从者曰:"夫子之志则大矣,然非夫子之任④也,夫子何悲焉?夫子过矣!"郁离子曰:"若不闻伊尹⑤乎?伊尹者,古之圣人也。思天下有一夫不被其泽⑥,则其心愧耻,若挞于市⑦。彼人,我亦人也;彼能,而我不能,宁无悲乎?"从者曰:"若是,则夫子诚过矣⑧。伊尹得汤而相之。⑨汤以七十里之国为政于天下,有人民焉,有兵甲焉,而用之,执征伐之权,以为天下君,而伊尹为之师。故得志而弗为,伊尹耻之⑩。今夫子羁旅⑪也,伊尹之事,非夫子之任也。夫子何为而悲哉?且吾闻之:民,天之赤子也,死生休戚,⑫天实司⑬之。譬人之有牛羊,心诚爱之,则必为之求善牧⑭矣。今天下之牧无能善者,夫子虽知牧,天弗使牧也,夫子虽悲之,若之何哉!"退而歌曰:"彼冈有桐兮,此泽有荷叶,不庇其根兮,嗟嗟⑮奈何!"

郁离子归,绝口不谈世事。

[注释]

①恻然:悲痛的样子。②涓(xuàn)然:流泪貌。涓,通"泫"。③吾悲若人也阽(diàn)死而莫能恤也:我悲哀此人濒临死亡却得不到抚恤。若人,这个人。阽死,临近死亡。恤,抚恤;救济。④任:责任;职责。⑤伊尹:商汤大臣。原为汤妻陪嫁的奴隶,后助汤伐夏桀,被尊为相。⑥被其泽:蒙受他的恩泽。⑦若挞(tà)于市:好像在集市上被鞭打一样。⑧诚过矣:确实错了。⑨伊尹得汤而相之:伊尹得到成汤的赏识,而任命他为相。⑩耻之:以之为耻辱。⑪羁旅:寄居他乡。⑫死生休戚:死亡和生存,喜乐和忧愁。⑬司:主管;掌管。⑭善牧:善于放牧。这里的"牧"指放牧牲畜,下文的"牧"则引申为封建统治阶级对人民的统治。⑮嗟嗟:叹词,表示感慨。

天　问

楚南公①问于萧寥子云②曰："天有极乎？③极之外，又何物也？天无极乎？凡有形，必有极，理④也，势⑤也。"萧寥子云曰："六合⑥之外，圣人不言。"

楚南公笑曰："是圣人所不能知耳，而奚以不言也？故天之行，圣人以历纪之⑦；天之象⑧，圣人以器验之⑨；天之数，圣人以算穷之⑩；天之理，圣人以《易》究之。凡耳之所可听，目之所可视，心思之所可及者，圣人搜之，不使有毫忽之藏⑪。而天之所閟⑫，人无术以知之者惟此。今又不曰不知，而曰不言，是何好胜之甚也。"

[注释]

①楚南公：秦汉间楚人，善言阴阳。曾有"楚虽三户，亡秦必楚"的著名论断。②萧寥子云：西汉扬雄，字子云。曾仿《易经》作《太玄》，强调如实地认识自然现象的必要。③天有极乎：宇宙有边际吗？天，本书中的"天"在不同的文章中须作不同的理解，在本文中则应理解为宇宙。极，终极；边际。④理：本性。⑤势：情势。⑥六合：天地四方，整个宇宙的巨大空间。⑦以历纪之：用历法记载它。纪，通"记"。⑧天之象：旧指天文、气象方面的现象。⑨以器验之：用器具验明它。⑩以算穷之：用算术来推算它。⑪毫忽之藏：细微的隐藏。毫、忽均是微小的度量单位。⑫所閟（bì）：幽深之所在。閟，遮蔽；掩蔽。

牧豭第十二

牧 豭

项羽①既自立为西楚霸王,都彭城②。狙丘先生③自齐之楚,牧豭④请见,曰:"先生曷之往⑤?"先生曰:"我将见楚王。"牧豭曰:"先生布衣⑥也,而见楚王,亦有说⑦乎?"先生曰:"楚王起草莱,为天下除秦暴,分封诸侯,而为盟主,我将劝之以仁义之道、帝皇之事。"牧豭曰:"善哉先生之盛心也!其若楚国之勋旧何?⑧"狙丘先生不悦,曰:"小人亦有知乎!是非若所及也⑨。"

牧豭曰:"臣,牧豭者也。家贫无豭,而为人牧豭。豭蕃⑩,则主人喜而厚其佣⑪,不则反之。故臣之牧豭也,舒舒⑫焉。诘朝⑬而放之,使其蹢躅⑭于丛灌之中,鼻粪壤而食腥秽,籍朽翳荟,⑮负涂⑯以游,则皆由由然⑰不苦牧,而获主人之欢,以不后臣之佣。臣西家之子慕利而求其术,臣靳⑱,欲专之⑲,弗以告也。西家子不能蕃其豭,主人怪⑳之,恒不足其佣。于是为豭作寝处㉑焉，高其垣㉒，洁其槽，旦而出之，日未入而收之，择草以食之，不使唊㉓秽臭。豭弗得逸，则皆亡之野。主人怒而逐之。今楚国之休戚臣㉔，皆豭也。豭得其志，则王喜；不得其志，则王不喜矣。遑恤乎其它?㉕而先生欲使之易其心，以行子之道！幸而弗听，先生之福也；其或听焉，而不待其终，则先生之策未效，而先亡王豭，王必怒。昔者卫鞅以帝王之道说秦孝公㉖，终日不入耳。及以伯术㉗语之，曾未移时，㉘不觉其膝之前，㉙何哉？彼㉚功利之君，鲜不务近而忽远。故非尧、禹，不可与言道德；非汤、武，不可与谋仁义。今楚王何如人哉？其所与立功业、计政事㉛者，非适戍之刑徒，则杀人之亡命也。攘攘其心而炎炎其欲者也，㉜而欲与之论道德，行仁义，是何异于被麋麋以冠裳，而使与人同饮食哉？而王非此不可也，无乃抏㉝先生之神，而无益于道乎？且先生之德不如仲尼，犹霄壤㉞也。仲尼历聘㉟诸侯，卒栖栖而无合，㊱然后危于匡，困于宋，饿于陈、蔡之间㊲，几不免焉。今楚王之威，非直孔子之时诸侯大夫比也。先生之行，臣窃惑焉。"

君子谓狙丘先生有救时之心，而不如牧豭之识事势也。

[注释]

①项羽：名籍，字羽。秦末时起兵反秦，秦亡后自立为西楚霸王，大封诸侯。楚汉之争，为刘邦击败，在乌江边自刎。②彭城：古县名。相传尧封彭祖于此，为大彭氏国。秦、汉之际，楚怀王和项羽建都于此。治所在今江苏徐州市。③狙丘先生：指齐国辩士田巴。《喻林》："齐之辩士田巴，辩于狙丘，议于稷下，毁五帝，罪三王，訾五伯，离坚白，合同异，一日而服千人。"狙丘、稷下均为齐国丘山名。④牧豭（jiā）：放牧家猪。这里以人之职业作为人名。豭，小公猪。这里泛指家猪。⑤曷之往：到哪里去？⑥布衣：平民百姓。⑦说：言论；主张。⑧其若楚国之勋旧何：又将如何处置楚国的那些元勋故旧呢？⑨是非若所及也：这不是你的智慧所能及的。⑩蕃：繁殖。⑪厚其佣：多

给工钱。佣，工钱。⑫舒舒：安适的样子。⑬诘朝（jié zhāo）：早晨。⑭踯躅（zhí chú）：徘徊不前的样子。文中有逍遥自在的意思。⑮籍朽翳荟：踩踏着腐朽之物，遮掩在草木丛中。翳，遮蔽。荟，草木繁盛。⑯涂：污泥。⑰由由然：自得的样子。⑱靳（jìn）：吝啬。⑲专之：专有它，不让别人掌握。⑳怪：责怪。㉑寝处：坐卧之所。这里指猪圈。㉒垣：矮墙。这里指猪圈的围栏。㉓唉：吃。㉔休戚臣：指与楚王休戚相关的臣子。㉕遑恤乎其它：怎么会去顾及其它事情呢。遑，何暇；怎能。恤，顾及；顾念。㉖昔者卫鞅以帝王之道说秦孝公：从前卫鞅曾经用帝王之道游说秦孝公。卫鞅，战国时政治家。卫国人。公孙氏，名鞅，初为魏相公叔痤家臣，后入秦游说秦孝公。因功封于商，故又称商鞅。帝王之道，指行王道施仁政。说（shuì），游说。秦孝公，战国时秦国国君，任用商鞅，推行变法，使秦国富强。㉗伯（bà）术：霸道。指国君凭借威势，利用权术、刑法的统治政策。同"王道"相对。《史记·商君列传》："吾语公（秦孝公）以王道而未入也……吾说公以霸道，其意欲用之。"伯，通"霸"。㉘曾未移时：没过多久。㉙不觉其膝之前：不知不觉双膝往前移。指秦孝公对"霸道"很感兴趣。㉚彼：原本作"被"，据果育堂刊本、四部丛刊本改。㉛计政事：计议国政。㉜攘攘其心而炎炎其欲者也：他们都是一些内心纷乱、欲望强烈的人。攘攘，乱纷纷的样子。炎炎，兴盛的样子。㉝抏（wán）：消耗。㉞霄壤：犹言"天地"。指相差悬殊。㉟聘：造访；探问。这里指孔子周游列国。㊱卒栖栖而无合：最终忙忙碌碌却没有哪位君王采纳孔子的观点。栖栖，忙碌不安的样子。合，观点、志趣投合。㉗危于匡，困于宋，饿于陈、蔡之间：孔子周游列国期间曾在匡这个地方被当地人拘禁，其后途经宋国，差一点被人杀害，后由陈国去蔡国途中，好几天没有粮食吃。事见《史记·孔子世家》。

割瘿

夷门之瘿人，①头没于胛②，而瘿代为之元③，口、目、鼻、耳俱不能为用。郢封人④怜而为之割之。人曰："瘿不可割也。"

弗听，卒割之，信宿⑤而死。国人尤⑥焉，辞⑦曰："吾知去其害耳。今虽死，瘿亦亡⑧矣。"国人掩口而退。

他日，有恶春申君⑨之专⑩者，欲言于楚王，使杀之。荀卿⑪闻之，曰："是不亦割瘿之类乎？春申君之用楚⑫，非一日矣。楚国之人，知有春申君而已。春申君去⑬，则楚随之⑭。是子又欲教王以割瘿也。"

[注释]

①夷门之瘿（yīng）人：开封有位长瘤的人。夷门，本战国魏都大梁城东门，故址在今开封城内东北隅，因在夷山之上得名。后人遂以夷门指开封。瘿人，长瘤的人。瘿，俗称瘤。②胛：肩胛。③元：首；头。④郢（yǐng）封人：郢地管理疆界的官吏。郢，古地名。春秋战国时楚国的国都，在今湖北省江陵北。封人，管理疆界的官吏。封，疆界。⑤信宿：两夜。⑥尤：责怪。⑦辞：借口。⑧亡：消失；没有。⑨春申君：战国时楚国贵族，先后任左徒、令尹，有威权。门下有食客三千。⑩专：专权。⑪荀卿：见《荀卿论三祥》篇注释。⑫用楚：在楚国被任用。⑬去：去掉；除掉。⑭则楚随之：那么楚国也将跟着灭亡。

乌鹊之鸣

郁离子曰：乌鸣之不必有凶，鹊鸣之不必有庆，是人之所识也。今而有乌焉，日集人之庐以鸣，则其人虽恒喜，亦莫不恶之也；有鹊焉，日集人之庐以鸣，则其人虽恒忧，亦莫不悦之也。岂惟常人哉？虽哲士①亦不能免矣，何哉？宁非以其声与？②是故直言，人皆知其为忠，而不能卒不厌③；谀言，④人皆知其为邪，而不能卒不惑⑤。故知直言之为药石⑥，而有益于己，然后果于能听⑦；知谀言之为疢疾⑧，而有害于己，然后果于能不听。是皆怵于其身之利害而然也。⑨是故善为忠者，必因其利害而道之；善为邪者，亦必因其利害而欺之。惟能灼见⑩利害之实⑪者，为能辨人言之忠与邪也。人欲求其心之惑，当于其闻乌鹊之鸣也识之。⑫

[注释]

①哲士：才能见识超越寻常的人。②宁非以其声与：难道不是因为它们的声音吗？宁，难道。以，因为。③不能卒不厌：最终不能不感到讨厌。④谀言：谄媚奉承之言。⑤不能卒不惑：最终不能不被迷惑。⑥药石：治病的药物和砭石。⑦然后果于能听：然后才真能够听得进。⑧疢（chèn）疾：疾病。⑨是皆怵（chù）于其身之利害而然也：这都是因为生怕影响到切身利害才会这样做的。怵，恐惧，害怕。⑩灼见：洞察。⑪实：实质。⑫人欲求其心之惑，当于其闻乌鹊之鸣也识之：要知道一个人内心是否容易迷惑，不妨从他对待乌鸦、喜鹊鸣叫的态度去识别。

世事多变

郁离子与客泛于彭蠡之泽①。风云不兴，白日朗照，平湖若砥，②鱼虾之出殁③皆见，皛如④也，豁如⑤也，左之右之，无不可者。客曰："有是哉！泛之乐也！吾得托此以终其身焉，足矣！"已而山之云出如缕，不顷刻而翳日⑥，风欻然⑦，薄石而偃木，⑧鼓穹崖⑨而雷九渊⑩，轮旋而箕簸焉⑪。客蹠⑫不能立，俯而哕⑬，伏而不敢仰视，神逝魄夺如死，曰："吾往矣，吾终身不敢复来矣！"

郁离子曰："世事亦若是⑭也。夫千乘之君⑮，坐朝而临群臣，受言接词，鲜不温温然⑯。一朝而怒，莫敢婴其锋⑰。其何以异于水乎？天下之久安也，人恬⑱不知患，谓之傲⑲，不信，而死亡于梦寐者亡限㉓也。无亦知泛之乐，而不知风之可畏乎？慎兢观于吕梁，㉑见其触石而煦沫㉒也，曳足而走，㉓曰：'吾何为冒是哉！'㉔没齿㉕而不涉。君子以为知畏，其贤于海贾远矣。故三峡㉖之惊湍，望而知其能覆舟也，而蹈之以死者，不有其生者也。知泛之乐，而不知风之可畏者，未尝夫险者也㉗。故曰：'暴虎冯河，死而无悔者，圣人不与也。'㉘言其知祸而弗避也。"

[注释]

①泛于彭蠡之泽：泛舟鄱阳湖。泛，泛舟。彭蠡之泽，今江西鄱阳湖的古称。②平湖若砥（dǐ）：平静的湖面如同磨刀石一般平滑。砥，磨刀石。③出殁：出没。④皛（jiǎo）如：皎洁明亮的样子。⑤豁如：开阔的样子。⑥翳日：遮蔽了太阳。⑦欻（xū）然：迅疾的样子。⑧薄石而偃木：翻转石头刮倒树木。⑨鼓穹嵁（kān）：深谷有如鼓鸣。穹，深。嵁，深谷。⑩雷九渊：深渊有如雷震。指狂风怒吼。⑪轮旋而箕簸：像车轮般的打旋，像簸箕般的颠簸起伏。⑫踳（chěn）：行走艰难的样子。这里指站立不稳。⑬哕（yuě）：呕吐。⑭是：原本作"见"，据四部丛刊本改。⑮千乘之君：泛指国君。千乘，一千辆兵车。战国时期诸侯国，小者称千乘，大者称万乘。⑯温温然：温和的样子。⑰婴其锋：触犯君王的威严。婴，触犯。锋，本指兵器锐利的部分，在此引申为君王盛怒之下的威严。⑱恬：安然。⑲儆（jǐng）：警备；戒备。⑳亡限：无限。㉑慎兢观于吕梁：慎兢前去观看吕梁的洪水。慎兢，虚拟人名。取其小心谨慎的意思。吕梁，河名。详见《贾人》篇注释。㉒触石而煦（xǔ）沫：洪水冲击着巨石，水沫四溅。煦，吹气；吐出。引申为溅起。沫，原本作"沫"，当为"沫"之误。㉓曳足而走：抬脚就跑。㉔吾何为冒是哉：我为何要冒这样的危险呢？㉕没齿：一辈子。㉖三峡：长江三峡。瞿塘峡、巫峡、西陵峡的合称。㉗未尝夫险者也：是属于那种没有经历过危险的人。㉘语出《论语·述而》。文字略有出入。意思是说赤手空拳和老虎搏斗，不用船只去渡河，这样死了都不后悔的人，我是不会赞许的。暴（pù）虎，徒手打虎。冯（píng）河，涉水渡河。比喻有勇无谋，冒险行事。与，赞许。

食鲦鲐

司城子之圉人之子食鲦鲐而死,①弗哭。

司城子问之曰:"父与子有爱乎?"曰:"何为其无爱也?"司城子曰:"然则尔之子死而弗哭,何也?"对曰:"臣闻之,死生有命,知命者不苟死②。鲦鲐,毒鱼也。食之者死,夫人莫不知也,而必食以死,是为口腹而轻其生,非人子也,是以弗哭。"

司城子愀然③叹曰:"好贿之毒,④其犹食鲦鲐乎!今之役役者⑤,无非口腹之徒也,而不知圉人之弗子也,甚矣!"

[注释]

①司城子之圉人之子食鲦鲐(hóu tái)而死:司城子手下有位马官的儿子因吃河豚而被毒死。司城子,虚拟人名。春秋时,宋国大夫子罕曾任司城之职,以不贪为宝,或本此。圉(yǔ)人,古官名。掌管养马放牧之事。鲦鲐,河豚。②不苟死:不草率地去死。苟,草率。③愀然:忧愁的样子。④好贿之毒:喜好财物的毒害。⑤役役者:四处奔波的人。

说 秦

瑕丘子①既说秦王②,归而有矜色③。谓慎子④曰:"人皆谓秦王如虎,不可触也,今仆已摩其须,拍其肩矣。"

慎子曰:"善哉!先生天下之独步⑤也!然吾尝闻,赤城之山⑥有石梁五仞⑦,径尺而龟背,⑧其下维千丈之谷,⑨县泉沃之,⑩湿藓被⑪焉,无藤萝以为援⑫也。有野人负薪而越之,不留趾而达,观者皆嗟嗟⑬。或谓之曰:'是石梁也,人不能越,惟若能越之,得匪有仙骨乎⑭?'使还而复之⑮。其人立而睨⑯之,则足摇而不能举,目运而不敢瞩⑰。今子之说秦王,是未睹夫石梁之险者也。是故过瞿唐而不栗者⑱,未尝惊于水者也;视狴犴而不惴者,⑲未尝中于法者也⑳。使先生而再三之,则亦无辞㉑以教仆矣。"

[注释]

①瑕丘子:人名。②说(shuì)秦王:向秦王游说。③矜色:骄傲的神情。④慎子:人名。即慎到。战国时人,主张法治。⑤独步:独一无二,无与伦比。⑥赤城之山:四川青城山又名赤城山,北接岷山,连峰不绝,风景秀丽,道教称为"第五洞天。"另浙江天台有赤城山,因土色皆赤而得名。⑦仞:古代长度单位。周制为八尺,汉制为七尺。⑧径尺而龟背:石梁的直径只有一尺而其中间隆起如龟的背部。⑨其下维千丈之谷:石梁之下乃千丈深谷。维,乃;是。丈,原本作"文",据四部丛刊本改。⑩县泉沃之:飞泉浇灌着它。县,同"悬"。⑪被:通"披"。覆盖。⑫援:攀附。⑬嗟嗟(jiē):赞叹声。⑭得匪有仙骨乎:该不会是得道成仙了吧。得匪,莫不是。仙骨,古人认为修道者得道,则脱凡胎而成圣胎,换凡骨而为仙骨。⑮复之:指再从石梁上走一次。⑯睨:斜视。⑰瞩:注视。⑱过瞿唐而不栗者:经过瞿塘峡而不感到恐惧的人。瞿唐,瞿塘峡,长江三峡之一。栗,恐惧。⑲视狴犴(bì àn)而不惴者:面对牢狱而不感到害怕的人。狴犴,牢狱。惴,恐惧。⑳未尝中(zhòng)于法者也:从没有遭受过刑法的制裁。㉑辞:原本作"余",据四部丛刊本改。

邹氏乘马

邹氏①之市,见市子之骑而都也,②慕之。顾③无所得马,归而惋形于色④。一夕,乃梦骑,乐甚。寤而与其友言之。其友怜而与俱适市，僦⑤马与之，骑以如陌⑥。马见青而风嘶而驰，⑦駜然⑧而骧⑨，蹩然⑩而若凫⑪。刍甿抱鞍而号，旋于马腹之下，马跃而过之，头入于泥尺有咫⑫。其友驰救之，免。归而谓其子曰："知命者有大戒，惟慎无乘马而已。"

[注释]

①刍甿（méng）：虚拟人名。②见市子之骑而都也：看到城镇里的青年骑着马，样子很潇洒。市子，指城镇里的青年。都，美好；闲雅。这里指潇洒，有风度的样子。③顾：回首；回视。④惋形于色：惋惜的神情流露在面容上。⑤僦（jiù）：租赁。⑥骑以如陌：骑上马奔向田间小路。如，到，往。陌，田间小路。⑦马见青而风嘶而驰：马一见到青草就放开蹄子嘶鸣着奔跑起来。风，放逸；风发。⑧駜（bì）然：马强壮的样子。⑨骧（xiāng）：马昂首。⑩蹩然：形容奔马扭动身躯的样子。⑪凫：野鸭。⑫尺有咫（zhǐ）：一尺多。有，又。咫，长度单位，周代八寸为咫。

激不激

郁离子曰：石激①水，山激风，法激奸，吏激民，言激戎②，直激暴，天下之纷纷③生于激。是故小人之作乱也，由其操之急④，抑之甚，而使之东西南北无所容也。故进则死，退则死，进退无所逃也，则安得不避其急而趋其缓也哉！

夫人之有欲，如婴儿之欲乳也。吾力不足以遏之，而又不能舒徐以开之，委曲以道之，⑤乃欲以一介之微，挫其锋于顷刻，⑥是何异乎以唾灭火，以瓠捍刃⑦也哉！圣人⑧知其无益也，故曰："人而不仁，疾之已甚，乱也。"⑨及其见阳虎⑩也，则应之，曰："诺，吾将仕矣。"⑪而不与之争也。陈恒弑其君，告夫三子，不可，⑫则曰："以吾从大夫之后，不敢不告也。"⑬而不与之辩也。

夫如是，何激之有哉？是故鲧堙洪水⑭，禹乃导而疏之，然后地平，天成之功⑮不在鲧而在禹，何也？激不激⑯之谓也。

[注释]

①激：本意是水势受阻而飞溅，这里泛指各种事物因受阻而引起激变。②戎：战争。③纷纷：乱糟糟。④操之急：控制得太严。操，控制。⑤而又不能舒徐以开之，委曲以道之：意思是说却又不能从容不迫地、委婉详尽地开导他们。⑥挫其锋于顷刻：片刻之间挫败他们的锐势。锋，锐势。⑦以瓠（hù）捍刃：用瓠瓜来抵挡刀刃。⑧圣人：指孔子。⑨语出《论语·泰伯》。意思是说对于不仁的人，痛恨太甚，也是一种祸害。⑩阳虎：一作阳货。春秋鲁国人，为季孙氏的家臣。⑪语出《论语·阳货》。意思是：好吧，我打算做官了。⑫陈恒弑其君，告夫三子，不可：陈恒，名恒，字成子，春秋齐国大夫，他曾杀死齐简公。孔子听说此事，请求鲁哀公发兵讨伐。鲁哀公让他向季孙、仲孙、孟孙三人去报告，结果孔子的意见没有被采纳。详见《论语·宪问》。弑，封建时代称臣杀君、子杀父母为弑。告夫三子，向季孙、仲孙、孟孙三人报告。⑬语出《论语·宪问》。孔子说自己好歹是大夫，不敢不报告。⑭鲧（gǔn）堙（yīn）洪水：鲧堵塞洪水。鲧，传说是禹的父亲。他以堵塞之法治理洪水，没有成功。堙，堵塞。⑮天成之功：指巨大的功劳。⑯激不激：鲧以堵塞之法治理洪水，谓之激；禹以疏导之法治理洪水，谓之不激。

楚　巫

楚俗尚①鬼。鬼实弗神也，而其巫谋神之②。乃阴构③于邑侠④，请以其利共⑤。邑侠以其情通于国侠，故得悉闻有司之事与讼狱之胜负，验如响⑥。有不用巫言，则事之已右者必左，已左者必右。于是楚人之奉巫过于奉王令，宁违王禁，而不敢违巫言。

王闻之，怒。命司马⑦戮巫而焚其祠。国人大噪⑧，相与为讹言⑨。于是楚旱，民皆以咎⑩王，群小巫并起为諠⑪，遍国中皆称鬼。王与令尹谋尽杀巫，以问熊蛰父。熊蛰父曰："是激⑫也，未可。夫民愚而溺⑬于祸福，彼方兴用鬼，而吾骤遏之⑭，未竟其所望，而谓吾怫⑮其情，必怨。夫怨，起于微而积者也。十家之邑，一日不能户无事，而况楚国乎？有事莫不诿诸鬼⑯，则莫不倚鬼，以尤⑰王，其奚以御之⑱？不如因而亢之⑲。小人能诪祸而不避亢，⑳亢而后昭㉑其诈，则不户说而喻㉒，然后明正其法，蔑㉓敢违矣。"

乃命群巫推一大巫以主㉔鬼，而复其祠，国有事，亦请焉。而大选县公㉕，平庶狱，㉖宽征役，㉗绝请谒，㉘黜贪墨，㉙国、邑之侠皆屏迹㉚。巫言多不中㉛，民始懈㉜。会鄙有西师，㉝王集其国老㉞以祈㉟巫，巫不得先闻，而失其辞㊱。王以诘㊲国老，国老愕，弗能对。乃尸巫而爇鬼㊳，无一人敢复言鬼。

[注释]

①尚：崇信。②谋神之：设法让鬼"显灵"。③阴构：暗中结交。④邑侠：这里指县城中游手好闲、作奸犯科、恃勇好斗的人。下文"国侠"指京城里的该类人。⑤以其利共：共享所获之利。⑥验如响：非常应验，有如回声一般。响，回声。⑦司马：官名。西周始置，春秋战国时沿用。掌管军政和军赋。⑧大噪（zào）：大吵大嚷。⑨讹言：谣言。⑩咎：责怪。⑪諠（xuān）：通"喧"。喧闹。⑫激：本意是水势受阻而飞溅。这里指阻遏民意，激起民愤。⑬溺：沉湎。⑭骤遏之：突然加以阻止。骤，突然。遏，阻止。⑮怫（bèi）：通"悖"。违背。⑯诿（wěi）诸鬼：推托到鬼的身上。诿，推托。⑰尤：指责。⑱其奚以御之：用什么来抵挡它呢？⑲亢：仰，向上扬。这里有"放任"的意思。⑳小人能诪祸而不避亢：意思是说那些见识浅陋的人虽然会信口胡说，制造祸端，但对朝廷放任民间"尚鬼"之风，不仅不予禁止，反而更加神化鬼的作用，是不会有心理防范的。诪（zhōu）祸，信口胡说，制造祸端。诪，通"诌"。㉑昭：显示；显扬。㉒户说（shuì）而喻：一家一户地说服才明白。说，劝说；说服。㉓蔑：副词。表示否定。㉔主：主管。㉕县

公：春秋时，楚僭称"王"，其县大夫称"公"。㉖平庶狱：即平狱。指公正判案。庶狱，刑狱诉讼之事。㉗宽征役：放宽赋税徭役。㉘绝请谒：杜绝走关系。请谒，进见。这里指托人情走关系等腐败现象。㉙黜贪墨：罢免贪官污吏。墨，贪污；不廉洁。㉚屏迹：绝迹。㉛不中：与事实不相符。㉜民始懈：指百姓开始不再那么相信鬼了。懈，懈怠。㉝会鄙有西师：恰逢西部边邑有敌师入侵。会，恰逢。鄙，边远地区。西师，从西边入侵的敌师。㉞国老：原指告老回家的卿大夫，这里指京城中的年老之人。㉟祈：向上天、鬼神祷求。㊱失其辞：指言辞失实。㊲诘：责问。㊳尸巫而爇（ruò）鬼：处死巫师，烧掉鬼偶像。爇，点燃；燃烧。

公孙无人第十三

公孙无人

柳下惠①之弟跖②盗于鲁,鲁人患之。公孙无人③谓展季曰:"舜父瞽瞍而弟象,④舜克谐以孝,烝烝乂,不格奸,⑤有诸?"展季恻然⑥,无以应。

明日而之盗跖。盗跖环甲兵以自卫,揖⑦其兄以入,还而坐,扬扬然⑧问曰:"圣人之聚人⑨有道乎?"展季曰:"有。"请问之,曰:"太上⑩以德,其次以政,其下以财。德久则怀,⑪政弛则散,财尽则离。故德者,主也;政者,佐也;财者,使⑫也。致君子莫如德,致小人莫如财。可以君子,可以小人,则道⑬之以政,引其善而遏其恶。圣人兼此三者,而弗颠其本末,则天下之民无不聚矣。"盗跖怫然⑭曰:"我之聚人也,异于是。驱之以白刃,溃之以赤血,从我者与之⑮,其不从我者屠之,焚烧其室庐,芟夷其妻孥,⑯芜其土田,割其爱恩,断绝其顾念,使之不夺不食,⑰舍我奚适⑱。吾将以是横行于天下,而非若长者之迁也。"

展季哑然而返，曰："始吾谓人无不肖，皆异于禽兽，由今观之，殆不若矣⑲。"遂隐于柳下，而别⑳其族曰柳下氏。

[注释]

①柳下惠：春秋时鲁国大夫。姓展，名禽，字季。或云名获，字禽。食邑在柳下。谥惠，任士师（掌管刑狱的官），以善于讲究贵族礼节著称，古代被视为贤人。②跖：盗跖。春秋时的大盗，据说为柳下惠之弟。③公孙无人：虚拟人名。④舜父瞽瞍（sǒu）而弟象：舜的父亲名字叫瞽瞍，舜的弟弟名字叫象。《史记》："舜父瞽叟盲，而舜母死，瞽叟更娶妻而生象，象傲。瞽叟爱后妻子，常欲杀舜，舜逃避；及有小过，则受罪。顺事父及后母与弟，日以笃谨，匪有懈。"尧闻舜至贤至孝，后经过考察，传位于他。⑤舜克谐以孝，烝烝乂（yì），不格奸：语出《尚书·尧典》。大意是说舜面对父顽母嚚弟傲，能以孝悌之道和谐家庭，使他们不断地进德从善，不至于奸恶。克谐，使家庭和谐。烝，上升貌；兴盛貌。乂，意谓舜能以至孝和谐顽嚚昏傲的父母兄弟。乂，原本作"又"，据《尚书》改。格奸，傲悍奸邪之人。⑥恻然：悲伤的样子。⑦揖：拱手为礼。⑧扬扬然：得意的样子。⑨聚人：把天下之人聚集到自己周围。⑩太上：最上。⑪德久则怀：长期施恩德就可以使人归服。怀，归服。⑫使：使用；驱使。在此引申为方法，手段。⑬道：通"导"，引导。⑭怫（fú）然：愤怒的样子。⑮与之：给予好处。⑯芟（shān）翦其妻孥：把他们的妻子儿女全杀光。芟剪，铲除。妻孥，妻子和儿女。⑰使之不夺不食：使得他们不抢夺就没有饭吃。⑱舍我奚适：离开我还能到哪里去呢？⑲殆不若矣：大概不是这样吧。殆，大概，恐怕。⑳别：区别；分开。此指另立门户。

僰人养猴

僰①人养猴，衣之衣②而教之舞，规旋矩折，③应律合节④。

巴童⑤观而妒之，耻己之不如也，思所以败之，乃袖⑥茅栗以往。筵张而猴出，众宾凝眝⑦，左右皆蹈节⑧。巴童怡然⑨挥袖，而出其茅栗，掷之地。猴褫衣⑩而争之，翻壶而倒案，僰人呵之不能禁，大沮。

郁离子曰："今之以不制之师⑪战者，蠢然而蚁集⑫，见物则争趋之，其何异于猴哉！"

[注释]

①僰（bó）：古代我国西南的一个少数民族。②衣（yì）之衣：给它们穿上衣服。第一个"衣"用作动词，穿上。③规旋矩折：中规中矩。④应律合节：符合音律和节奏。⑤巴童：巴地的童子。巴，古国名，在今四川东部。⑥袖：用作动词，袖里藏着。⑦凝眝（zhù）：凝视。⑧蹈节：用脚打着拍子。蹈，踏。⑨怡（yí）然：平静的样子。这里指不动声色。⑩褫（chǐ）衣：剥去衣服。⑪不制之师：不受制约的军队。⑫蚁集：像蚂蚁一样的汇集。

良 心

郁离子曰：人莫不亲其父母也，而弗思他人之亦各亲其父母也；莫不爱其子也，而弗思他人之亦各爱其子也，故有杀人之父母与子而不顾者。及其父母与子之死，则不堪其悲，是其良心之未亡，犹可道而之善①也。人有不能孝于父母而钟爱其子者，不思父母之于己，亦犹己之于子也，是其良心虽亡，而犹有存者，亦未至于不可道而之善也。

是故圣人立教，因其善端而道之，②使之引而伸之，触类而长之，③侯以明之，挞以记之，④格则承之庸之，⑤否则威之⑥。生之者天地父母，而成之者君师⑦也。不然名虽曰人，与禽兽何别焉！

[注释]

①道而之善：引导他们向善。②因其善端而道之：顺着善的起始加以引导。因，顺着。善端，善的起始。③引而伸之，触类而长（zhǎng）之：语出《易·系辞上》。在这里意思是说，延伸开去，由对某一类人的善推广到对其他人的善。长，增进；增加。④侯以明之挞以记之：语出《尚书注疏》："行射侯之礼以明善恶之教，笞挞不是者使记识其过。"侯，古代行射礼时所用的靶子，蒙以不同的兽皮，根据等级，帝王所用之侯为虎侯、熊侯、豹侯；诸侯所用之侯为熊侯、豹侯；卿大夫所用之侯为麋侯。不按规定则为越礼，将受到鞭挞使其牢记。⑤格则承之庸之：纠正了就接受他，任用他。格，纠正，改过。庸，任用。⑥否则威之：指如果不能纠正就用威势让他服从。⑦君师：君主和教师。

饮漆毒水

熊蛰父①谓子离曰："今有病渴②而刺③漆汁以饮之，可乎？"曰："不可。""育鱼于池而患獭④，则毒其水，可乎？"曰："不可。"

曰："然则子之王亦未之思也甚矣。王患民赋之不均也，而用司马发。司马发极人力之所至，务尽收以为功，见利而不见民。民入不足以为出，老弱饿殍，⑤田野荒虚，而王未之闻也。王患敌寇之未弭⑥也，而用乐和。乐和悦士卒以剽掠⑦，见兵而不见民，民视之犹虎狼，所过妻孥⑧不保，而王未之知也。是何异乎刺漆汁以止渴，毒池水以禁獭哉？王如不寤，吾恐民非民，而国非王国⑨矣。"

[注释]

①熊蛰父：与下文的子离、司马发、乐和均为虚拟人名。②病渴：渴得厉害。③刺：割；划。④獭（tǎ）：水獭，一种生活在水里的野兽，善游泳，

主食鱼类。⑤老弱饿莩（piǎo）：年老体弱的人都饿死了。饿莩，饿死的人。⑥弭：消除。⑦悦士卒以剽掠：让士兵抢劫掠夺以取悦于士兵。剽，抢劫。⑧妻孥：妻子和儿女。⑨国非王国：国家不是大王的国家。指大王的统治将会垮台。

石羊先生自叹

石羊先生倚楹①而叹曰："呜呼！予何为其生乎！②人皆娭娭③，我独离离④；人皆养养⑤，我独罔罔⑥。谓天之弃之乎，则比人为有知⑦；谓天之顾⑧之乎，则何为使予生于此时？时乎命乎，我独于罹⑨；东乎西乎，南乎北乎，吾安所归⑩？独不如鱼与鳖乎，潜居于坻⑪；又不如鸿与雁乎，插羽而飞。何不使之为土为石乎，而强生以四肢？又何不使之冥冥木木⑫，不知痛痒以保其真⑬乎，而予之以致寇之货⑭，陷之以不测之机。"

于是，悲风振天，四野凄凉，浮云不行。霰雪交零⑮，日月为之无光七日。

[注释]

①倚楹（yíng）：斜靠着柱子。②予何为其生乎：我为什么要活在人世间呢？③娭娭（xī）：和乐的样子。④离离：忧伤的样子。⑤养养：快乐无忧的样子。⑥罔罔：心神不定的样子。罔，通"惘"。⑦比人为有知：与他人比较，自己还算是个聪明之人。⑧顾：眷念；关心。⑨罹：忧患；苦难。⑩吾安所归：我的归处在哪里？安，疑问代词，哪里。⑪坻（chí）：水中的小块陆地。⑫冥冥木木：糊里糊涂，痴痴呆呆。⑬真：本性；本质。⑭予之以致寇之货：给予可招致匪寇前来争夺的货物。是一种比喻的说法。意思是说上天赋予石羊先生以清醒的头脑和不愿与时浮沉的品格，因而成为小人迫害的对象。⑮霰（xiàn）雪交零：雪花飘飞。霰，雪珠。多在下雪前或下雪时降落。

小人犹膏

郁离子曰：小人其犹膏①乎？观其皎而泽②，莹而媚，③若可亲也，忽然染之，则腻不可濯④矣。故小人之未得志也，尾尾⑤焉；一朝而得志也，岸岸⑥焉。尾尾以求之，岸岸以居之。见乎声，形于色，欲人之知也如弗及。是故君子疾夫尾尾⑦者。

[注释]

①小人其犹膏：心术不正的人就好像油脂一样。膏，油脂。②皎而泽：洁白而润泽。③莹而媚：晶莹美好。④濯（zhuó）：洗。⑤尾尾：娓娓。形容说话言词动听。⑥岸岸：高傲；傲慢。⑦尾尾：原本作"足尾"，据四部丛刊本、果育堂刊本改。

鹰化为鸠

岐山之鹰既化为鸠①，羽毛爪觜②皆鸠矣，飞翔于林木之间，见群羽族之翙然集也，③趯然④忘其身之为鸠也，虓然⑤而鹰鸣焉，群鸟皆翕伏⑥。久之，有乌鷖薄⑦而窥之，见其爪觜羽毛皆鸠，而非鹰也，则出而噪之⑧，鸠仓皇无所措。欲斗，则爪与觜皆无用，乃竦身⑨入于灌。乌呼其朋而逐之，大困。

郁离子曰："鹰，天下之鸷⑩也，而化为鸠，则既失所恃矣，又鸣以取困⑪。是以哲士安受命而大含忍也。⑫"

[注释]

①岐（mín）山之鹰既化为鸠：岷山的老鹰变成了斑鸠。岐山：即岷山。鹰，一种猛禽，捕食小兽及其他鸟类。鸠，鸟名。斑鸠、雉鸠等的统称。②觜

(zuǐ)：鸟嘴。③见群羽族之翪（zōng）然集也：看见鸟类们张翅翻飞。羽族，指鸟类。翪然，鸟张开翅膀上下翻飞的样子。④趯（qú）然：边走边看的样子。⑤虺（huǐ）然：像雷始发之声，此形容鹰鸣之声。虺，原本作"兀"，据四部丛刊本、文渊阁本改。⑥翕（xī）伏：身子蜷缩成一团。⑦瞖薄：隐蔽靠近。瞖，隐匿。薄，迫近。⑧噪之：对着鸱鸣叫。⑨竦身：犹耸身、纵身上跳。⑩鸷：凶猛的鸟。⑪鸣以取困：因鸣叫而使自己陷入困境。⑫是以哲士安受命而大含忍也：因此有识之士安于命运的安排而能容忍。

城　莒

莒比离公城莒视绛都①。正舆大夫②谏曰："晋，天下之大国也，而作绛都，三年然后成，民犹弗堪，而况于莒乎！蕞尔国于晋不百一，③以一企④百，何异乎以羔服象乘⑤乎？且城成而与守者，民也。悉莒国之人，不直⑥晋一邑，而矧⑦敢视绛。苟有事焉，⑧民集于一隅，⑨三则否矣⑩。"乃损而参之，⑪尽役其老幼，五年而不毕。楚师伐之，民不战而溃。

君子谓莒比离公之智不如蚁。蚁计其徒之多寡以作室，有戒则徙，徙各执其事，有蚳⑫者负其蚳，无相以⑬也。今为国而不量其力，不丧何待！

[注释]

①莒（jǔ）比离公城莒视绛都：莒比离公比照晋国国都绛修筑莒国国都的城墙。莒比离公，作者虚拟的莒国（在今山东省莒县一带）国君。城莒，修筑莒国国都的城墙。视，比照。绛都，春秋时晋国国都，在今山西省曲沃西南。②正舆大夫：作者虚拟的莒国大夫。③蕞（zuì）尔国于晋不百一：莒国是个小国家，与晋国相比，还不到百分之一。蕞尔，小的样子。④企：攀比。⑤以羔服象乘：用羔羊来拉原本应是大象拉的车。服，驾车。乘，车。⑥不直：抵不上。⑦矧（shěn）：何况；况且。⑧苟有事焉：如果有战事。⑨民集

于一隅：百姓（只够）集中在城的一面。隅，角落。⑩三则否矣：其它三面就没有人可防守了。否，无。⑪乃损而参（sān）之：就把城墙的规格缩小到原来的三分之一。损，减少。参，同"叁"。⑫蚳（chí）：蚁卵。⑬无相以：即不相与。原意为不相交往，文中指各司其职，各尽其力，该自己做的事就自己做。

寡　悔

郁离子曰：食主于疗饥，其功在饱，而甘旨不与焉①；衣主于御寒，其功在暖，而华饰②不与焉。饱、暖，主也；甘旨、华饰，客也。言，文而不信③，行，诡而不实④，是专事为客而亡其主也，是犹构九成之楼⑤而以竹柱也。呜呼！人之于事也，能辨识其何者为主，何者为客，而不失其权度⑥，则亦庶几乎寡悔⑦矣夫。

[注释]

①而甘旨不与焉：而与味道好坏不相干。甘旨，味道好。②华饰：华丽的服饰。③言，文而不信：言语有文采而不真实。④行，诡而不实：行为欺诈而不诚实。⑤九成之楼：高楼。⑥不失其权度（duó）：指能够准确地衡量主次轻重。⑦庶几乎寡悔：或许可以后悔的事情就少了。庶几乎，或许，大概可以。

晚　成

屠龙子失马而治厩①。人曰："晚矣。"屠龙子曰："折肱②而学医，未晚也。昔者，齐桓、晋文公皆先丧其国而后归为五伯；③越王勾践栖于会稽，而后灭夫差，作诸侯长；④知武子⑤因于楚，而后归相晋侯，光复先君之业；孙子刖足，而后为大国师⑥，破军斩将，威动天下；伍子胥丧家出奔，而后入郢⑦，复其父兄之仇；范雎折胁拉齿，弃于箦中，而后相秦，斩魏齐。⑧此三君四大夫者，方其逃奔困厄之际，孰不谓其当与枯荄⑨落叶同腐土壤？而一旦光辉⑩焕赫，使人仰之如日星之在上。向使其甘于危亡而自暴⑪也，则亦已矣。故七月之旱，禾不生矣，犹可芸而望其穑，⑫若以为晚而遂弃之，田卒荒矣。"

数月而马归，人服其识。

[注释]

①治厩：修理马棚。②折肱（gōng）：折臂。典出《左传·定公十三年》："三折肱，知为良医。"③昔者，齐桓、晋文公皆先丧其国而后为五伯：齐桓公最初为公子时，因其兄襄公无道而出奔莒。后襄公被杀，归国即位。晋文公，名重耳，晋献公之子，因献公宠爱骊姬，欲立骊姬所生子，而杀太子申生，重耳等出亡，后借秦王之力入晋即位。此二人均成为春秋五霸之一。伯，通"霸"。春秋时诸侯的盟主。④越王勾践栖于会稽，而后灭夫差，作诸侯长：勾践，春秋时越国国君。曾被吴王夫差所败，困于会稽，后被赦。十三年后复仇。又会合诸侯朝贡于周天子。周天子命他为诸侯之长。会稽，山名，位于绍兴。⑤知武子：知武子，即智䓨。据《左传·宣公十二年》载：晋楚邲之战中，晋大夫智庄子之子智䓨被楚人所俘，遭囚禁。智庄子率部下获楚公子襄老的尸体，并俘楚庄子之子榖臣。至鲁成公三年，晋以襄老尸体与榖臣换回智䓨。鲁成公十六年智䓨佐晋侯胜楚于鄢陵。主政事，有政绩，卒谥武子。⑥大国师：大军师。⑦郢：古地名。春秋战国时楚国的国都，在今湖北省江陵。⑧范雎（jū）折胁拉出，弃于箦（zé）中，而后相秦，斩魏齐：范雎，战国时魏人。初事魏中大夫须贾，随须贾出使齐国，因有辩才得到齐王赏识，须贾怀疑他私通外国，归告相国魏齐，齐使人鞭笞范雎，被打得胁断齿落，范雎佯死，又被用竹席卷起，弃置茅厕中。后被人救出，入秦为丞相，迫使魏齐自杀。箦，竹席。⑨荄（gāi）：草根。这里指枯草。⑩辉：原本写作"释"，据四部丛刊本、文渊阁本改。⑪自暴：自己糟蹋自己。暴，原本作"暮"，据四

部丛刊本、文渊阁本改。⑫犹可芟（shān）而望其穞（lǚ）：仍然可以割除杂草，期望谷物不种自生。芟，割除。穞，谷物等不种自生。穞，原本作"櫓"，据四部丛刊本、文渊阁本改。

盼子说齐宣王

齐宣王与盼子游于囿①，出鸟兽鱼鳖而观之。见其驯狎②而不惊也，洋洋然有喜色。

盼子问曰："王何以能使之若是哉？"王曰："吾惟其性之欲而弗逆焉耳。"③盼子曰："王必以山林处其狐狸、猴猿，沼处其鱼鳖，而泽处其鸿雁乎？"王曰："然。"盼子曰："王必以肉饱其虎豹，果饱其猴猿，稻粱饱其鸿雁，鸡鹜④饱其狐狸乎？"王曰："固然。"⑤盼子曰："使虎豹一日无肉，猴猿一日无果，鸿雁一日无稻粱，狐狸一日无鸡鹜，则王能安之乎？"王曰："不能也。"今欲以泽沼处虎豹、狐狸、猴猿，而山林处鸿雁、鱼鳖，则王能驯之乎？"王曰："不能也。"曰："然则王之所以处鸟兽、鱼鳖，无不得其所矣，彼必感王之德，而知所以报王矣⑥。今济与洸斗⑦，河、济、洸、泗同溢，⑧民庶流离，⑨无人以拯之，臣请举豹⑩；三晋⑪合兵伐我，侵车东至阿，⑫无人以御之，臣请举虎；瀛博⑬之间海溢，水冒于城郭，无人以疏之，臣请举鳖；四郊多垒⑭，烽火⑮不绝，狗偷鼠窃，⑯乘时而兴，无人以治之，臣请举狐；戎卒相持，⑰千里馈饷，⑱禾黍不登，仓廪⑲空竭，无人以理之，臣请举雁；礼典违阙，⑳纪法失守，敌国使至，无人以应之，臣请举猴；忠信不孚，㉑民隐其情，断狱多辟㉒，无人以明之，臣请举猿；力本无赀，㉓草莱滋蔓，田野荒芜，无人以辟㉔之，臣请举狸。而王可以坐镇齐国矣。"王勃然色变。

盼子曰："王无怪也。臣以为，王不惜桑麻之地，以为山林沼泽；不惜人食，以养禽兽者，为其足以承王之任使也㉕。今皆不可，则必于人乎取之。而王之待士，未见有惟其性之欲而弗逆者也，未见有处之必以其处，而食之必以其食者也，则王之所重轻，人知之矣。而又欲绳之以王之徽纆㉖，范㉗之以王之矩度㉘，强之以其所不能，迫之以其所不愿，则任王之事者，非图铺啜㉙，则有所不得已焉耳。而欲望其悉心竭力，与王共治齐国，是何异乎筑枯箨㉚以防水，钻朽木以取火哉？"

于是宣王豁然大寤，投案而起，下令放禽兽，开沼泽，与民共之。礼四方之贤士，立盼子以为相。齐国大强，秦楚致伯㉛，盼子之力也。

[注释]

①齐宣王与盼子游于囿：齐宣王同盼子一起前往苑囿游玩。齐宣王，战国时齐国国君。欲效齐桓、晋文之事，称霸诸侯，孟子曾劝其行"王道"施"仁政"。盼子，即"田盼"，战国时齐国著名将领。囿，苑囿。古代畜养禽兽供帝王玩乐的园林。②驯狎：驯服可亲。③吾惟其性之欲而弗逆焉耳：我只是尽量满足它们的性情爱好而不违背罢了。惟，只。逆，违背；拂逆。④鹜（wù）：野鸭。⑤固然：当然；本来如此。⑥知所以报王矣：知道该怎么报答大王了。⑦济与洸（guāng）斗：济水和洸水相互冲击。济、洸，古河流名，在今山东省境内。⑧河、济、洸、泗同溢：黄河、济水、洸水、泗水同时洪水泛滥。⑨民庶流离：百姓四处流浪，无以为家。⑩臣请举豹：请允许我举荐豹。举豹，举荐豹。指让豹来治理洪水。⑪三晋：春秋末，韩、赵、魏三家分晋，各立为国，故合称三晋。⑫侵车东至阿：入侵的军队向东已经打到阿地。阿，古地名。在今山东省阳谷县东北的阿城镇一带。⑬瀛博：齐国地名。瀛州和博州。⑭垒：壁垒；防御工事。⑮烽火：古代边疆在高台上烧柴或烧狼粪以报警，称烽火。这里指战争。⑯狗偷鼠窃：伪装成狗、鼠行窃。这里泛指盗贼。⑰戎卒相持：指军队久驻在外，与敌相持不下。⑱馈饷：给军队运输粮食。馈，输送。饷，粮饷。⑲仓廪：古时贮粮室方者称仓，圆者称廪。此处泛

指粮仓。⑳礼典违阙：礼仪和典章制度违时、缺损。违，原本作"达"，据四部丛刊本、文渊阁本改。阙，通"缺"。㉑忠信不孚（fú）：指人们不再忠诚守信。孚，使人信服。㉒辟：通"僻"。邪僻，不公正。㉓力本无赀（zī）：从事农耕没有资金。赀，资财；钱财。㉔辟：开辟；开发。㉕为其足以承王之任使也：为的是它们足以担任你委派的使命。㉖绳之以王之徽纆（mò）：用王法加以制裁。绳，约束；制裁。徽纆，捆绑俘虏或罪犯的绳索。此指法律。㉗范：限制。㉘矩度：规矩；法度。㉙铺（bǔ）啜（chuò）：吃喝。㉚箨（tuò）：竹笋皮。㉛致伯：献上霸主的权力。伯，通"霸"。

蛇蝎第十四

蛇 蝎

楚人有见蛇蝎而必杀之者,又有曲为之容①而惟恐人之伤之者。或曰:"斯二者,孰是?"郁离子曰:"其亦杀之者是,而容之者非耳。"或曰:"人有害于人,伤成而受罪,②律也。今蛇与蝎未尝伤人,而辄杀之,不已甚③乎?"

郁离子曰:"是非若所及也。④夫人与物之轻重,较然殊矣⑤。虫蛇之无知,而欲以待人者待之,不亦惑乎?昔者周公⑥命庭氏⑦射妖鸟⑧以救日之弓、救月之矢⑨;又命硩蔟氏⑩掌覆妖鸟之巢,著为典训⑪。故孙叔敖⑫见两头之蛇,杀而埋之,其母以为阴德,君子不非⑬焉。况毒人之虫,中之者不死则痍,⑭而曰必待其伤成而后可杀,是以人命同于虫蛇,其失轻重之伦,不亦甚哉?近世之为异端⑮者,以杀物为有罪报⑯,而大小善恶无所别。故见恶物而曲为之容,私于其身为之,而不顾其为人之害,其操心⑰之不仁可见。吾故曰:是非若所及也。"

[注释]

①曲为之容：想方设法加以宽容。②伤成而受罪：对人造成伤害之后再受惩处。罪，惩处；治罪。③甚：过分。④是非若所及也：这不是你所能想得到的。⑤较然殊矣：明显不同。较然，明显的样子。⑥周公：姬旦。周文王子，辅助武王灭纣，建周王朝，封于鲁地（即今山东一带）。⑦庭氏：官名。掌射杀都城附近的鸱鸮、狼、狐之类夜间鸣叫的鸟兽。⑧妖鸟：夜里鸣叫为妖作怪的鸟兽。⑨救日之弓、救月之矢：日食、月食时所打造的弓箭。或云日食、月食所用的弓箭。⑩萚（chè）簇氏：官名。专门负责捣毁鸱鸮、狼、狐之类夜间鸣叫为妖作怪的鸟兽巢穴。⑪著为典训：著述成典册，供人效法。训，典训；准则性的训示。⑫孙叔敖：春秋楚国令尹。⑬非：非难；责怪。⑭中（zhòng）之者不死则痍（yí）：被咬的人不死则伤。⑮异端：古代儒家称其它持不同见解的学派为异端，后泛指不合正统者为异端。⑯罪报：犯罪而遭报应。⑰操心：持心。操，握持。

鸲鹆好音

吴王夫差①与群臣夜饮，有鸲鹆②鸣于庭，王恶，使弹③之。子胥④曰："是好音⑤也，弗可弹也。"王怪而问之，子胥曰："王何为而恶是也？⑥夫有口则有鸣，物之常也，王何恶焉？"王曰："是妖鸟也，鸣则不祥，是以恶之。"

子胥曰："王果以为不祥而恶之与？则有口而为不祥之鸣者，非直⑦一鸟矣。王之左右皆能鸣⑧者也，故王有过则鸣以文⑨之；王有欲则鸣以道⑩之；王有事则鸣以持⑪之；王有闻则鸣以蔽⑫之；王臣之顺己者，则鸣以誉之；其不顺己者，则鸣以毁⑬之。凡有鸣必有为，故其鸣也，能使王喜，能使王怒，能使王听之而不疑，是故王国之吉凶惟其鸣，王弗知也，则其不祥孰大焉？王胡不此之虞而鸟鸣是虞⑭？夫吉凶在人，禽鸟何知？若以为不祥，则虑而先为之防，求吾阙⑮而补焉，所益多矣。臣故曰是好音也。"

[注释]

①吴王夫差：春秋末吴国国君。为伯嚭所惑，听信谗言，杀伍子胥，最后导致身死国灭。②鸂鹊（jī qí）：猫头鹰。③弹（tán）：用弹弓射。④子胥：见《越王》篇注释。⑤好音：吉祥的声音。⑥王何为而恶是也：大王为什么要讨厌它呢？⑦直：只；仅仅。⑧鸣：本指鸟鸣。这里指朝廷佞臣发出的言论。⑨文：文饰；掩饰。⑩道：引导。⑪持：把持。⑫蔽：蒙蔽。这里指蒙蔽国君视听。⑬毁：诋毁；诽谤。⑭王胡不此之虞而鸟鸣是虞：大王为什么不戒备这些佞臣的鸣叫而忧虑鸟的鸣叫呢？虞，忧虑；戒备。⑮阙：缺失；不足。

靳 尚

屈子①谓楚襄王②曰："王之所以爱靳尚③者，谓其善任使令④，与夫国王国民王民也⑤。靳子有事焉，非王言不获，⑥是楚人之听于靳子也以王故⑦。然则靳子无王不可也，而王亦何赖于靳子哉？今王委国靳子⑧，食不由靳子，则不甘于口；衣不由靳子，则不安于体；出号令不由靳子，则王心惘然⑨，以为不足，臣窃惑焉。昔商王⑩受之任蜚廉、恶来⑪辈也，惟王之所欲而奉之，揣王之心，度王之意，多方以迎合，自以为大忠于王，而不知为王集天下之怒。牧野之聚，⑫王亡而身与之俱，亦何益哉？今靳子不鉴往辙⑬，而王蛊是裕⑭。王忧有德令，⑮则靳子收其恩，曰：'余实为之。'民弗堪命，则曰：'余将若王何！'⑯利究于下，而怨归于上，臣恐楚国之非王国也。"襄王大怒，放⑰屈子于湘江之源。

屈子去⑱楚，楚乃大弱于秦。

[注释]

①屈子：即屈原。战国楚人。名平，字原。楚怀王时任左徒，三闾大夫，主张联齐抗秦，后遭靳尚等人诬陷，被放逐。顷襄王时再遭谗毁，谪于江南。见楚国政治腐败，无力挽救，遂投汨罗江而死。②楚襄王：战国楚怀王的儿子。③靳尚：战国楚国上官大夫。幸于怀王，嫉屈原之贤能，谗于王而逐之。④善任使令：便于差遣。使令，差遣；使唤。⑤国王国民王民也：以国王的国家为国家，以国王的百姓为百姓。也即忠于国王。⑥非王言不获：不是大王发话就做不成事情。⑦楚人之听于斯子也以王故：楚国人之所以听命于靳尚是因为大王的缘故。⑧委国靳子：把国家托付给靳尚。⑨惘然：失意，精神恍惚的样子。⑩商王：指纣王，商朝的最后一位君主，历史上的暴君。⑪蜚廉、恶来：纣王的心腹之臣，助纣为虐。⑫牧野之聚：牧野，地名。在今河南淇县南。周武王在此地会合诸侯，大败纣王的军队。纣王自焚。⑬不鉴往辙：不借鉴过去的教训。辙，车轮碾过的痕迹，这里指教训。⑭王蛊是裕：大王宽容地对待这些诱惑。蛊，诱惑。裕，宽容；宽大。裕，原本作"裕"，据文渊阁本改。⑮王忱有德令：大王果真有恩德于民。忱，果真。德令，施恩德的法令。⑯余将若王何：我将拿大王怎么办呢？也即把责任推到楚王头上。⑰放：流放。⑱去：离开。

熊蛰父论乐

熊蛰父居楚，有见闻必言，不待王之问也。及其之宋，宋王虽问之，弗言。

或曰："宋王之待先生，不薄于楚王，而先生或言焉，或不言焉，无乃异乎①？"熊蛰父曰："子亦尝学乐乎？鼓钟县②矣，和之以琴瑟，间之以笙磬，③合止柷敔，④然后八音谐⑤而《箫韶》⑥成矣。今有陈⑦筝、筑⑧、笛、缶⑨，间以铙钹⑩，和以羯鼓⑪，虽有鸣球⑫、磬管，其可以杂奏乎？是故雷不鸣于启蛰⑬而鸣于日至⑭，则天道变；鸡不鸣于向晨而鸣于宵中，则人听惑。"

[注释]

①无乃异乎：恐怕前后做法不一致吧？②县：同"悬"。悬挂。③间（jiàn）之以笙磬（qìng）：夹杂以笙、磬之音。间，夹杂。笙，管乐器。大者十九簧，小者十三簧。磬，古代打击乐器，形状像曲尺，用玉或石制成。④合止柷（zhù）敔（yǔ）：语出《尚书·益稷》。孔颖达疏："乐之初，击柷以作之；乐之将末，戛敔以止之。"合，指开始合奏音乐。止，终止音乐。柷，古乐器名。木制，形如方斗。奏乐开始时击之。敔，古乐器名。又称楬。形如伏虎。雅乐将终时击以止乐。⑤八音谐：八音和谐。八音，古代称金、石、丝、竹、匏、土、革、木为八音。金为钟，石为磬，琴瑟为丝，箫管为竹，笙竽为匏，埙为土，鼓为革，柷敔为木。⑥箫韶：舜乐名。⑦陈：陈设。⑧筑：弦乐器。其形似筝，颈细而肩圆，弦下设柱。⑨缶（fǒu）：瓦质的打击乐器。⑩铙钹（náo bó）：一种打击乐器。古称铜铙、铜盘、铜体。相击以和乐。⑪羯（jié）鼓：我国古代的一种鼓。两面蒙皮，腰部细。据说来源于羯族。⑫鸣球：玉磬。⑬启蛰：节气名。虫类冬日蛰伏，至春复出，叫做启蛰。今称惊蛰。⑭日至：此指冬至。

招安说

郁离子曰：劝天下之作乱者，其招安①之说乎？非士师②而杀人谓之贼，非其财而取诸人谓之盗。盗贼之诛，于法无宥③。秦以苛政罔民④，汉王入关，⑤尽除之，而约三章⑥焉：杀人、伤人及盗而已。秦民果大悦，归汉，汉卒有天下。由是观之，岂非他禁可除，而惟此三者不可除乎？天生民，不能自治，于是乎立之君，付之以生杀之权，使之禁暴诛乱，抑顽恶而扶弱善也。暴不禁，乱不诛，顽恶者不抑，善者日弱以消，愚者化而从之⑦，亦已甚矣；而又崇之以爵禄⑧，华之以宠命，⑨假⑩之以大权，使无辜之民不可与共戴天者，释其仇而服事⑪焉，是诚何道哉！遂使天下之义士丧气，勇士裂眦⑫，贪夫悍客攘臂慕效，以要⑬利禄。故曰：劝天下之作乱者，招安之说。而世主⑭弗寤也，悲夫！

或曰："然则舞干羽而苗格⑮，非与？"曰："甚哉，俗儒之梏于文⑯以误天下也！《舜典》⑰曰：'窜三苗于三危。'⑱又曰：'分北⑲三苗。'夫窜与分北，皆非抚纳⑳降附㉑之词也，则岂因其来格而遂为之哉？非人情㉒也，圣人岂为之？必也以兵临之，而后分北。其来格者安之，㉓顽不悛者窜之耳㉔。又况干羽非特文舞㉕，则非曰诞敷文德㉖，而遂弛㉗其伐苗之谋明矣。皋陶㉘曰：'苗顽弗即工。'㉙；'帝念哉，念兹在兹。'㉚则有虞㉛之君臣不顷刻而忘苗，可想而见。岂若后世衰微偷惰㉜之君臣，以姑息为幸，㉝而以劝贤之爵禄劝天下之大憝㉞哉！"

[注释]

①招安：指用笼络的手段使武装反抗者或盗匪投降归顺。②士师：亦称"士史"。古代执掌禁令刑狱的官名。③宥（yòu）：宽容；饶恕。④以苛政罔民：用苛刻的统治来陷害人民。⑤汉王入关：刘邦进入函谷关。⑥约三章：《史记·高祖本纪》："与父老约，法三章耳，杀人者死，伤人及盗抵罪。"⑦化而从之：受感染而追随他们。化，受感染。⑧崇之以爵禄：以爵位和俸禄使他们尊贵起来。⑨华之以宠命：以加恩特赐的任命使他们尊贵起来。华，显贵；显耀。⑩假：给予。⑪释其仇而服事：指有仇不报反而去服侍仇人。释，放下。服事，犹服侍。⑫裂眦（zì）：谓因发怒而眼睛睁得极大，眼眶似乎要裂开。形容极其愤怒的样子。眦，眼眶。⑬要：求取。⑭世主：君主。⑮舞干羽而苗格：是指用文德教化使苗部落前来归顺。语出《尚书·大禹谟》："帝乃诞敷文德，舞干羽于两阶，七旬，有苗格。"干羽，古代舞者所执的舞具。文舞执羽，武舞执干（盾）。舞干羽，后亦用以指文德教化。苗，我国古代部落名，也称"三苗"、"有苗"。格，来；至。⑯俗儒之梏（gù）于文：指迂腐的儒生拘泥于文章典籍而不能融会贯通。梏，木制手铐。这里指受约束、限

制。⑰舜典：《尚书》篇名。⑱窜三苗于三危：把苗人驱逐到三危。窜，驱逐。三危，古代西部边疆山名。⑲分北：分离。为善者留用，为恶者驱逐。北，通"背"。⑳抚纳：安抚招纳。㉑降附：投降归附。㉒人情：人之常情。㉓其来格者安之：前来归顺的使之安定下来。㉔顽不悛（quān）者窜之耳：凶恶不悔改的就放逐。顽，凶恶。悛，悔改。㉕干羽非特文舞：舜干羽不只是文舞。㉖诞敷文德：遍布礼乐教化。诞敷，遍布。文德，礼乐教化。与"武功"相对。㉗弛：解除。㉘皋陶（gāo yáo）：传说中虞舜时的司法官。㉙苗顽弗即工：凶顽不化的三苗首领不就职事。即，就。工，官吏；职事。㉚帝念哉，念兹在兹：语出《尚书·大禹谟》。指念念不忘。㉛有虞：虞，朝代名，舜所建。有，助词，用于国名前。㉜偷惰：苟且怠惰。㉝姑息为幸：以无原则地宽容（作乱者）为侥幸。㉞大憝（duì）：大奸大恶之人。憝，恶人。

盗犨

盗犨①以如芒之钩②，系八尺之丝，钩牛舌而牵之，宵夜而牛随之行，莫之违也③。故世之善盗牛者称犨焉。

郁离子曰："是所谓盗道④也。中其肯，⑤扼其害，⑥操其机而运之，⑦蔑⑧不从矣！"石羊先生曰："此古人制盗之道也。今人弗能也，盗用之矣。"

[注释]

①盗犨（chōu）：偷牛贼。犨，牛喘息声，这里指牛。②如芒之钩：像锋刃一般锐利的钩子。③莫之违也：莫违之也。指没有敢不顺从的。④盗道：偷盗的方法。⑤中（zhòng）其肯：击中要害。肯，附着在骨头上的肉。⑥扼其害：掐住要害。扼，掐住。⑦操其机而运之：抓住牛的关键以牵引牛。机，事物的关键。运，牵引。⑧蔑：副词，表示否定。

种 谷

罔与勿析土而农耨，①不胜其草②。罔并薙以焚之③，禾灭而草生如初；勿两存焉，粟则化而为稂④，稻化为稗⑤。胥顾以馁，⑥乃俱诉于后稷⑦曰："谷之种非良。"

问而言其故。后稷曰："是女罪也。⑧夫谷由人而生成者也，不自植也。故水泉动而治其亩，灵雨降而播其种，蜩螗⑨鸣而芸⑩其草。粪壤以肥之，泉流以滋之；其耨也，删其非类，不使伤其根；其植也，相其土宜，不使失其性；潦疏暵溉，⑪举不违时，然后可以望有秋⑫。今女不师⑬诸先民，而率由乃心以遏天生⑭，乃弗惩尔躬⑮，而归咎于种之非良，其庸有愈乎⑯！"

[注释]

①罔与勿析土而农耨（nòu）：罔与勿在农田里翻土锄草。罔、勿，虚拟人名。罔勿本是不明察的意思，作为人名，是讥其不明事理。析土而农耨，翻土锄草。耨，除草。②不胜其草：指杂草太多难以根除。③并薙（tì）以焚之：把杂草、禾苗一并割除焚烧。薙，除草。④稂（láng）：形似粟苗的杂草。⑤稗（bài）：稻田中的一种杂草。⑥胥顾以馁：（罔与勿）面面相觑感到非常气馁。胥，相互。顾，看。⑦后稷：相传名弃，为周朝的始祖，善于种植各种粮食作物，帝尧时为农官，教民耕种。被视为农业的发明者。⑧是女罪也：这是你们的过错。⑨蜩螗（tiáo táng）：蝉。⑩芸：通"耘"。除草。⑪潦（lǎo）疏暵溉：水涝时及时疏通，干旱时及时灌溉。潦，同"涝"。雨多成灾。暵，干旱。⑫秋：庄稼成熟。⑬师：效仿；学习。⑭率由乃心：轻率地只凭你们个人的想法。率，轻率；随便。乃，你们。遏天生：违背事物发展的自然规律。⑮弗惩尔躬：不责备你们自己。惩，责罚。躬，自身。⑯其庸有愈乎：难道还有比你们的做法更愚蠢的吗？

汪罔与僬侥

汪罔之国①人长，其胫骨②过丈，捕兽以为食；兽伏，则不能俯而取，恒饥焉。僬侥之国③人短，其足三寸，捕蜩④以为食；蜩飞则不能仰而取，亦恒饥焉。皆诉于帝娲⑤。

帝娲曰："吾之分大块⑥以造女也，虽形有巨细，而耳、鼻、口、目、头、腹、手、足、心肝、腑肠、毛孔、骨节无彼此之多寡也。长则用其长，短则用其短，不可损也，亦不可益也。若核之有仁，么乎其微，⑦而根干枝叶，莫不具矣；若卵之有壳，块乎其冥，⑧而羽毛觜⑨爪，无不该⑩矣。今女欲为核之仁乎？卵⑪之壳乎？是在女矣，⑫非吾所能与也。"

[注释]

①汪罔之国：即"汪芒"，古代传说中的大人国。②胫骨：小腿内侧的长形骨。胫，小腿。③僬侥（jiāo yáo）之国：古代传说中的小人国。据说其人身长三尺。④蜩：蝉。⑤帝娲（wā）：亦称"女娲"，神话中人类的始祖，传说她人头蛇身，在开天辟地时，用黄土造人，并炼五色石补天，砍断鳌足支撑四极，治洪水，杀猛兽，使人民得以安居，有的书把她与伏羲、神农并列为"三皇"。⑥大块：大地。此指神话中造人的"黄土"。⑦么（yāo）乎其微：极为微小。么，同"幺"。微小。⑧块乎其冥：安然无动，浑然一体的状态。冥，幽深。⑨觜：鸟嘴。⑩该：同"赅"。赅备，完备。⑪卵：原本作"卯"，据四部丛刊本、文渊阁本改。⑫是在女矣：那就取决于你们自己了。

神仙第十五

神 仙

媞韦①问于罗离子奇曰："或称神仙,②有诸?"曰:"有之。"曰:"何以知之?"曰:"以物。"请问之,曰:"狐,兽也;老枫,木也,而皆能怪变。人,物之灵③,夫奚为不能怪变?故神仙,人之变怪者也。怪可有,不可常,是故天下希④焉。"

曰:"神仙不死乎?"曰:"死。"曰:"何以知之?"曰:"天以其气⑤分而为物,人其一物也。天下之物异形,则所受殊矣。修短厚薄,各从其形,生则定矣。惟神仙为能有其受,⑥而焉能加之⑦?故物之大者一天而无二。⑧天者,众物之共父也。神仙,人也,亦子之一也。能超乎其群,而不能超乎其父也。夫如是,而后元气⑨得以长为之主;不然,则非天矣。"

[注释]

①媞(huī)韦:与下文罗离子奇均为虚拟人名。 ②或称神仙:有的人被称为神仙。神仙,道家谓得道成仙的人,能长生不死,来去无方。③灵:有灵性者。④希:同"稀"。稀少。⑤气:中国古代哲学概念。指一种极细微的物

质,是构成世界万物的本原。张载《正蒙·太和》:"太虚不能无气,气不能不聚而为万物。"⑥惟神仙为能有其受:指万物成形后只有神仙能接受天之"气"而有所改变。⑦焉能加之:指神仙只能承受天之"气"而不能离开天地对自身额外有所加。也即神仙的一切都是得之于天之"气"而不是其他。⑧物之大者一无而无二:指世界上只有天最大,没有比天更大的事物。⑨元气:中国古代哲学概念。指产生和构成天地万物的原始物质。《论衡》:"万物之生,皆禀元气。"

贪利贪德辨

郁离子曰:贪与廉相反,而贪为恶德,贪果可有乎?匹夫贪以亡其身,卿大夫贪以亡其家①,邦君②贪以亡其国与天下,是皆不知贪者也。知贪者,其惟圣人乎?圣人之于仁义道德,犹小人之于货财金玉也。小人之于货财金玉,无时而足,圣人之于仁义道德,亦无时而足。是故文王、周公、孔子,皆大圣人也。文王视民如伤,③自朝④至于日中昃⑤,不遑暇食⑥。周公思兼三王以施四事,以夜继日,坐而待旦。⑦孔子曰:"吾有知乎哉?无知也。"⑧圣人之贪于仁义道德若是哉!故以其贪货财金玉之心,而贪仁义道德,则昏可明,狂可哲,⑨而人弗能也。故于货财金玉则贪,而于仁义道德则廉,遂使天下之人,专名贪为恶德而恶之,则小人之罪也。

[注释]

①家:卿大夫的采地食邑。②邦君:古代指诸侯国君主。③文王视民如伤:周文王把百姓当作受伤的人一样小心呵护。指非常顾恤民众疾苦。文王,姓姬名昌。周武王的父亲。殷时诸侯,居于岐山之下,受到诸侯的拥护,曾被纣囚于羑里。后获释,为西方诸侯之长,称西伯。④朝(zhāo):早晨。⑤昃(zè):日西斜。⑥不遑暇食:没有空闲吃饭。⑦语出《孟子·离娄下》,有节

略。大意是说周公意欲兼有夏、商、周三代君王的美德，施行夏禹、商汤、周文王、周武王四位贤君的德操。为此夜以继日，通宵达旦，不敢有丝毫懈怠。周公，姬旦。周文王子，辅助武王灭纣，建周王朝，封于鲁地。三王，夏、商、周三代君王，即夏禹、商汤、周文王、周武王。四事，据《孟子·离娄下》，指禹恶旨酒而好善言；汤执中，立贤无方；文王视民如伤，望道而未之见；武王不亵狎近贤，不遗忘远善。⑧语出《论语·子罕》。意思是说：我有知识吗？没有啊。这里借孔子本人的话来说明孔子对知识及其仁义道德的不知满足。⑨昏可明，狂可哲：迷糊的人、狂乱的人可变得明智。哲，明智。

论　鬼

管豹①问曰："人死而为鬼，有诸？"

郁离子曰："是不可以一定言之也。夫天地之生物也，有生则必有死。自天地开辟以至于今，几千万年，生生无穷，而六合②不加广也。若使有生而无死，则尽天地之间不足以容人矣。故人不可以不死者，势也。既死矣，而又皆为鬼，则尽天地之间不足以容鬼矣。故曰：人死而皆为鬼者，罔③也。然而二气之变不测④，万一亦有魂离其魄⑤而未遂散者，则亦暂焉，而不能久也。夫人之得气以生其身，犹火之着木然，魂其焰，⑥体其炭⑦也。人死之魂复归于气，犹火之灭也，其焰安往哉？故人之受气以为形也，犹酌海于杯也，及其死而复于气也，犹倾其杯水而归诸海也，恶得而恒专之以为鬼哉⑧？"

曰："然则人子之祀其祖父也，虚乎？"

曰："是则同气相感⑨之妙也。是故方诸向月，可以得水；金燧向日，可以得火，⑩此理之可见者也。虞琴弹而薰风生，⑪夔乐奏而凤凰来，⑫声气之应不虚也。故鬼可以有，可以无者也。

子孝而致其诚，则其鬼由感而生，否则虚矣。故庙则人鬼享，孝诚之所致也。不然，先王继绝世以复明祀⑬，岂其鬼长存而馁，乃至此而复食耶？"

[注释]

①管豹：虚拟人名，疑为取"管中窥豹"之意。②六合：天地四方，整个宇宙的巨大空间。③罔：虚妄。④二气之变不测：阴阳二气的变化难以预料。不测，难以预料；不可知。⑤魄：原本作"魂"，据文渊阁本改。⑥魂其焰：魂就是火焰。⑦体其炭：躯体就是炭火。⑧恶（wū）得而恒专之以为鬼哉：怎么能够得以一直为鬼呢。恶，怎么。⑨同气相感：属性相同的事物之间的互相感应。⑩方诸向月，可以得水；金燧向日，可以得火：方诸，古代在月下承露取水的器具。金燧，也即阳燧，原本作"夫遂"，据四部丛刊本改。古代向日取火的铜制工具。形状像镜。古代有"方诸向月而水出，阳燧映日而火生"之说。⑪虞琴弹而薰风生：《太平御览》："昔者舜弹五弦之琴，造南风之曲，其辞曰：南风之薰兮，可以解吾民之愠兮；南风之时兮，可以阜吾民之财兮。"虞琴，虞舜所作五弦之琴。薰风，熏风，和风。⑫夔乐奏而凤凰来：据说夔奏《箫韶》而凤凰来仪。夔乐，指箫韶，虞舜乐名。也泛指庙堂雅乐。夔，人名，传为尧舜时的乐官。⑬继绝世以复明祀：恢复已灭绝的宗祀举行重大的祭礼。明祀，对重大祭礼的美称。

江淮之俗

江淮①之俗，以斗指寅、申、亥为天、地、水三官按罪锡福之月，②而致斋以邀祥③焉。满三年计之，多不得祥而得祸。

人曰："若是乎，鬼神之渺茫④也。"郁离子曰："果若是，则鬼神不渺茫矣。夫神，聪明而正直者也。惟其聪明也，故无蔽⑤焉；惟其正直也，故无私焉。无蔽无私，不可欺也，则亦不可媚⑥也。今择其按罪锡福之辰而致斋焉，是欺之也；焚香爇⑦

烛，朝夕稽叩⁸拜跪，是媚之也。人之稍有知识者，不受欺与媚，而况于聪明正直之鬼神乎？今之致斋者非滥官污吏、奸胥悍卒，即市井豪侩⁹及巨商大贾之为富而不仁者。使⁰鬼神果有按罪锡福之典⑪，则斯人⑫也，降之祥乎？降之祸乎？故曰：若是，则鬼神不渺茫⑬矣。"

[注释]

①江淮：泛指长江与淮河之间的地区。②以斗指寅、申、亥为天地水三官按罪锡福之月：把北斗指向十二次（古人为了说明日月的运行和节气的变换，把黄道附近一周天按照由西向东的方向分为十二个等分，叫做十二次）中的寅、申、亥三次视为天、地、水三官消灾赐福之月。在二十四节气中，北斗指向寅为雨水、指向申为处暑、指向亥为小雪。三官，道教所奉的神。天官、地官、水官三帝的合称。传说天官赐福，地官赦罪，水官解厄。故民间多立"三官祠"以祀。按罪锡福，三官根据祭祀者"身书名氏及服罪之意"免除其罪并予赐福。锡福，赐福。③致斋以邀祥：举行诵经拜忏等活动以祈求吉祥。斋，专指僧道或其信徒诵经拜忏、祷祀求福等活动。邀祥，迎祥。④渺茫：虚妄无凭。⑤蔽：受蒙蔽。⑥媚：谄媚；讨好。⑦爇（ruò）：燃烧。⑧稽叩：叩头。稽，叩头至地。⑨豪侩（kuài）：强横的买卖中间人。⑩使：假使；如果。⑪典：制度。⑫斯人：这些人。⑬茫：原本阙，据四部丛刊本、文渊阁本补。

岳 祠

郁离子观于岳祠①，怅然叹曰："悲哉！先王之道隐，而鬼神亦受人之诬②也，而况于人乎！"管豹③问曰："何也？"郁离子曰："若不闻圣人之言曰：'曾谓泰山不如林放乎？'④言泰山不享非礼之祭也。今也，又从而为之祠，形其神而配以妃，⑤不亦诬且亵⑥乎！夫人之生死，有天命焉。福善祸淫，⑦天之道也。使诚有鬼司⑧之，犹当奉若帝命，其敢受非礼之祈，而淫纵⑨其祸福于其所不当得者乎？而祠以私之⑩，是以浊世之鄙夫⑪待鬼神也，其不敬孰大焉！"

[注释]

①岳祠：这里指泰山的庙堂。②诬：欺骗。③管豹：虚拟人名。④语出《论语·八佾》。林放，鲁人，曾向孔子请教礼的本质。其后鲁国大夫季氏要到泰山去祭祀，在当时，只有天子和诸侯才有祭祀泰山的资格，所以孔子对季氏这种"僭礼"的做法深为不满，因而不无责备地说："泰山之神还不及林放懂礼吗？"⑤形其神而配以妃：给他雕塑神像匹配妃子。⑥亵：亵渎。⑦福善祸淫：让善良的人得福淫邪的人遭祸。⑧司：主管。⑨淫纵：滥施；滥用。⑩祠以私之：设祠祭祀而让鬼神偏私自己。⑪鄙夫：浅薄之人。

天下贵大同

海岛之夷人①好腥，得虾、蟹、螺、蛤②，皆生食之。以食客③，不食则咻④焉。裸壤之国不衣，⑤见冠裳则骇，反而走以避。五溪之蛮，⑥羞蜜唧而珍桂蠹，⑦贡以为方物，⑧不受则疑以逊⑨。

郁离子曰："世之抱一隅之闻见者，何莫非是哉？是故众醉恶醒，众贪恶廉，众淫恶贞，众污恶洁，众枉恶直，众惰恶勤，众佞恶忠，众私恶公，众嫚⑩恶礼，犹鸥鹢之见人而嚇也⑪。故中国以夷狄为寇⑫，而夷狄亦以中国之师为寇，必有能辨之者，是以天下贵大同也。"

[注释]

①夷人：古代对东部地区各部族之人的贬称。②蛤（gé）：蛤蜊、文蛤等瓣鳃类软体动物。③以食（sì）客：把它给客人吃。④咻（xiū）：喧嚷。⑤裸壤之国不衣：裸身之国不穿衣服。⑦五溪之蛮：五溪一带的蛮族。五溪，地名。为少数民族聚居地，在今湖南西部和贵州东部。蛮，我国古代称南方的

民族。⑧羞蜜唧而珍桂蠹：以蜜唧、桂蠹为美味佳肴。羞，同"馐"。滋味好的食物。蜜唧，以蜜饲的初生鼠。桂蠹，寄生在桂树上的一种虫。⑨贡以为方物：作为土产进贡朝廷。方物，土产。⑩逖（tì）：疏远。⑪嫚（màn）：傲慢。⑫鸱鸺（chī xiāo）之见人而嚇也：意思是说鸱鸺抓着死老鼠见了人大声鸣叫，惟恐有人来抢夺它的老鼠。典出《庄子·秋水》。鸱鸺，俗称猫头鹰。⑬中国以夷狄为寇：中原人视夷狄为敌寇。中国，古称中原一带为中国。夷，我国古代称东方的民族。狄，我国古代称北方的民族。

麋虎第十六

麋 虎

虎逐麋①，麋奔而阚②于崖，跃焉。虎亦跃而从之，俱坠以死。

郁离子曰："麋之跃于崖也，不得已也。前有崖而后有虎，进退死也。故退而得虎③，则有死而无生之冀；进而跃焉，虽必坠，万一有无望之生，亦愈于坐而食于虎者也。若④虎，则进与退皆在我，无不得已也，而随以俱坠，何哉？麋虽死而与虎俱亡，使不跃于崖，则不能致虎之俱亡也。虽虎之冥⑤，亦麋之计得哉。呜呼！若虎可以为贪而暴者之永鉴矣！"

[注释]

①麋：鹿的一种。②阚（kàn）：逼近；靠近。③得虎：为猛虎所食。④若：至于。⑤冥：愚昧。

躁　人

昔郑①之间有躁人②焉，射不中则碎其鹄③，奕不胜则啮其子④。人曰："是非鹄与子之罪也，盍⑤亦反而思之乎？"弗喻，卒病躁而死。

郁离子曰："是亦可以为鉴矣。夫民犹鹄也，射之者我也，射得其道则中矣；兵犹子也，行之者我也，行得其道则胜矣。致之无艺，用之无法，至于不若人而不胜其愤，恚⑥非所当恚，乌⑦得而不死？"

[注释]

①郑：周代诸侯国，在今河南新郑一带。②躁人：性情急躁的人。③鹄（gǔ）：箭靶子。④奕不胜则啮其子：输了棋就生气地咬棋子。奕，通"弈"。下棋。⑤盍：何不。⑥恚：怨恨。⑦乌：哪里。

立　教

郁离子曰：今有人焉，坐高堂之上，指使臧获①，则不得其心者十恒七八。不得其心而怒叱，左右慧之②；色与声并厉，左右承颜③而接言，惧其怒之将已迁④也，而亦以厉出之⑤。受指使者，不知吾怒之所在，则仓惶而愈乱，愈不得于吾心，则吾之怒愈加，出愈厉；承颜而接言者，亦不知吾怒之所在，以意度⑥意，愈甚而愈吾违。故小怒则小违，大怒则大违，虽以剑梃临之⑦，不能使之得吾心也。

是故君子之使人也，量能以任之，揣⑧力而劳之；用其长而避其缺，振其怠而提其蹶⑨；教其所不知，而不以我之所知责之；引其所不能，而不以我之所能尤⑩之；诲之循循，⑪出之申申⑫不震不暴，匪怒伊教⑬。夫如是，然后惩之而不敢怼⑭，刑之而不敢怨。《诗》曰："岂弟君子，民之父母。"⑮如是，斯可以为民之父母矣。

[注释]

①指使臧获：使唤奴婢。指使，差遣；使唤。臧获，奴婢的贱称。②左右忌(jì)之：主子身边的人也都憎恨那些挨骂的奴婢。左右，指主子身边的人。忌，憎恨。③承颜：顺着主子的脸色。④已迁：迁怒于己。⑤以厉出之：用严厉的口气传达命令。⑥度(duó)：揣摩。⑦以剑梃(tǐng)临之：拿刀剑棍棒威胁。剑梃，指刀剑棍棒等武器。临，胁制。⑧揣：估计；忖度。⑨蹶：摔倒；挫败。⑩尤：指责。⑪诲之循循：有步骤地教导别人学习。⑫出之申申：出言和缓耐心。申申，舒和的样子。⑬匪怒伊教：不发怒地教导。即耐心教导。匪，非。伊，句中语气词。⑭怼(duì)：怨恨。⑮语出《诗经·大雅·泂酌》。意思是说平易的君子是人民的父母。

应侯止秦伐周

秦起兵欲攻周①，国人皆不与②。

应侯③谓秦昭王④曰："臣之里公孙弗忌⑤弱其邻之老，⑥而谋食饮之⑦，哀其徒，⑧谓之曰：'彼，予邻之叟也，富而啬⑨，吾将与若⑩往食饮之。'其徒曰：'彼虽富而甚啬，其奚以食饮之⑪？'曰：'我且盗之。'其徒皆愀然⑫。明日，又欲往，其徒曰：'子之谋鄙⑬，盍更诸⑭？'曰：'我将胁而取之。'其不从者半，弗果往⑮。他日，又曰：'请以货先为之市⑯，具礼召主人而酬酢⑰之，多取物而日稽其直⑱，且速⑲其子弟以为常，不数岁，吾将竭其藏㉑,何如?'其徒皆欣然从之。夫三言者,其以不道取诸人,均也,而有从、不从焉者,避其名也㉑。今周,天下之共主也,无桀纣之恶,无辞㉒而攻之,谁甘受其名?臣固知国人之不与也。"

[注释]

①周:周王室。②与:赞许。③应侯:即范雎,战国时魏人。曾事魏,因受魏相魏齐的迫害而入秦,化名张禄,秦昭王任为丞相,封应侯。④秦昭王:武王异母弟,曾连败数国,扩展了领土,为秦统一天下奠定了基础。⑤公孙弗忌:虚拟人名。⑥弱其邻之老:认为他邻居的老头软弱可欺。⑦谋食饮之:打算去他家白吃白喝。⑧裒(póu)其徒:召集党徒。裒,聚集;召集。徒,党徒;同伙。⑨嗌:吾嗌。⑩若:你们。⑪其奚以食饮之:用什么方法去白吃白喝呢?⑫愀然:为难的样子。⑬谋鄙:想的法子不太高明。鄙,浅陋。⑭盍更诸:何不换一种方法呢?⑮弗果往:没有去成。⑯请以货先为之市:请他把货物交出来先替他去卖。⑰酬酢(zuò):古代称主人敬酒为酬,客人还敬为酢,合饮酒时互相回敬。这里指以酒招待。⑱日稽其直:每天跟他计算请客的花销。稽,计较;计算。⑲速:邀请。⑳藏:储蓄,此指积蓄的财物。㉑避其名也:避开恶名声。㉒辞:借口;口实。

树怨析

郁离子曰:树天下之怨者,惟其重己而轻人也。所重在此,所轻在彼,故常自处其利,而遗①人以不利,高其智以下人之能,②而不顾夫重己轻人,人情之所同也。我欲然,彼亦欲然,求其欲弗得,则争。故争之弗能,而甘心以上人③者,势有所不至,力有所不足也,非夫人之本心也。势至力足,而有所不为,然后为盛德④之人。虽不求重于人,而天下之人莫得而轻之,是谓不求而自至。今人有悻悻自任者⑤,矜其能以骄,⑥有不自己出,则不问是非,皆以为未当,发言盈庭⑦,则畏之者唯唯⑧,外之者默默⑨焉,然后扬扬乎自以为得,而不知以其身为怨海⑩,亦奚益哉!昔者智伯⑪之亡也,惟其以五贤陵人⑫也。人知笑智伯,而不知检⑬其身,使亡国败家接踵相继,亦独何哉!

[注释]

①遗:给。②高其智以下人之能:把自己的智慧看得比别人高而把人家的才能看得很低下。③上人:这里指推尊他人,自居其下。④盛德:高尚的品德。⑤悻悻(xìng)自任者:刚愎自用的人。⑥矜其能以骄:自恃他的才能骄傲自大。⑦盈庭:亦作"盈廷",充满朝廷。⑧唯唯:恭敬的应答声。⑨外之者默默:排斥他的人缄口不跟他理论。外之者,排斥他的人。默默,缄口不语。⑩怨海:指成为怨恨的集中之地。⑪智伯:见《蜈蝎》篇注释。⑫以五贤陵人:据《国语》载,晋大夫智伯拥有美鬓长大、射御足力、伎艺毕给、巧文辩慧、强毅果敢等五贤,然而他却"以其五贤陵人而以不仁行之"。自以为自己有此五贤而凌驾于人,行不义之事,故当时就有人预言智伯必灭。陵,通"凌"。凌驾。⑬检:检点;约束。

唐蒙与薜荔

唐蒙与薜荔①俱生于松、朴之下,相与谋所丽②。

唐蒙曰:"朴不材木③也,荟而翳④。松根石髓而生茯苓,⑤是惟百药之君,神农之雨师⑥食之以仙;其膏⑦入土,是为琥珀⑧,爰与水玉、琅玕同为重宝⑨。其干耸壑而干霄,⑩其枝樛流⑪,其叶扶疏⑫,爰有百乐弦管之音⑬。吾舍是无以丽矣。"

薜荔曰:"信美,⑭然由仆观之,不如朴矣。夫美之所在,则人之所趋也。故山有金则凿,石有玉则剧⑮,泽有鱼则竭,薮有禽则薙⑯。今以百尺梢云之木,不生于穷崖绝谷、人迹不到之地，而挺然于众靓⑰，而又曰有伏苓焉，有琥珀焉，吾知其戕⑱不久矣。"乃褒⑲而附于朴，钻蛴螬⑳之穴，以入其条，缠其心而出焉，于是朴之叶不生，而柯枚条干㉑，悉属于薜荔，中虚而外皮索，㉒箨如㉓也。

岁余，齐王使匠石㉔取其松，以为雪宫㉕之梁，唐蒙死，而薜荔与朴如故。

[注释]

①唐蒙与薜荔：均为蔓性植物，常缠附在其它植物之上。②谋所丽：谋求缠附之处。丽，附着。③不材木：成不了材的树木。④荟而翳：草木丛生遮蔽。这里指枝叶繁多。⑤松根石髓而生茯苓：指松树的根扎在石头里。伏苓，又作茯苓，一种生在松树根部的菌类植物，可入药。⑥雨师：古代传说中司雨的神。⑦膏：指松树脂。⑧琥珀：松柏树脂的化石。张华《博物志》卷四："《神仙传》云：'松柏脂入地千年为茯苓，茯苓化为琥珀。'"⑨爰与水玉琅玕（láng gān）同为重宝：指琥珀跟水晶、琅玕同为至宝。爰，助词。无义。用在句首或句中，起调节语气的作用。水玉，水晶的古称。琅玕（láng gān），似珠玉的美石。⑩其干耸壑而干霄：它的树干耸立在山谷高入云霄。干霄，高入云霄。⑪樛（jiū）流：弯曲。⑫扶疏：枝叶繁茂纷披的样子。⑬爰有百乐弦管之音：（树叶摇动）有如各种各样乐器奏起的乐曲声。⑭信美：果真很好。⑮劚（zhǔ）：砍；斫。⑯薮有禽则薙（tì）：草野如果有禽鸟就会遭致割除。薮，草野。薙，除草；割除。⑰靓（dí）：视。⑱戕：遭砍伐。⑲褒：缭绕。⑳蛴螬（qí cáo）：本指金龟子的幼虫，这里泛指蛀虫。原本作"蟓螬"，据果育堂刊本改。㉑柯枚条干：枝杈和树干。㉒中虚而外皮索：树心中空树皮脱落。中虚，树的内部空虚。索，离散。㉓箨（tuò）如：竹笋皮一般。㉔匠石：古代名石的巧匠。这里泛指木匠。㉕雪宫：战国时齐国宫殿名。

荆人畏鬼

荆人①有畏鬼者，闻槁②叶之落与蛇鼠之行，莫不以为鬼也。

盗知之,于是宵窥其垣③,作鬼音,惴弗敢睨④也。若是者四五,然后入其室,空其藏⑤焉。或侜⑥之曰:"鬼实取之也。"中心惑而阴然之⑦。无何,其宅果有鬼。由是物出于盗所,⑧终以为鬼窃而与之,弗信其人盗也。

郁离子曰:"昔者,赵高之谮蒙将军也,⑨因二世之畏而微动之,二世之心疑矣。⑩乃遏其请以怒恬⑪,又煽其愤以激帝;知李斯之有谏也,则揣其志而先宣之,⑫反复无不中;于是君臣之猜不可解。虽谓之曰:'高实为之。'弗信也。故曰:'谗不自来,因疑而来;间⑬不自入,乘隙而入。'由其明之先蔽也。⑭"

[注释]

①荆人:即楚人。②槁:原本作"稿",据四部丛刊本、果育堂刊本改。③宵窥其垣:在夜间躲在矮墙外窥视。窥,暗中偷看。垣,矮墙。④惴弗敢睨:因害怕而不敢看。惴,恐惧。睨,视。⑤空其藏:偷空室内所收藏的财物。⑥侜(zhōu):欺诳。⑦阴然之:暗地里认为是对的。⑧由是物出于盗所:因此自家的财物从小偷的住所里冒出来。⑨赵高之谮(zèn)蒙将军也:赵高之诬陷大将军蒙恬。赵高,秦始皇时宦官,始皇死后,与始皇次子胡亥、丞相李斯合谋矫诏赐太子扶苏死,立胡亥为二世皇帝。高独揽大权,又在二世面前诬陷大将军蒙恬、丞相李斯等,并先后害死二人,自为丞相。谮,诬陷,中伤。蒙将军,蒙恬。秦始皇时任将军,有大功,位至上卿。二世初立,赵高恐蒙恬被重用,而献计使二世赐蒙恬死。⑩因二世之畏而微动之,二世之心疑矣:利用秦二世对蒙恬的畏惧而暗暗地触动二世的心理,使其对蒙恬产生怀疑。⑪遏其请以怒恬:压制蒙恬的请示以激怒蒙恬。遏,阻止;断绝。⑫知李斯之有谏也,则揣其志而先宣之:知道李斯要入谏,就预先揣测入谏的内容而在二世面前说破。李斯,战国末楚上蔡人。因说秦王并六国,拜为客卿。始皇称帝统一六国,李斯为丞相。定郡县制,与赵高定谋,矫诏杀长子扶苏立次子胡亥为帝。后赵高欲专朝政,诬斯谋反,并将其腰斩咸阳市中。宣,宣布。⑬间(jiàn):隔阂。⑭由其明之先蔽也:是由于明察的心先被蒙蔽的缘故。

赏 爵

郁离子与艾大夫偕谋盗①。士有俘盗以请赏者,予之金,不愿,而请爵②。

大夫不可,郁离子请予之。大夫曰:"爵,王章③也,弗可滥也。"

郁离子曰:"大夫之言是也。然吾尝观于圃人④矣,果实之未摘,虽其家人不敢求尝焉。及其既摘而余,则蚋蚋皆聚而咂之⑤矣。汉曲之处女,⑥色若朝虹,观者慕之,不敢求也。一旦归于倡家,则儇子⑦、佻夫⑧、庸奴、贱皂⑨之有金者,皆得而觊之⑩。今朝廷之尊爵,大盗得之,士之有耻者弗欲仕⑪矣,而犹有愿之者,未之思也,矧敢靳乎⑫?北鄙⑬之獠人⑭,以肉豢狗,而怒其子之窃食其膋⑮,于是室家离心。子必悔之。"

[注释]

①谋盗:商量抓捕盗贼。②爵:爵位。此指官位。③王章:君王的典章制度。④圃人:菜农。⑤蚋蚋(ruì)皆聚而咂之:蚊虫之类全都聚集在果实上吮吸果汁。蚋蚋,蚊子。咂,用嘴唇吸。⑥汉曲之处女:汉水之滨的处女。汉,水名。汉水,为长江最长的支流,发源于今陕西省宁强县。曲,水曲流处。处女,指未出嫁、未曾有过性行为的女子。⑦儇(xuān)子:指轻薄刁巧的男子。⑧佻(tiāo)夫:轻薄之人。⑨贱皂:低贱的人。皂,古代贱等人之称。⑩皆得而觊(jì)之:指所有的人都可凭借金钱对沦为娼家的女子有所企图。觊,希望;企图。⑪有耻者弗欲仕:有羞耻之心的人就不愿意出仕了。⑫矧(shěn)敢靳乎:而况敢吝惜呢?也即爵位大可不必吝惜。矧,况且,而况。靳,吝惜。⑬北鄙:北方边境。⑭獠(liáo)人:古籍中对我国少数民族仡佬族的侮辱性称谓。⑮膋(liáo):古书指肠子上的脂肪。

井田可复

或问于郁离子曰:"井田①可复乎?"郁离子曰:"可。"曰:"何如其可也?"曰:"以大德戡②大乱,则可也。夫民情久佚③则思乱,乱极而后愿定。欲谋治者,必因民之愿定而为之制④。然后强无梗⑤,猾无间,⑥故令不疚而行⑦。"

请问之。曰:"天下之宴安⑧也,人不尝苦辛,不知乱之无所容其身,而易于怨上⑨。故一拂⑩其欲,则愤激而思变,有从而倡之,乱斯作矣。是故老成之人慎纷更⑪焉,非为苟⑫也,畏未得其利,而先睹其害也。故民犹马也,厩牧以安之,⑬豆粟以饫之⑭,旦而放之,莫不振鬣而奔风⑮,牝⑯鸣而牡⑰应,嘶驰蹄突⑱,惟意所如,⑲不可逐而罥也⑳。及其负盐车,历羊肠㉑,流汗跼足㉒,饥不得秣,㉓倦不得息,逾数百千里而归,望皂枥㉔如弗及,见圉人而欿沫㉕,则虽鞭之使逸,否矣㉖。及此而调之㉗,其有不服者乎?是故圣人与时偕行,时未至而为之,谓之躁;时至而不为之,谓之陋㉘。今民风不淳,而古道㉙之废兴,欲不欲者各半,故以大德戡大乱,则井田亦可复也。"

[注释]

①井田:古代奴隶社会的一种土地制度。以方九百亩的地为一里,划为九区,其中百亩为公田,八家均私田百亩,同养公田。因形如井字,故名。②戡:平定。③佚:通"逸"。安乐。④制:典章制度。⑤强无梗:强横之人不敢作祸。梗,害;祸害。⑥猾无间(jiàn):奸诈之人无空可钻。⑦令不疚而行:政令不会败坏而能顺利实施。疚,败坏。⑧宴安:安逸。⑨怨上:怨恨朝廷。⑩拂:逆;违背。⑪慎纷更:对更改持谨慎态度。也即不轻易更改。慎,谨慎。纷更,频繁更改。⑫苟:苟且偷安。⑬厩牧以安之:饲养和放牧使

之安定。⑭饫（yù）之：使之饱。⑮振鬣（liè）而奔风：扬起毛发，快速飞奔。鬣，马、狮子等颈上的长毛。⑯牝（pìn）：雌性的马。⑰牡：雄性的马。⑱嘶驰踶（dì）突：嘶鸣着奔驰，横冲直撞。踶，踢。突，冲撞。⑲惟意所如：凭自己的心意而往。⑳不可逐而絷（zhí）也：不可以驱赶束缚。絷，拴缚马足的绳索。这里指束缚。㉑羊肠：羊肠小道。㉒踒（wò）足：足扭致伤。㉓秣：喂牲口。㉔皂栎：马槽。㉕见圉人而欨（xū）沫：指马匹看到养马的人激动得忍不住用满是口沫的舌头去舔。圉人，养马的人。欨沫，口吐白沫。欨，嘘气。㉖否矣：不可能了。㉗调（tiáo）之：调养，照料。㉘陋：识见不广；浅陋。㉙古道：指古代留下来的典章制度。

中山之酒

客有好佛者，每与人论道理，必以其说驾之①，欣欣然自以为有独得②焉。

郁离子谓之曰："昔者鲁人不能为酒，惟中山③之人善酿千日之酒，鲁人求其方，弗得。有仕于中山者，主酒家，④取其糟归，以鲁酒渍⑤之，谓人曰：'中山之酒也。'鲁人饮之，皆以为中山之酒也。一日酒家之主者来，闻有酒，索而饮之，吐而笑曰：'是予之糟液也。'今子以佛夸予可也，吾恐真佛之笑子窃其糟⑥也。"

[注释]

①以其说驾之：用他的观点凌驾于别人之上。②独得：指有独到的见解心得。③中山：古国名，在今河北省正定东北。据晋人张华《博物志》卷五载，有中山人善酿酒，其酒能一醉千日。故后世常以"中山"作为美酒的代称。④主酒家：主管酒肆。⑤渍：浸泡。

论物理

郁离子曰：天地之呼吸，吾于潮汐①见之；祸福之素定②，吾于梦寐之先兆③见之；同声之相应，吾于琴之弦见之；同气之相求，吾于铁与磁石见之；鬼神之变化，吾于雷电见之；阴阳五行之消息，④人命系其吉凶，吾于介鳞之于月⑤见之；祭祀之非虚文⑥，吾于貙獭⑦见之；天枢⑧之中，吾于子午之针⑨见之；巫祝⑩之理不无，吾于吹蛊⑪见之；三辰⑫六气⑬之变，有占而必验，吾于人之脉色⑭见之。观其著，以知微；察其显，而见隐。此格物致知之要道也⑮。不研其情，不索其故，梏⑯于耳目而止，非知天人者矣。

[注释]

①潮汐：在月球和太阳引力的作用下，海洋水面周期性的涨落现象。在白昼的称"潮"，夜间的称"汐"，总称"潮汐"。②素定：犹宿定，预先确定。③梦寐之先兆：古人认为睡梦能预示吉凶祸福。④阴阳五行之消息：阴阳五行的变化。阴阳，古以阴阳解释万物化生，凡天地、日月、昼夜、男女以至腑脏、气血皆分属阴阳。五行，水、火、木、金、土，古代称构成各种物质的五种元素。消息，变化。⑤介鳞之于月：古人认为鱼鳖长年蛰伏，性属阴，而月亮为阴之宗，所以月的盈虚直接影响着鱼鳖的生长发育。介鳞，指鱼鳖之类有甲或鳞的动物。介，同"甲"。月，月亮。⑥虚文：徒具形式的典章制度。⑦貙獭（tǎ）：貙祭和獭祭。初春，河水解冻，獭开始大肆捕杀鱼类；深秋，鸟兽长成，貙大量杀兽以备冬。古人因以附会其为捕猎前的祭祀，并且以此作为人类鱼猎季节的开始。⑧天枢：星名，北斗第一星。⑨子午之针：指示南北的指针。子午，指南北。古人以"子"为正北，以"午"为正南。⑩巫祝：古代从事通鬼神的迷信职业者。⑪吹蛊：不详其意。蛊，用符咒害人的一种邪术。⑫三辰：日、月、星。⑬六气：自然气候变化的六种现象，指阴、阳、

风、雨、晦、明。⑭脉色：脉象。⑮格物致知之要道也：研究事物原理而获得知识的主要途径。⑯梏（gù）：约束；限制。

慎　爵

郁离子谓执政者曰：物之所贵于天下者，以其少有而难得也。如使明珠如沙，黄金如土，则人皆得而有之，其何以能贵乎？故服有章①，爵有等，②使人不可以妄觊③，然后王命尊而荣辱行，此鼓舞天下之奇货也。

昔者赵王得于阗④之玉，以为爵⑤。曰："以饮⑥有功者。"邯郸之围解，⑦王跪而执爵进酒，为魏公子寿⑧，公子拜嘉⑨焉。故鄗南之役⑩，王无以为赏，乃以其爵饮将士，将士饮之皆喜。于是赵人之得爵饮，重于得十乘之禄⑪。及其后王迁⑫，以爵爵嬖人之舐痔者⑬，于是秦伐赵，李牧击却之，⑭王取爵以饮将士，将士皆不饮而怒。故同是爵也，施之一不当，则反好以为恶。不知宝其所贵而已矣。⑮

[注释]

①服有章：古时不同官阶的人，服饰上的绣纹各不相同。②爵有等：爵位有等级。③妄觊（jì）：非分之望。④于阗：古西域国名，在今新疆和田一带，其山多玉。⑤爵：酒器。⑥饮（yìn）：赏赐酒食。⑦邯郸之围解：战国时，秦围赵都邯郸，情势危急，魏公子信陵君窃符救赵，秦兵乃解围而去。⑧寿：祝寿。⑨拜嘉：拜谢赵王的嘉奖。⑩鄗（hào）南之役：《史记·赵世家》载，赵孝成王时，燕国派兵攻打赵国的鄗南等地，被廉颇率兵击败。鄗南，在今河北柏乡北。⑪十乘之禄：十辆兵车的禄爵。春秋时一辆兵车的配备是马四匹，甲士三人，步兵七十二人。⑫迁：变更；变化。⑬以爵爵嬖人之舐痔者：用酒给那些舔痔疮的宠臣敬酒。爵爵，用酒器敬酒。两个"爵"字，前者为名词，指酒器，后者作动词，指敬酒。嬖人，君主所宠爱的人。舐痔，

以舌舔痔。《庄子·列御寇》："秦王有病召医，破痈溃痤者，得车一乘；舐痔者，得车五乘。所治愈下，得车愈多。"⑭李牧击却之：李牧把秦军击退。李牧，战国时赵国良将。击却，击退。⑮不知宝其所贵而已矣：不知道宝物贵重之所在罢了。不，原本作"人"，据果育堂刊本改。

天裂地动

或曰："传①曰：天裂，②阳不足；地动③，阴有余。然乎？"

郁离子曰："天道幽微④，非可亿⑤也。然以吾观之，天裂，阳不足，是也；地动，阴有余，未必然也。夫天浑浑然⑥气也，地包于其中，气行不息，地以之奠⑦。今而动焉，岂地之自动乎？观乎地之动也，盖象夫震掉颤惕⑧，而不为跳跃奋舞之状也。夫既不为跳跃奋舞，则岂地之自动乎？其必有以使之然矣。然则地之动也，非其自动也，由其所丽者有所不恒而使之然也⑨。犹舟之在水，其动也，由乎水，非舟之自动也。吾固⑩曰：天裂，阳不足，是也；地动，亦阳不足，而非阴有余也。"

[注释]

①传（zhuàn）：流传下来的著作。②天裂：古人认为是一种"天开见光，流血滂滂"（《隋书》）的天象。③地动：地震。④幽微：深奥。⑤亿：通"臆"。预料；揣度。⑥浑浑然：浑厚博大的样子。⑦地以之奠：地以此安稳。奠，奠定。⑧震掉颤惕：震颤抖动。掉，颤动；摇动。惕，惊动。⑨由其所丽者有所不恒而使之然也：是由于地所依附的气不稳定而使地发生震动。所丽者，所附着的。这里指"浑然之气"。不恒，不固定；不稳定。⑩固：通"故"。所以，因此。

羹藿第十七

羹　藿

郑子叔①逃寇于野，野人羹藿以食之，②甘。归而思焉，采而茹③之，弗甘矣。

郁离子曰："是岂藿之味异乎？人情而已④。故有富而弃其妻，贵而遗其族者，由遇而殊之也⑤。昔楚昭王出奔而亡其屦⑥，使人求之以百金，曰：'吾不忘其相从于患难之中也。'故论功而未及者皆不怨，非术⑦也，诚之感也⑧。"

[注释]

①郑子叔：虚拟人名。②野人羹藿（huò）以食之：农夫给他粗糙的食物充饥。野人，农夫。羹藿，泛指粗食。以食之，给他吃。③茹：吃。④人情而已：人的处境和心情不同罢了。⑤由遇而殊之也：由于境遇变化而有所不同罢了。原本作"由此而之之也"，据四部丛刊本、果育堂刊本改。⑥昔楚昭王出奔而亡其屦（jù）：从前楚昭王逃亡时丢失了鞋子。楚昭王，春秋时楚国国君，因吴国入侵，曾逃亡在外。出奔，逃亡。亡，丢失。屦，古时用麻、葛等制成的鞋。⑦术：权术。⑧诚之感也：真诚感动了人。

大 智

郁离子曰：人有智而能愚者，①天下鲜哉。夫天下鲜不自智②之人也，而不知我能，人亦能也。人用智而偶获③，遂以为我独④，于是乎无所不用，及其久也，虽实以诚行之，人亦以为用智也，能无穷乎？故智而能愚，则天下之智莫加⑤焉。鬼神之所以神于人者，以其不常也。惟不常故不形⑦，不形故不可测。人有作为不可测者，自以为不可测，而不知其为人所测。故智不自智，⑧而后人莫与争智。辞其名，受其实，天下之大智哉。

[注释]

①人有智而能愚者：有智慧而能藏拙的人。②自智：自以为聪明。③偶获：偶然有所成。④独：独有。⑤加：超过。⑥不常：不固定；有变化。⑦不形：没有形状。⑧故智不自智：所以有智慧而不以智者自居。

安期生

安期生①得道于之罘之山②，持赤刀以役虎，③左右指使，进退如役小儿。东海黄公④见而慕之，谓其神灵之在刀焉，窃而佩之。行，遇虎于路，出刀以格⑤之，弗胜，为虎所食。

郁离子曰："今之若是者众矣。蔡⑥人渔于淮，得符文之玉，⑦自以为天授之命，乃往入大泽，集众以图大事，事不成而赤⑧其族，亦此类也。"

[注释]

①安期生：传说中的神仙。《史记·封禅书》："安期生，仙者，通蓬莱

中,合则见人,不合则隐。"②罘(fú)之山:山名,在今山东省福山县东北。③持赤刀以役虎:拿着宝刀役使老虎。赤刀,宝刀。④东海黄公:《西京杂记》:"东海人黄公能制龙御虎,佩赤金刀……及衰老不能复行其术,秦末有白虎见于东海,黄公乃以赤刀往厌之,术既不行,遂为虎所杀。"东海,秦所置东海郡,治所在郯(今山东郯城北)。⑤格:格击;打斗。⑥蔡:古国名。⑦得符文之玉:得到有符箓文字的玉石。符文,《云笈七签》卷五七:"符文者,云篆、明章、神灵之书字也。"⑧赤:诛灭。

行币有道

或问于郁离子曰:"币之不行,而欲通之,有道①乎?"

郁离子曰:"在治本。""何谓治本?"曰:"币非有用之物也,而能使之流行者,法也。行法有道,本之以德政,②辅之以威刑,使天下信畏,然后无用之物可使之有用。今盗起而不讨,民不知畏信,法不行矣,有用之物且无用矣,而况于币乎?如之何其通之也③!"

[注释]

①道:方法。②本之以德政:以仁德的政治作为根本。③如之何其通之也:怎么能流通呢?

重　禁

郁离子曰:"天下之重禁①,惟不在衣食之数者可也。故铸钱造币,虽民用之所切②,而饥不可食,寒不可衣,必藉主权以行世③,故其禁虽至死,而人弗怨,知其罪之在己也。若盐,则海水也。海水，天物④也，煮之则可食，不必假⑤主权以行世，而私之以为己⑥，是与民争食也。故禁愈切而犯者愈盛，曲不在民矣。"

或曰："若是，则数罟不入洿池，⑦斧斤以时入山林，⑧先王之禁亦过⑨？"曰："先王之禁，非奄⑩利而私之也，将育而蕃之，以足民用也，其情异矣。矧百亩之田，无家不受，而不饥不寒乎！⑪"

[注释]

①重禁：严厉的禁令。②所切：急切需要的东西。③必藉主权以行世：一定要凭借国家的权力才能使之流通于世。藉，凭借。④天物：大自然的物产。⑤假：借助。⑥己：这里指朝廷。⑦数罟不入洿（wū）池：语出《孟子·梁惠王上》。意思是细密的鱼网不拿到池沼中去捕鱼。数，细密。罟，鱼网。洿池，水塘。⑧斧斤以时入山林：意谓砍伐树木有一定的时令。⑨过：过分。⑩奄：奄有；全部占有。⑪矧（shěn）百亩之田，无家不受，而不饥不寒乎：语出《孟子·梁惠王上》："百亩之田，勿夺其时，八口之家可以无饥矣。"矧，况且。

七　出

或问于郁离子曰："在律，妇有七出①，圣人之言与？"

曰："是后世薄夫②之所云，非圣人意也。夫妇人，从夫者也。淫也，妒也，不孝也，多言也，盗也，五者天下之恶德也，妇而有焉，出之宜也。恶疾之与无子，③岂人之所欲哉？非所欲而得之，其不幸也大矣，而出之，忍④矣哉。夫妇，人伦⑤之一也。妇以夫为天，不矜⑥其不幸而遂弃之，岂天理哉？而以是为典训⑦，是教不仁以贼人道⑧也。仲尼没而邪辞作，⑨惧人之不信而驾⑩圣人以逞其说。呜呼！圣人之不幸而受诬也，久矣哉！"

[注释]

①七出：中国古代丈夫遗弃妻子的七种条款：不顺父母者，无子者，淫僻者，嫉妒者，恶疾者，多口舌者，窃盗者。"出，休弃。②薄夫：浅薄之人。③恶疾之与无子：难以医治的疾病和没有子女。④忍：残忍。⑤人伦：封建礼教所规定的人与人之间的关系。即所谓的"父子有亲，君臣有义，夫妇有别，长幼有序，朋友有信"。⑥矜：怜悯；同情。⑦典训：准则性的训示。⑧是教不仁以贼人道：这是教育人们不行仁义，败坏为人之道。贼，伤害；败坏。⑨仲尼没（mò）而邪辞作：孔子去世后各种邪说都出来了。没，通"殁"。死。邪辞，不合正道的邪说。⑩驾：依托。

九难第十八

郁离子冥迹山林，友木石而侣猿猱，②茅径不开，草屋萧然。随阳公子过焉，③坐定，公子作④而言曰："仆不佞⑤，窃闻先生矣，今幸得覜玉色，⑥趋下风⑦。仆闻有道之士，不遗刍荛之言，⑧愿有陈⑨焉，先生肯听之乎？"郁离子曰："唯唯，⑩愿奉教。"

[注释]

①九难（nàn）：本赋借随阳公子怂恿郁离子追求诸如饮食、园林、富贵、修道等诸多人间美事而遭到郁离子否定，从而表达了作者意欲"讲尧禹之道，论汤武之事"、"以待王者之兴"的人生追求。赋的正文讲述了九件事，故名《九难》。难，问难。诘问驳辩。②友木石而侣猿猱（náo）：以树木和山石为朋友，以猿猴为伴侣。③随阳公子过焉：随阳公子前去拜访。随阳公子，虚拟人名。过，拜访。④作：站起来。⑤不佞：没有才智。多用作谦辞。⑥今幸得覜（tiào）玉色：如今有幸一睹尊容。覜，相见。玉色，对他人容貌的敬称，犹言尊颜。⑦趋下风：处于下位、卑位。用作谦辞。⑧不遗刍荛（yáo）之言：不舍弃浅陋的见解。刍荛，本指割草采薪之人。后用以指草野之人见解浅陋。多为自谦之辞。荛，原本作"尧"，据文渊阁本改。⑨陈：陈述。⑩唯唯：应诺声。

难 一

公子曰："夏屋耽耽，①缭以周垣②；广庭砥平③，翼以飞楼④。突室留春，⑤清馆含秋。高楣楬辄以翚骞，⑥曾甍駊骚以云浮⑦。虹芳檀以承衡，⑧兽苍珉以负楹⑨；浮柱⑩错落以星罗，碧瓦流离而水波⑪。天华卉晫而冬敷⑫，秀木修森以夏凉。流景入而成霞，⑬潜籁⑭动以生风。晃兮如闻阊阖之开，⑮忽兮若管弦之音⑯。于是乎曼目蛾眉⑰，窈窕成行。曳结烟之翠绡，⑱鸣锵泉之玉珰⑲。众乐张，华筵⑳启；肆金尊，㉑澄芳醴㉒。炮羔击牛，㉓烹麂炰鹿㉔；腾玉珧，㉕臑比目㉖。胗跃渊之鲂，㉗炙拂云之鹄㉘；羹月窟之兔肺，㉙脯㉚雾谷之豹胎。和以麟髓之酥，㉛苴以赪桂之荑㉜。果则碧华之莲，紫英之梨；霜柑盎蜜㉝，丹荔凝脂；曼倩之桃若壶，㉞安期之枣如瓜㉟。膻肥既饫，㊱清膹乃荐㊲。践笙箫，㊳行组练，㊴迅翔鸥，矫轻燕，㊵熺金釭与绮烛，㊶激妆艳以过电㊷。良宵欲终，娱乐未足。鸡胶愣㊸以叫晨，留嘉宾以终曲。吾愿与先生同之。"

郁离子曰："《夏书》曰：'酣酒、嗜音、峻宇、雕墙，有一于此，未或不亡。'仆不愿也。"

[注释]

①夏屋耽耽：屋宇深邃。夏屋，大屋。耽耽，宫室深邃貌。②缭以周垣：四周环绕着围墙。③砥（dǐ）平：平坦。④翼以飞楼：高楼严整。翼，严整貌。飞楼，高楼。⑤突室留春：耸立的房子内春意浓浓。⑥高楣（yán）楬（jié）辄（niè）以翚（huī）骞：高耸的屋檐展翅欲飞。楣，同"檐"，屋檐。楬，作标志的小木桩。辄，高貌。翚，禽鸟的翅膀。骞，飞起。⑦曾甍（méng）駊（sà）骚以云浮：高耸的屋脊层层叠叠如飘浮的云彩。曾，通

"层"。重迭。甍,屋脊。駊騀,前后相继不断之意,引申为盛多貌。⑧虹芳檀以承衡:用香木做的拱形枅栌(柱上木块)承载着屋梁。⑨兽苍珉以负楹:用苍青色玉石雕琢的兽形垫柱石顶着厅堂前的柱子。珉,似玉的美石。⑩浮柱:梁上柱。⑪碧瓦流离而水波:青绿色的琉璃瓦光彩纷繁似水波荡漾。流离,光彩纷繁貌。⑫天华卉晱(wěi)而冬敷:冬天飞雪覆盖了大地,一片白色。天华,指雪。卉晱,光盛貌。⑬流景(yǐng)入而成霞:屋宇光彩闪耀,与晚霞连成一片。流景,闪耀的光彩。⑭潜籁:从孔穴中发出的隐隐之音。⑮晃兮如阊阖之开:亮晃晃的有如打开了天门。晃,明亮。阊阖,传说中的天门。⑯忽兮若管弦之音:忽隐忽现仿佛音乐吹弹。管弦,管乐器和弦乐器。泛指音乐。⑰曼目蛾眉:貌美的女子。⑱曳结烟烟之翠绡:拖着柔软的绿色轻纱飘带。结烟,用以形容纱之轻柔有如烟雾。绡,薄的生丝织品。⑲鸣锵泉之玉珰:佩带的玉饰耳环有如泉水叮咚作响。珰,古时女子的耳饰。⑳华筵:丰盛的酒席。㉑肆金尊:摆上精致的酒杯。㉒澄芳醴:滤出芳香的美酒。澄,过滤。醴,美酒;甜酒。㉓炰羔击牛:烹羊斩牛。炰,烹饪的一种方法。㉔烹麂(jǐ)烊(xún)鹿:烹烧鹿肉。麂,鹿的一种。烊,用开水去毛。㉕䏑(juàn)玉珧(yáo):把海蚌做成肉羹。䏑,做成少汁的羹。玉珧,海蚌之属,其肉柱为海味珍品。㉖臛(huò)比目:把比目鱼做成肉羹。臛,做成肉羹。㉗脍跃湍之鲂:烧制曾在湍急水流中跳跃的鲂鱼。脍,细切鱼肉。㉘炙拂云之鹄:烧烤能高飞云端的天鹅。鹄,天鹅。㉙羹月窟之兔肺:以月亮上玉兔的肺作肉羹。月,原本作"日",据文渊阁本改。㉚胹(ér):煮。㉛和以麟髓之酥:掺和麒麟的骨髓制成奶酪。㉜芼(mào)以赪(chēng)桂之荑(tí):用红桂的嫩芽拌和。芼,拌和。赪,红色。荑,泛指草木萌生的嫩芽。㉝盎蜜:甘甜如蜜。㉞曼倩之桃若壶:据说西汉东方朔喜吃桃子,所吃之桃其大如壶。曼倩,东方朔字。唐人蒋防《元都观桃》:"旧传天上千年熟,今见人间五日香。红软满枝须作意,莫教方朔施偷将。"㉟安期之枣如瓜:安期即安期生,传说中的神仙。据《史记·封禅书》载,李少君曾在汉武帝前自称:"尝游海上,见安期生,安期生食巨枣,大如瓜。"㊱膻肥既饫(yù):肥美的荤食已经吃饱。饫,饱食。㊲清膬(cuì)乃荐:清脆爽口的食物又进献上来了。膬,同"脆"。清脆。荐,进献。㊳践笙簫:踩着音乐的节拍。㊴行组练：跳起欢快的舞蹈。组练，丝带，舞蹈时所用。㊵迅翔鹍（kūn）、矫轻燕：舞蹈动作之迅捷有如飞翔的鹍鸡，矫健有如轻灵的燕子。鹍，一种似鹤的大鸟。㊶熺（xī）金釭（gāng）与绮烛：金灯和花烛光芒四射。熺，同"熹"。发出、放射（光焰）。㊷激妆艳以过电：艳丽的妆扮让人如电击般眼前一亮。㊸胶（jiāo）憀（liáo）：鸡鸣嘹亮。胶，胶胶，鸡鸣声。《诗经·郑风·风雨》："风雨潇潇，鸡鸣胶胶。"憀，形容声音清彻。

难 二

公子曰："百顷之园，树以美木繁华①，环以曲沼清池。黑石白沙，黝黝冥冥，②岧岧亭亭，③密密堂堂，④畜阴泄阳⑤。木则女贞石楠，合欢棕榈，桐柏枫栌，椒桂杉榆；叶如车轮，实若垂珠；春禽嘤鸣而相求，夏虫鼓腋⑥以呼秋；朝阳发旭以摅虹，⑦夕岚凝晖而欲流⑧。草则鼠姑⑨玫瑰，芎兰苣蘅，⑩茭蒋蒲苽，⑪苹萍浮生⑫；丹苕抱木以垂翘，⑬薜荔缘崖以舒荣⑭；蔚披离以荟缅，⑮激迅飔以扬馨⑯。鸟则白鹇⑰黄莺，翠鹬锦鸡⑱。敷羽翰，⑲摛文章，⑳铧铧煌煌，㉑若彤霞之间矞云㉒。鱼则赤鲤白鲦㉓，鳜鲫鲛鲨㉔；斑鳞紫鳍，㉕吹澜生华㉖。于是乎翠盖㉗飘摇，文鹢委蛇㉘，嘉朋远至，冠佩㉙追随：憩芳亭㉚，酌琼卮㉛；携佳人，泛涟漪；扰凫鹭㉜，发棹讴㉝；钓游鲭㉞，弋㉟潜龟；奏艳歌，赋新诗；邀姮娥㊱于洞房，累日夕而忘归。吾愿与先生共之。"

郁离子曰："仲尼曰：'乐佚游，乐燕乐，损矣。'㊲仆不愿也。"

[注释]

①繁华：茂盛的鲜花。②黝黝冥冥：黝黑昏暗。黝，淡黑色。③岧岧（tiáo）亭亭：高耸的样子。岧，亭高貌。④密密堂堂：浓密而盛大。⑤畜

(xù)阴泄阳：指绿树成荫，池沼环绕，把暑气抵挡在外，非常凉爽。畜，积聚，贮存。⑥鼓腋：振翅；振翼。⑦朝阳发旭以摅（shū）虹：早晨的阳光幻化成彩虹。旭，光，光亮。摅虹，舒布彩虹。⑧夕岚凝晖而欲流：傍晚山林中的雾气凝结犹如流淌的霞光。⑨鼠姑：牡丹的别名。⑩芎（xiōng）兰茝（chǎi）蘅（héng）：四种香草名。⑪茭蒋（jiāng）蒲菰（gū）：均指茭白。⑫苹萍浮生：飘在水上的浮萍。⑬丹苕抱木以垂翘：绚丽的凌霄花攀附着树木高高地垂挂下来。苕，凌霄，蔓生草。⑭薜荔缘崖以舒荣：木莲依附在山崖上绽放着花朵。薜荔，植物名。又称木莲。荣，草木的花。⑮蔚披离以棽缅（chēn lí）：草木茂盛纷乱。蔚，草木茂盛。披离，散乱貌。棽缅，亦作棽丽，繁盛披覆貌。⑯激迅飚（biāo）以扬馨：吹起狂风，飘来阵阵馨香。飚，狂风。⑰白鹢（zhuó）：鸟名。又称银雉。⑱翠鹬（yù）锦鸡：鸟名。翠鹬，翠鸟的别名。锦鸡，形状与雉相似，多饲养以供玩赏。⑲敷羽翰：张开翅膀。羽翰，翅膀。⑳摛（chī）文章：展示绚丽的色彩。摛，舒展，散布。文章，错杂的色彩或花纹。㉑韡韡（wěi）煌煌：光彩夺目。韡韡，光彩美盛貌。煌煌，明亮。㉒若形霞之间矞（yù）云：好似红霞间以彩云。矞云，彩云，古代以为瑞征。㉓白鲦（tiáo）：一种生于淡水的小白鱼。㉔鳜（guì）鲫鲦（tiáo）鲨：鱼名。鳜，鳜鱼，桂花鱼。鲫，鲫鱼，俗名鲫瓜子。鲦，白鲦。鲨，吹沙鱼，又名鮀。生活在溪涧的一种小鱼。㉕斑鳞紫鳍：鱼鳞色彩斑驳、鱼鳍呈紫色。㉖吹澜生华：鱼在水中荡起波澜，就像鲜花开放。㉗翠盖：泛指华丽的车辆。㉘文鹢（yì）委蛇（yí）：画船曲折行进。文鹢，水鸟名。鹢鸟，形如鹭而大。古代常在船首画鹢鸟之形。后借指船。委蛇，曲折行进。㉙冠佩：指峨冠博带的嘉宾。㉚憩芳亭：在有着浓郁花草香味的亭子里休息。㉛琼卮：指美酒。卮，古代盛酒的器皿。㉜凫鹥（yì）：凫和鸥。泛指水鸟。㉝发棹（zhào）讴：划动船桨，唱着歌。棹，船桨。㉞鲭（qīng）：青鱼。㉟弋（yì）：带有绳子的箭，用来射鸟。这里指用鱼线钓龟。㊱姮（héng）娥：嫦娥。文中用以指代美女。㊲乐佚游，乐燕乐，损矣：语出《论语·季氏》。意思是说：以游荡忘返为快乐，以饮食荒淫为快乐，便有害了。

难 三

公子曰："五都之市，①列肆②千区；三川之衢，③大车千辆；二江之津，④舳舻⑤千艘。家僮万人，分方逐利⑥。西极岷陇河源⑦，康居大宛，⑧出马渥洼⑨，流玉昆仑⑩；东穷日本扶桑，⑪玄菟乐浪，⑫海岱青徐，⑬三韩扶余⑭；南尽百粤七闽，⑮蒙诏徭氓，⑯穿胸交趾，⑰鲛室蜃市⑱；北陟无间代恒，⑲阴山北庭，⑳卑耳孤竹，㉑万里沙漠，掇天琛，㉒拾坤珍㉓。山藏谷韫㉔之英，蛰潜动植㉕之精，莫不悉致而毕陈㉖。爰有吉量骅骝，㉗苍兕文犀，㉘足蹑电而追风，角纳象以成形㉙。火齐㉚玫瑰，琼瑶璆琳，㉛琪树琅玕，㉜王母㉝所栽。备五色，含八音，璀璨珑璁㉞，映闪虎睛㉟。猕猢㊱旄牛，师㊲类之毛，髟髟披蓑，㊳以纛以缨㊴；珊瑚海柏㊵，若木非木，若玉非玉，萧森樏索，㊶葩桠箨落，㊷其采有艳㊸。沉檀罗縠，㊹脑麝㊺之香，郁烈芬芳，苾茀馟馧㊻。螺甲龙涎，㊼腥极返馨。钟乳丹沙㊽，金芽石英，㊾炼而服之，变为神仙。水晶玻璃，辟㊿暑清尘；琉璃木难51，的烁晖光52。豆蔻53胡椒，荜拨丁香，54杀恶诛臊，易牙所珍55。甘蕉木绵，56香葛兜罗，57柔暖轻凉，寒暑攸宜58。翡翠鸊鹈，59彩羽绣翰60。玳瑁61之龟，蜡质漆章62。鼠毛之布，63焚之炎炎，振之如霜64。丹虾65之须，劲若抽虹，焕烂晶荧，66望之欲流，抚之不濡67。玄象68之牙，厥大盈舟。狼虎熊罴69，青貂白狐，文狖70青狸，赤豹之皮，狮猁雌貍，71修毛髯鬣72，婰姅蒙茸，73洵美且温74。驰毳羔绒，75细若游丝，软若春绵。丹参紫芝，76地胆天麻，77灵药千名，神农所尝，起死回生，旋阴斡阳78。蜀锦戎毡，79越纸齐纨，80跨海逾山，转致流通81。自北自东，自西自南，所至成市⁸²，所止成廛⁸³。于是乎镵山出金⁸⁴，煮海收盐；千锸穿岠，⁸⁵声翻九幽⁸⁶；万灶歊烟⁸⁷，结为苍云。蜑艇蛮舠，⁸⁸出没风涛。罔鲴鱋⁸⁹，曳鲤鲢，举赤鱬，⁹⁰络氏人，⁹¹钩鼍鼊⁹²，缯鳙虾⁹³，止水母⁹⁴，凿蛎蚝⁹⁵，擒化鲲⁹⁶，縶翔鳐⁹⁷；簎鲔丽鲡⁹⁸，牵鲖罜鲈⁹⁹，系鲟引鳇¹⁰⁰，掣鳄连鲛¹⁰¹。枕丁胶乙，¹⁰²兼取并积：镞骨皮箙，¹⁰³磨鳞刮甲，齿牙锋锷，¹⁰⁴以函以戟¹⁰⁵；瓮鲊乘鱐，¹⁰⁶其利什百¹⁰⁷。其重宝则有径寸之珠，方尺之璧；腾光吐璟，¹⁰⁸闪日烁月，¹⁰⁹匦不能囥¹¹⁰，土不能蚀；可以易祸回祥，倾城夺国。吾愿与先生致之¹¹¹。"

郁离子曰："传曰：'象有齿以焚其身，贿也。'¹¹²仆不愿也。"

[注释]

①五都之市：指规模很大的都市。夏制，十邑为都。②肆：店铺。③三川之衢：三川流域的道路上。三川，西周以泾、渭、洛为三川。东周以河、洛、伊为三川。衢，四通八达的道路。④二江之津：二江的渡口。二江，古时四川境内郫江、流江之合称。又，长江流经葛洲坝和西坝两个洲之间的部分也称二江。津，渡口。⑤舳舻（zhú lú）：首尾相接的船只。⑥分方逐利：分头出去经商。分方，犹言分头。逐利，追逐利润。特指经商。⑦岷陇河源：岷山，陇山，黄河源头。⑧康居（qú）大宛（yuān）：两者均为古西域国名。⑨渥（wò）洼：水名。在今甘肃省安西县境，传说产神马之处。⑩昆仑：即昆仑山，盛产美玉。⑪东穷日本扶桑：向东到达日本、扶桑。东穷，向东穷尽至。扶桑，东方古国名，旧时指日本。《梁书·诸夷传·扶桑国》："扶桑在大汉国东二万余里，地在中国之东，其土多扶桑木，故以为名。"⑫玄菟（tù）乐浪：两者均为古郡名，汉武帝所置。地在朝鲜一带。⑬海岱青徐：渤海、泰山、青州、徐州。⑭三韩扶余：朝鲜南部和扶余国。三韩，汉时朝鲜南部有马韩、辰韩、弁辰（三国时亦称弁韩），合称三韩。扶余，古国名。位于松花江平原。⑮南尽百粤七闽：南边到达百粤、七闽之地。百粤，亦作"百越"。我国古代南方越人的总称。分布在今浙、闽、粤、桂等地，因部落众多，故总称百越。此指百越居住的地方。七闽，指古代居住在今福建省和浙江省南部的闽

人,因分为七族,故称。此指七闽居住之地。⑯蒙诏(zhào)傜(yáo)氓:指南方少数民族聚居之地。蒙,古地名,指蒙泽。诏,古代西南少数民族南诏首领的称号。傜,旧时指瑶族。氓,氓獠。古代用以称我国南方少数民族之民众。⑰穿胸交趾:地在南方。穿胸,传说中的民族名。这里指该民族所居之地。交趾,原为古地区名,泛指五岭以南。⑱鲛室蜃(shèn)市:指海中仙境。鲛室,人鱼住处。鲛,鲛人。神话传说中的人鱼。蜃市,海市。滨海和沙漠地区,因折光而形成的奇异幻景。⑲北陟(zhì)无闾(lǘ)代恒:北边跋涉到辽东、代北、恒山。陟,跋涉。无闾,指辽东。《汉志》:"闾作虑,虑、闾以音同借用。辽东无虑县,以医无闾山得名是也。"代,指代北。古地区名。泛指汉、晋代郡和唐以后代州北部或以北地区。当今山西北部及河北西北部一带。恒,恒山。⑳阴山北庭:阴山、塞北。阴山,山脉名。即今横亘于内蒙古自治区南境、东北接连内兴安岭的阴山山脉。北庭,泛指塞北少数民族所统治之地。㉑卑耳孤竹:地在北方。卑耳,古代山名,在今山西平陆县。《史记·齐世家》:"束马悬车,登太行,至卑耳山而还。"孤竹,商周时国名。在今河北省卢龙县。㉒掇(duō)天琛(chēn):拾取天然的珍宝。掇,拾取。琛,珍宝。㉓坤珍:大地呈现出的符瑞。㉔韫(yùn):蕴藏。㉕蜚潜动植:飞鸟、游鱼、动物、植物。泛指一切生物。㉖陈:陈列。㉗爰有吉量(liáng)騑骎(tuó xī):有名为吉量、騑骎的骏马。爰,助词。用于句首或句中,起调节语气的作用。吉量,神马名。騑骎,野马名。㉘苍兕(sì)文犀:兽名。苍兕,传说中的水兽。一说兕就是雌犀。文犀,有纹理的犀角,这里指犀牛。㉙角纳象以成形:承"苍兕文犀"一句而言。大约指兽角很名贵,系吸纳日月星辰之精华而成形。《易经·系辞上》:"在天成象,在地成形,变化见矣。"㉚火齐(jì):玫瑰珠。状如云母,色如紫金,有光耀。㉛琼瑶璆(qiú)琳:美玉。㉜琪树琅玕(láng gān):玉树、宝石。琪树,神话仙境中的玉树。琅玕,美石。㉝王母:指西王母。㉞珑璁(lóng cōng):又作"璁珑",明洁貌。㉟睒(shǎn)闪虎睛:像虎眼般闪烁。喻玉石光芒万丈。睒,闪烁。㊱獓狠(áo yè):古代传说中的猛兽。㊲师:同"狮"。㊳鬖髽(sān suō)披蓑:毛发下垂如同着蓑衣一般。鬖髽,毛发下垂的样子。㊴以纛(dào)以缨:用它们来做饰物。纛,帝王车上用牦牛尾或雉尾制成的饰物。缨,用丝或毛等制成的穗状饰物。⑩海柏：海榴。即石榴。又名海石榴。因来自海外，故名。这里当指如石榴树的一种珊瑚。珊瑚系"珊瑚虫"所分泌的石灰质骨骼，形状像树枝，通常所见为红色，多产热带海洋中，可做装饰品。㊶萧森檪索：指珊瑚、海柏像凋落的树木那样没有叶子。萧森，草木凋零衰败貌。檪索，如檪树般树叶凋零。檪，檪树。一种高大的落叶乔木。㊷葩柅箨（tuò）落：如剥竹笋壳般花瓣掉落。指珊瑚、海柏无花。葩柅，花枝。箨，竹笋壳。㊸赩（xì）：火红色。㊹沉檀罗縠（hú）：指用沉香、檀木两种香料薰成的轻软绉纱。㊺脑麝：香料名。龙脑与麝香的并称。㊻苾（bì）茀（fú）韫韫：香气四溢。韫韫，同氲氲，香气弥漫貌。㊼螺甲龙涎（xián）：螺的甲壳、龙的唾液。㊽钟乳：即"钟乳石"。溶洞中自洞顶下垂的石灰质体，状如钟乳，故名。㊽丹沙：朱砂。㊾金芽石英：矿物名。金芽，未详具体所指。石英，质地坚硬而脆的一种矿物。㊿辟，同"避"。㉛木难：亦作"莫难"。宝珠名。㉜的（dí）烁晖光：明亮发光。的烁，光亮，鲜明貌。㉝豆蔻：植物名。多年生常绿草本。初夏开花，花淡黄色。㉞荜（bì）拔丁香：植物名。荜拨，多年生藤本植物。中医学以干燥果穗入药，具有温中暖胃的功能。丁香，常绿乔木，其种子可做芳香剂。㉟易牙所珍：易牙所珍爱。易牙，人名。春秋时齐桓公宠臣，长于调味，以"知味"称于世。㊱甘蕉木棉：植物名。甘蕉，《南方草木状》卷上：甘蕉"其茎解散如丝，以灰练之，可纺织为缔绤（细葛布）"。木棉，落叶乔木，能开花结果。果内具绢状纤维，虽不能纺织，但耐压，不易被水浸湿，可作枕芯等用。㊲香葛兜罗：可织布的两种植物。香葛，多年生草本植物。茎皮可制葛布。兜罗，一作妒罗。《翻译名义集·沙门服相》："妒罗，树名，绵从树生。"㊳寒暑攸宜：无论冬天夏天都适宜。攸，所。㊴翡翠鹔鹴（sù shuāng）：鸟名。翡翠，嘴长而直，生活在水边，吃鱼虾之类。羽毛有蓝、绿、赤、棕等色，可做装饰品。鹔鹴，古书上说的一种鸟。㊵绣翰：华丽长硬的鸟羽。㊶玳瑁（dài mào）：海中动物。形似龟。㊷蜡质漆章：淡黄色的底子黑色的花纹。㊸鼠毛之布：即传说中用火清洗的火浣布。《海内十洲记》："炎洲在南海中……有火林山，山中有火光兽，大如鼠，毛长三四寸，或赤或白……取其兽毛以缉为布，时人号为火浣布此是也。国人衣服垢污，以灰汁浣之终无洁净，唯火烧此衣服，两盘饭间，振摆其垢自落，洁白如雪。"

㉞振之如霜：经火烧之后，抖动火浣布，其布洁白如霜。㉟丹虾：传说中的一种虾。《洞冥记》："有丹虾长十丈，须长八尺，有两翅，其鼻如锯……马丹尝折虾须为杖，后弃杖而飞，须化为丹。"㊱焕烂晶荧：灿烂晶莹。㊲抚之不濡：抚摸起来却不湿润。濡，沾湿。㊳玄象：黑象。㊴黑：棕熊。㊵文狨（róng）：有花纹的金丝猴。㊶猭猢（chán hú）蜼（wèi）貄（sì）：猿猴类动物名。猭猢，猿类的一种。蜼，一种长尾猿。貄，猴属，狒狒之类。㊷髽髻（pī lí）：毛发或竖或卷。㊸婩姌（yǎn rǎn）蒙茸：指皮毛或细长或杂乱。婩姌，细长美貌。蒙茸，杂乱貌。㊹洵（xún）美且温：实在美丽温顺。㊺驰毳（cuì）羔绒：细小的绒毛。毳，鸟兽的细毛。㊻丹参紫芝：中药名。丹参，多年生草本植物。中医以根入药。紫芝，真菌的一种。也称木芝，似灵芝。道教以为仙草。㊼地胆天麻：中药名。地胆，一种甲虫，俗称红头娘。成虫可入药，性剧毒。天麻，多年生草本植物，中医以块茎入药。㊽旋阴斡阳：指调和阴阳。中医强调人体阴阳平衡，否则容易致病。㊾蜀锦戎毡：纺织品名。蜀锦，我国传统工艺美术丝织品，是锦中名品，因产于四川，故名。戎毡，西戎出产的用鸟兽细毛制的毡子。戎，古代典籍泛指我国西部的少数民族。《礼记·王制》："西方曰戎。"㊿越纸齐纨：越地产的纸，齐地出产的白色丝绢。纨，白色丝绢。㉛转致流通：辗转得来运转流通。㉜市：商贸集市。㉝廛（chán）：市中储藏、堆积货物的栈房。㉞镵（chán）山出金：用锐利的器物挖山掘出金子来。镵，古代的一种犁头，装上弯曲的长柄，用以犁土，称长镵。此作动词，意为挖掘。㉟千锸（chā）穿崖：上千把铁锹穿过山崖。锸，锹。㊱声翻九幽：声音穿过地下。九幽，极深暗的地方，指地下。㊲万灶歊（xiāo）烟：上万个灶台涌起炊烟。歊，气上冲貌。㊳蜑（yán）艇蛮舠（dāo）：船舶名。蜑艇，蜑人用以为家的船。蜑，旧时南方的水上居民。蛮舠，蛮船；蛮舶。古代指我国南方从事海上贸易的船舶。㊴罔鰅鳙（yú yōng）：张网捕捉鰅鳙。鰅鳙，即鰅鱅。传说中的怪鱼。㊵举赤鱬（rú）：捕获赤鱬。举，取。这里有捕获的意思。赤鱬，神话传说中的鱼名。㊶络氐（dī）人：用网络网住人鱼。《山海经·海内南经》："氐人国在建木西。其为人，人面而鱼身，无足。"㊷鼊鼊（gōu bì）：龟属动物。㊸缯（zēng）鰝（hào）虾：网住大海虾。缯，同"罾"，鱼网，这里指用鱼网网住。鰝虾，大

难三 233

海虾。⑭止水母：捕获水母。止，捕获。水母，腔肠动物，种类很多，如海月水母、海蛰等。⑮凿蛎蚝（lì háo）：凿开牡蛎的壳。蛎蚝，牡蛎。⑯鲲：古代传说中的大鱼。《庄子·逍遥游》："北冥有鱼，其名为鲲。鲲之大，不知其几千里也；化而为鸟，其名为鹏。"因为鲲会变化为鹏，故又称化鲲。⑰絷翔鳐（yáo）：拴缚飞翔的文鳐鱼。絷，拴缚。鳐，文鳐鱼。又名飞鱼、燕鳐鱼。能在水面或空中作较长距离的滑翔。⑱籍（liǔ）鲔（wěi）罶（lù）鲡（lí）：用叉刺取鲔鱼，用小鱼网网住鲡鱼。籍，用叉刺取鱼鳖。⑲牵鮦（tōng）罣（guà）鲈：捕获鮦鱼和鲈鱼。罣，牵挂。这里指用鱼线牵拉。⑳系鲟（xún）引鳇（huáng）：捕获鲟鱼和鳇鱼。系、引，这里指用鱼线牵引。㉑掣鳄连鲛（jiāo）：拽住鳄鱼同时获得鲨鱼。鲛，海中鲨鱼。㉒枕丁胶乙：指鱼身上所有的东西。枕，鱼头骨名。《尔雅·释鱼》："鱼枕谓之丁，鱼肠谓之乙，鱼尾谓之丙。"因鱼头骨、鱼肠、鱼尾分别形似汉字丁、乙、丙字而名之。胶，鱼胶。㉓镞（zú）骨皮箙（fú）：以鱼骨做箭镞，鱼皮制箭袋。镞，箭镞；箭头。箙，盛弓箭的袋。㉔齿牙锋锷：牙齿如同剑锋和刀刃。㉕以函以戟：以此为铠甲和兵器。函，铠甲。戟，古代兵器。㉖瓮鲊（zhǎ）乘鱐（sù）：用大水缸装腌制的鱼用马车拉鱼干。瓮，大水缸。鲊，腌制的鱼。乘，马车。鱐，干鱼。㉗其利什百：其盈利几十倍上百倍。㉘腾光吐璟：光芒四射。璟，玉的光彩。㉙闪日烁月：使太阳和月亮的光芒闪烁晃动。㉚闵（bǐ）：遮蔽，掩蔽。㉛致之：得到它们。㉜语出《左传·襄公二十四年》。谓象因有了珍贵的象牙而招致捕杀。后以"象齿焚身"比喻以财宝招祸。焚（fèn），通"偾"，毙命。贿，贪图财物。

难 四

公子曰："九成之堂，①十亩之庭②，俯阛阓以当中③，岌重门之峥嵘④。瓷以砮石，⑤植以栝⑥柏，墉以鱼鳞，⑦洞朗八楾⑧。左右蜂房⑨，奕奕翼翼，⑩冬暄夏清。舆马达于陛除，⑪鸣驺⑫导以升阶。高坐华茵⑬，尊严若神。卒列貔狖，⑭吏排雁行。肃肃跄跄，⑮

秩秩如也⑯。听欬传声,神扐鬼诃⑰,发号施令,理诉决讼⑱。出言而侍者辟易⑲,指顾而瞻者踘踖⑳。千人离立㉑,跂望颜色㉒。其喜也,温若春日之熙㉓;其怒也,凛㉔若秋霜之飞。雷霆起于颊舌,㉕而死生判于笔下。吾愿与先生谋之。"

郁离子曰:"孔子曰:'富与贵是人之所欲也,不以其道得之,不处也。'㉖仆不愿也。"

[注释]

①九成之堂:高大宏伟的楼宇厅堂。九成,犹九重,言极高。②庭:庭院。③俯阛(huán)阓(huì)以当中:指楼宇位于都市中心,可以俯瞰繁华的街道。阛阓,街道;街市。④岌重门之峥嵘:一重一重的大门高高耸立。岌,高耸貌。峥嵘,高峻貌。⑤甃(zhòu)以砻(lóng)石:用磨石砌成地面。甃,用砖砌。砻石,磨石。⑥栝(guā):木名。栝树。⑦牖(yǒu)以鱼鳞:窗户依次相接。牖,窗户。鱼鳞,鳞次,依次相接。⑧洞朗八棂:四面窗户明亮。洞朗,清彻明亮。八棂玲珑。唐卢纶诗曰:"四户八窗明,玲珑逼上清。"后称四壁窗户轩敞,室内通彻明亮为"八窗玲珑"。棂,旧式房屋的窗格。这里代指窗户。⑨蜂房:比喻房屋密集众多。⑩奕奕翼翼:高大美观整齐。⑪舆马达于陛除:车马可以直达台阶前。舆马,车马。陛除,台阶。⑫鸣驺(zhōu):古代随从显贵出行时传呼喝道的骑卒。⑬华茵:精美的坐垫。⑭卒列貔貅(pí xiū):士卒像猛兽一般排列着。貔貅,古籍记载中的两种猛兽,后多连用以比喻勇猛的战士。⑮肃肃跄跄(qiāng):指士卒、皂隶从堂下走过时,态度恭敬步趋整齐。肃肃,恭敬貌。跄跄,步趋有节奏。⑯秩秩如也:指秩序井然。⑰听欬(kài)传声神扐(huī)鬼诃:听到主子的咳嗽之声,有如听到神鬼的呵斥一般。指主人非常威严。欬,咳嗽。扐,挥斥。诃,呵斥。⑱理诉决讼:处理申诉,判决官司。⑲辟易:拜服;倾倒。⑳指顾而瞻者踘踖(jú jí):主子的指点顾盼都会使观者畏缩不安。踘踖,形容畏缩不安。㉑离立:并立。㉒跂(qǐ)望颜色:指恭敬地站立着,看主子的脸色行事。跂望,举踵翘望。㉓熙:照耀。㉔凛:寒冷。㉕雷霆起于颊舌:指一言一语就可以决定一个人的生死,极有威权。颊舌,口舌言语。㉖语出《论语·里仁》。处,据有。

难　五

公子曰:"款段①之马,黑貂之裘。囊无百钱,橐无赢金②。慷慨辞家,踊跃远游。曳裾而入公门,③掉舌④以动王侯。一语之合,不觉前席⑤,更仆秉烛,熏心酣骨⑥。执鞭为之骇汗,⑦虎士为之吐舌⑧。于是出辞成法⑨,建画为律⑩;条九章⑪以富国,发六奇⑫以制敌。阳谋阴间,神授鬼伏。⑬指挥而白虹贯日,顾盼而长庚入月。⑭盖樗里不能测其机⑮,孟贲不能当其决⑯也。是以一言贵于千金,一诺重于千钧⑰。吹则猛虎竖毛,嘘则寒谷生春。⑱謦欬折五兵,谈笑却三军。⑲气使燕赵之豪,威詟⑳齐楚之君。吾愿与先生论之。"

郁离子曰:"孔子曰:'暴虎冯河,死而无悔者,吾不与也。'㉑仆不愿也。"

[注释]

①款段:马行迟缓的样子。段,原本作"叚",当是"段"的笔误。②橐无赢金:指囊中羞涩。橐,盛物的袋子。赢,多余。③曳裾而入公门:在王侯权贵门下作食客。曳裾,拖着长长的衣襟。④掉舌:犹鼓舌。指游说。⑤前席:指想更接近对方而移坐向前。⑥熏心酣骨:指言谈深深地打动了君王。熏心,迷住心窍。酣骨,畅快舒适至骨髓。⑦执鞭为之骇汗:车夫因游说者为君王所贵而感到惶恐。执鞭,拿着马鞭,这里指车夫。骇汗,因惊恐、惶惧而流汗。⑧虎士为之吐舌:勇士为之感到吃惊。虎士,周官名。属虎贲氏。担任君王出行时护卫之职。后以称勇士。吐舌,惊奇、惊恐貌。⑨法:法规。⑩建画为律:作出的筹画就成了律例。⑪条九章:分条列举治理天下的九类大法。条,分条列举。九章,即九畴,传说大禹治理天下的九类大法。⑫发六奇:阐发六条奇计。六奇,指汉陈平为高祖刘邦所谋画的六条奇计。⑬阳谋阴间(jiàn),顾盼而长庚入月:指明里暗里或出奇谋、或使离间之计,计谋百

出有如神授,连鬼都表示敬服。阴间,暗中离间敌人。⑭指挥而白虹贯日二句:指一举一动都会惊动上天。白虹贯日、长庚入月,古人认为被人间重大事件所感应而产生的两种天象。长庚,即金星,又名太白星。⑮樗(chū)里不能测其机:连樗里子都不能窥测其玄机。樗里,樗里疾的省称,战国秦惠王的异母弟。居于樗里,自号樗里子。善言词,多智慧,秦人号为"智囊"。参阅《韩非子·外储说右上》等。⑯孟贲(bēn)不能当其决:连勇士孟贲都不能抵挡其勇决。孟贲,战国时勇士。据说其人"水行不避蛟龙,陆行不避兕虎"。当其决,抵挡其勇决。当,抵挡。⑰钧:古代重量单位,三十斤为一钧。⑱吹则猛虎竖毛,嘘则寒谷生春:吹一口气冷得能使猛虎皮毛直竖,呵一口气能使寒谷温暖如春。这里用以比喻其人非常厉害。⑲謦(qǐng)欬折五兵,谈笑却三军:咳嗽谈笑之间就把敌军打败击退了。极言其本领高强,不费吹灰之力就能大获全胜。謦欬,咳嗽。五兵,本指五种兵器,后泛指军队。三军,军队的通称。周制,诸侯大国三军。中军最尊,上军次之,下军又次之。古代步、车、骑也合称三军。⑳威詟(zhé):震慑。㉑语出《论语·述而》。详见本书《世事多变》篇注释。

难　六

公子曰:"戎卒十万,虎贲①三千。犀革②之车,驾以駃騠③,服以騊駼,④造父御戎,⑤乌获为右⑥。士如熊罴⑦,马如腾龙。豁阗炰烋,⑧殷谷訇丘⑨。挂以重铠,被以鲛函。⑩炫耀冬冰,⑪烨煜晨星⑫。纯钩太阿,⑬缦理龟鳞⑭。雄戟扬虹,⑮厹矛掣蛇⑯。舒光发辉,上缠斗杓⑰。乃有角端之弓⑱,鱼牙之矢,⑲控弦而满月在手,覆骈而蹲甲吞羽⑳。黄间溪子时力距黍,㉑九牛引挽㉒,发㉓若雷吼。于是乎白羽如荼㉔,赤羽如茈㉕;大旆鏒旗,植以玄戈。㉖建九斿之霓旗㉗,蔚云旋而焱回㉘。山陵为之低昂,太阳为之寝光㉙。乃布天衡,乃列地冲。㉚风云鸟蛇,龙虎翕张。㉛

屹兮如山,俨兮若城。㉜浑浑沌沌,莫窥其形㉝。吾愿与先生将㉞之。"

郁离子曰:"孔子曰:'俎豆之事,则尝闻之;军旅之事,未之学也。'㉟仆不愿也。"

[注释]

①虎贲:勇士之称。②犀革:犀牛皮。③駃騠(jué tí):骏马名。④服以駒騟(táo tú):用骏马駒騟驾车。服,古代一车驾四马,居中的两匹称服。駒騟,良马名。⑤造父御戎:造父驾御战车。造父,古之善御者,赵之先祖。戎,戎车,兵车。⑥乌获为右:力士乌获为护卫。乌获,古代力士。右,车右。按照古代骑礼制,一车乘三人,平时御者居中,卫士居右,所以古人把随车的警卫之士叫车右。⑦熊罴:熊、罴皆为猛兽。因以喻勇士或雄师劲旅。⑧豁阚(hǎn)咆烋(páo xiāo):指骏马的嘶鸣有如虎吼。豁阚,虎叫声。咆烋,即咆哮。猛兽怒吼。烋,原本作"包",据果育堂刊本改。⑨殷谷訇(hōng)丘:巨大的声音在山谷丘陵中回响。⑩被(pī)以鲛函:身穿用鲛鱼皮做的铠甲。被,通"披",穿。函,铠甲。⑪炫耀冬冰:闪耀如冬日的冰块。⑫烨煜(yú)晨星:闪烁如星辰。以上两句比喻铠甲熠熠生辉。⑬纯钩太阿(ē):古宝剑名。纯钩,又称纯钧,相传为春秋时欧冶子所铸。太阿,相传为春秋时欧冶子、干将共同铸造。⑭缦理龟鳞:大约指剑鞘、剑把的装饰。剑把龟背之状,没有文饰,剑鞘雕刻以鱼鳞之状。缦,无文饰的缯帛。也泛指无文饰之物。理,纹理。⑮雄戟扬虹:雄戟在空中划过,如同扬起一道彩虹。雄戟,古代兵器名。⑯厹(qíu)矛掣蛇:长矛挥舞,如同疾飞的长蛇。本句由长矛又称蛇矛而生发开来。厹矛,有三棱锋刃的长矛。掣,疾行;疾飞。⑰斗杓(biāo):北斗柄。指北斗的第五至第七星,即衡、开泰、摇光。⑱角端之弓:用角端牛之角制成的弓。《后汉书·鲜卑传》:"又禽兽异于中国者,野马、原羊、角端牛,以角为弓,俗谓之角端弓者。"⑲鱼牙之矢:用鱼的牙齿做箭头的箭。⑳覆骹(xiāo)而蹲(cǔn)甲吞羽:离弦之箭穿透重叠的皮甲,箭羽尽没其中。覆骹,指箭倾弓而出。骹,弓的末梢处。蹲甲,指把皮甲重迭在一起。㉑黄间溪子时力距黍:黄间、溪子、时力、距黍均为强弓劲弩名。参见晋人张华《游猎篇》、潘岳《闲居赋》及《史记·苏秦列传》。

㉒引挽：拉弓。㉓发：把箭射出去。㉔白羽如荼：白色的军旗有如白色的荼花。白羽，古代军中主帅所执的指挥旗。又称白旄。亦泛指军旗。荼，茅、芦之类的白花。㉕赤羽如茳（hóng）：红色的军旗有如茳花。赤羽，赤色旗帜。茳，一种草木植物，花白色或粉红色。这里指红花。㉖大旆（pèi）鏠旗，植以玄戈：各种旗帜都用玄戈挑着高高树立。旆，旌旗。鏠旗，亦做"锋旗"，灵旗。上有太一、招摇、天蜂三星。古代用以敬神，使进军讨伐取胜。植，竖立。玄戈，古代一种兵器，青铜制，横刃，有长柄。㉗九斿（liú）之霓旗：有九条丝织垂饰的彩色旗帜。九斿，亦作"九旒"，古代旌旗上的九条丝织垂饰。霓旗，彩色的旗帜。㉘蔚云旋而森（biāo）回：指飘动的旗帜有如云彩在空中回旋。森，通"飙"。旋风；暴风。㉙寝光：阳光隐没。㉚乃布天衡，乃列地冲：天衡、地冲：均为阵名。㉛风云鸟蛇，龙虎翕（xī）张：指阵势完备，阵法森严，布满了风云、鸟蛇、龙虎，一张一合，杀机四伏。古代布阵，往往仿效天象、动物之形。翕张，一张一合。㉜屹兮如山，俨兮若城：指所布之阵固若金汤，像高山、城墙般屹立。㉝浑浑沌沌，莫窥其形：指所布之阵变幻莫测。㉞将：率领。㉟语出《论语·卫灵公》。俎豆，俎和豆都是古代盛肉食的器皿，行礼时用它，因之借以表示礼仪之事。

难 七

公子曰："西方之域，有真人①焉，广大神通，浩浩无涯。其力可以斡造化②，回天地；其功可以拯垫溺③，拔罪苦④。起死扶生，剖顽烛冥⑤。窈窈愔愔，⑥荡扫六淫⑦；寂寂默默，⑧涤除百惑。如翦草莱，不遗一荄⑨；如龙用壮⑩，莫我能当。不震不摇，障翳⑪自消；不悚不难，⑫百怪自散。如镜去尘，其光粲新⑬；如莲出水，净无泥滓。以能不灭不生，长存至精；不形不体，无往不在。⑭放之无外，收之无内。⑮幽静恬漠⑯，永享至乐。吾愿与先生求之。"

郁离子曰："孔子曰：'攻乎异端，斯害也已。'⑰仆不愿也。"

[注释]

①真人：道教称"修真得道"或"成仙"之人。②斡（wò）造化：扭转天地。斡，旋转；扭转。造化，指天地、自然界。③垫溺：淹入水中。这里泛指灾难。④拔罪苦：把人从苦难中提出来。⑤剖顽烛冥：剖析顽劣，洞察愚昧。⑥窈窈愔愔（yīn）：幽深静默。窈窈，深奥；深远。愔愔，安静和悦貌。⑦六淫：谓阴、阳、风、雨、晦、明六气太过而成为致病的主要因素。⑧寂寂默默：清静无声。⑨荄（gāi）：草根。⑩用壮：谓逞其强力，借指矫捷或勇武。⑪障翳：本指物体表面蒙上的灰尘等物。这里指一切有害的东西。⑫不怵不难（nàn）：没有恐惧和劫难。⑬粲新：鲜明清新。⑭以能不灭不生，长存至精；不形不体，无往不在：道教认为，得道的真人已经脱胎换骨，无须形体，而能精气长存，无处不在。至精，达于极至的精气。⑮放之无外，收之无内：指泯灭了内外的区别，达到了无我的境界。内外，自身和外物。⑯恬漠：宁静淡泊。⑰语出《论语·为政》。意思是说：批判那些不正确的言论，祸害就可以消灭了。异端，指不合正道的邪说。斯，这。已，止。

难　八

公子曰："太极浑浑，①分为乾坤②。乾坤翕辟③，结为日月。日月代明，④播为五精⑤。二五媾真，⑥形而为人，玄黄两间，⑦独为物灵⑧，得天全⑨也。是故轩辕⑩黄帝访于广成子⑪而受诀焉，其诀曰⑫：'穆清漻兮泂杳冥，⑬洞晃朗兮观吾庭⑭。扫氛埃⑮兮驱虫蛇，部署⑯众神兮集予家。时风雨兮若晦冥⑰，疏不壅⑱兮待其生。调其行兮和厥止，⑲保其受兮为孝子⑳。收六区兮归一握，㉑仁灵芽兮苴乃核，㉒乘应龙兮入寥郭㉓。'吾愿与先生追之。"

郁离子曰："《语》曰：'死生有命。'仆不愿也。"

[注释]

①太极浑浑：太极混沌。太极，古代哲学家称最原始的混沌之气。谓太极运动而分化出阴阳，由阴阳而产生四时变化，继而出现各种自然现象，是宇宙万物之源。浑浑，混沌貌。②乾坤：阴阳二气。乾为阳，坤为阴。古代指宇宙间贯通物质和人事的两大对立面。③翕（xī）辟：开合，启闭。④日月代明：太阳和月亮交替出来照耀大地。代，更替。⑤五精：指心、肺、肝、脾、肾五脏的精气。⑥二五媾（gòu）真：阴阳五行交合。二五，指阴阳与王行。媾，会合；交合。真，未经人为的东西。指本原、本性等。⑦玄黄两间：天地之间。玄为天色，黄为地色，这里指代天地。⑧物灵：万物之灵。⑨得天全：得到上天的成全。⑩轩辕：传说中的古代帝王黄帝的名字。⑪广成子：古代传说中的仙人。葛洪《神仙传·广成子》："广成子者，古之仙人也。居崆峒之山石室之中。黄帝闻而造焉。"⑫其诀曰：以下广成子所咏之诀，其意难详，某些不甚明了的句子，仅作字面上的注释。其他的一些解释也仅为参考。广成子对黄帝的训话见之于《神仙传·广成子》、《庄子·在宥》，可供参阅。⑬穆清漻（liǎo）兮汒（wù）杳冥：清澈的天幽远深微。穆、清漻，均为清澈明朗的意思。汒，幽深；深微。杳冥，指天空，高远之处。⑭洞晃朗兮观吾庭：天虽幽昧难测，但已经洞悉其奥秘，心中很明亮了。洞，通晓；悉知。晃朗，明亮貌。⑮氛埃：污浊之气；尘埃。⑯部署：安排；布置。⑰晦冥：昏暗；阴沉。⑱壅：堵塞。⑲调其行兮和厥止：调整自己的行为，止于所当止。据《尚书·商书》，太甲奢侈无度，伊尹曾教诲他要"钦厥止，率乃祖攸行"。也即要求太甲遵循祖先成汤的德行，谨慎自己的行止。和，适中；恰到好处。⑳保其受兮为孝子：承受先人德业而加以保持，让自己做一个孝子㉑收六区兮归一握：指天下尽在掌握之中。六区，谓上下四方。一握，一掌之中。㉒仁灵芽兮苴（jū）乃核：保养神明本性，抱元守一。仁，保；养。灵芽，神明本性。苴乃核，包住最核心的东西。也即道家所谓的"守一"，专一精思以通神。葛洪《抱朴子·地真》："守一存真，乃能通神。"㉓乘应龙兮入寥郭：骑上应龙前往高远空旷之所。据《神仙传·广成子》载，广成子打算"适无何之乡、入无穷之门、游无极之野，与日月齐光，与天地为常，人其尽死而我独存焉"。应龙，古代传说中一种有翼的龙。任昉《述异记》卷上："龙，五百

年为角龙，千年为应龙。"寥郭，寥廓。高远空旷。这里指无何之乡、无穷之门、无极之野。

难　九

公子曰："愿闻先生之志。"

郁离子愀然①曰："公子，三王既没，②孔子道塞，③九流杨墨，④百家⑤并出。淫辞横说，⑥从横反复，⑦惨害阴毒，恫疑恐惑，⑧变幻白黑，⑨如猋⑩之发，可使晦日⑪；如水之激⑫，可使漂石⑬。縈纡回遹，⑭以蟊以贼⑮。此其章章⑯者也。其矫者则谓天地为蘧庐，⑰黔首⑱为虫蛆，文章礼乐，⑲皆不足为。以耀以夸，⑳使人染之如膏，吞之如钩，虚浮谲诡㉑，诳生罔死，㉒舍形索影，㉓慢弃伦理㉔。此皆迷生之曲蹊，㉕蠹世㉖之巨蝎也。方今成弧绝弦㉗，枉矢㉘交流，旬始挽抢，㉙降魄流精，㉚为貍为豺，为蛟为蛇㉛。犬失其主，化为封狼㉜，奋爪张牙，饮血茹肉。淫淫㴲㴲，㉝沉膏腻，㉞穷渊积，㉟骸连太陵，㊱无人以救之，天道几乎熄矣。而欲以富贵为乐，嬉游为适，不亦悲乎？仆愿与公子讲尧禹之道㊲，论汤武之事。㊳宪伊吕，㊴师周召，㊵稽考先王之典，㊶商度㊷救时之政，明法度，肄㊸礼乐，以待王者之兴。若夫旁途捷歧，㊹狙诈诡随，㊺鸣贪鼓愚，㊻侥幸一时者，皆不愿也。"

于是公子赧然㊼，颐颊发赤，㊽目眙舌强，㊾再拜受教曰："鄙人㊿不学，乃今日始闻先生之言，如垢得涤(51)。愿为弟子，幸甚至哉！服膺无斁(52)。"

[注释]

①愀然：容色改变的样子。②三王既没（mò）：夏、商、周三代君王既已亡故。三王，夏、商、周三代君王，即夏禹、商汤、周文王、周武王。没，

通"殁"。③孔子道塞:孔子的主张行不通。④九流杨墨:杨朱、墨翟等各种学术流派。九流,先秦学术流派,即儒、道、阴阳、法、名、墨、纵横、杂、农等九家。这里泛指各学术流派。杨墨,杨朱、墨翟。⑤百家:指学术上的各种派别。⑥淫辞横说:言辞浮夸,信口强辩。淫辞,浮夸失实的言辞。横说,犹强辩。⑦从横反复:反复无常。从横,比喻反复无常。⑧恫疑恐惑:恫吓恐吓陷于疑惑的人。⑨变幻白黑:混淆黑白。⑩猋:同"飙"。狂风。⑪晻日:遮蔽太阳。⑫激:阻遏水流,使腾涌或飞溅。⑬漂石:使石头漂浮。⑭萦纡回邁(yù):指言辞邪僻。萦纡,回旋曲折。回邁,邪僻。⑮以蟊(máo)以贼:吃禾苗根的害虫叫"蟊";吃禾苗节的害虫叫"贼"。比喻对人或国家有危害的人。⑯章章:昭著貌。⑰其矫者则谓天地为蘧(qú)庐:那些意欲匡正世道的人则把天地视作驿站。矫者,意欲匡正世道的人。矫,匡正;纠正。蘧庐,古代驿站中供人休息的房子。⑱黔首:百姓。⑲文章礼乐:礼乐法度。⑳以耀以夸:大肆夸耀自己的主张。㉑谲诡:怪异,变化多端。㉒诳生罔死:欺骗迷惑生者和死者。㉓舍形索影:犹言本末倒置。㉔慢弃伦理:怠忽遗弃人伦道德之理。慢,轻忽;怠忽。弃,遗弃。伦理,指人与人相处的各种道德准则。㉕此皆迷生之曲蹊:这都是迷惑世人的歪路。蹊,小路。㉖蠹世:蛀蚀世道。蠹,蛀蚀;损害。㉗成弧绝弦:指弧星断弦。弧,弧矢的简称,古星名。又名天弓。据说它负责看管专造灾祸的天狼星。弧星断弦,不能司其职,古人认为这是很凶险的一种天象。《史记·天官书》:"其东有大星曰狼。狼角变色,多盗贼。下有四星曰弧,直狼。"张守节正义:"弧九星,在狼东南,天之弓也。以伐叛怀远,又主备盗贼之知奸邪者。"成,原本作"戚",据四部丛刊本、果育堂刊本改。㉘枉矢:星名。因其弯曲不直故名枉矢。枉矢所过为以乱伐乱之象。㉙旬始搀抢:星名。旬始,古人视为妖星。《隋书·天文志》:"旬始主争兵、主乱、主招横。"搀抢,即天搀,天抢。也为妖星,主兵祸。刘向《说苑·辨物》:"搀抢、彗孛、旬始、枉矢、蚩尤之旗,皆五星盈缩之所生也。"㉚降魄流精:指妖星的妖孽之气从天而降。㉛为貙(chū)为豺,为蛟为蛇:指妖星的妖孽之气化为毒蛇猛兽。㉜封狼:大狼。㉝淫淫潺潺(zhuó):如水流不止。淫淫,流落不止貌。潺潺,雨声;水声。㉞沉膏腻:指尸气牲血所化的浑浊之气积聚不散。㉟穷渊积:其意不详。疑为积水成渊,遍地洪涝之意。㊱骸连太陵：尸骸堆积，与泰陵相连。太陵，泰陵。唐玄宗、宋哲宗陵皆名泰陵。㊲讲尧禹之道：讲求尧禹的治国之道。㊳论汤武之事：考论成汤、武王的事迹。汤、武是古代称颂的"圣王"。㊴宪伊吕：效法伊尹、吕尚。宪，效法。伊吕，伊尹和吕尚，古代贤相的典范。伊尹，商汤大臣。原为汤妻陪嫁的奴隶，后助汤伐夏桀，被尊为相。后太甲即位，因荒淫失度，被伊尹放逐到桐宫，三年后迎之复位。吕尚，周初人。姜姓，吕氏，名尚。俗称姜太公。据《史记·齐太公世家》载，尚穷困年老，钓于渭滨。文王出猎，遇之，与语大悦，曰："吾太公望子久矣。"故又称太公望。载与俱归，立为师。后佐武王灭殷，封于齐。㊵师周召：学习周公、召公。师，学习；效法。周召，周公和召公。周公，西周初期政治家。姓姬名旦，也称叔旦。文王子，武王弟，成王叔。辅武王灭商。武王崩，成王幼，周公摄政。东平武庚、管叔、蔡叔之叛。继而厘定典章制度，复营洛邑为东都，作为统治中原的中心，天下臻于大治。后被视为圣贤的典范。召公，周代燕国的始祖。曾佐武王灭商，成王时任太保，与周公分陕而治，陕以西由他治理。㊶稽考先王之典：查考先代君王的典章制度。㊷商度：商讨。㊸肄（yì）：学习。㊹若夫旁途捷歧：至于歪门邪道。若夫，至于。旁途捷歧，正道之外旁出的路，也即歪门邪道。歧，原本作"岐"，据文意改。㊺狙诈诡随：暗中窥视，随机欺诈。狙，窥视，暗中观察动静。诡，欺诈。㊻鸣贪鼓愚：为满足贪婪之心愚妄之念而鼓鸣。㊼赧（nǎn）然：因惭愧而脸红。㊽颐颊发赤：腮颊发红。㊾目眊（mào）舌强：眼睛失神，舌头僵硬。眊，眼睛失神，视物不清。强，僵硬。㊿鄙人：鄙俗之人。自称的谦词。51如垢得涤：如同污垢得以洗刷。52服膺无斁（yì）：永远铭记在心，衷心信奉。服膺，铭记在心，衷心信奉。斁，终止；终了。

附录一

《郁离子》序

　　《郁离子》者，诚意伯刘公在元季时所著之书也。公学足以探三才之奥，识足以达万物之情，气足以夺三军之帅，以是自许，卓然立于天地之间，不知自视与古之豪杰何如也。年二十，已登进士第，有志于尊主庇民。当是时，其君不以天下系念虑，官不择人，例以常格处之，噤不能有为。已而南北绎骚，公慨然有澄清之志。藩阃方务治兵，辟公参赞，而公锐欲以功业自见，累建大议，皆匡时之长策。而当国者乐因循而悦苟且，抑而不行。公遂弃官去，屏居青田山中，发愤著书。此《郁离子》之所以作也。

　　郁离者何？离为火，文明之象，用之，其文郁郁然，为盛世文明之治，故曰《郁离子》。其书总为十卷，分为十八章，散为一百九十五条，多或千言，少或百字。其言详于正己、慎微、修纪、远利、尚诚、量敌、审势、用贤、治民，本乎仁义道德之懿，明乎吉凶祸福之几，审乎古今成败得失之迹。大概矫元室之弊，有激而言也。牢笼万汇，洞释群疑，辨博奇诡，巧于比喻而不失乎正。骤而读之，其锋凛然，若太阿出匣，若不可玩；徐而思之，其言确然，凿凿乎如药石之必治病，断断乎如五谷之必疗饥，而不可无者也。岂若管、商之功利，申、韩之刑名，仪、秦之捭阖，孙、吴之阴谋，其说诡于圣人，务以智数相高，而不自以为非者哉！

见是书者，皆以公不大用为憾，讵知天意有在，挈而畀之维新之朝乎？皇上龙兴，卒以宏谟伟略，辅翼兴运。及定功行赏，疏土分封，遂膺五等之爵，与元勋大臣，丹书铁券，联休共美于无穷，不其盛哉？《传》有之曰"楚虽有材，晋实用之"，公之谓也。初，公著书本有望于天下后世，讵意身亲用之？虽然，公之事业具于书，此元之所以亡也；公之书见于事业，此皇明之所以兴也。呜呼！一人之用舍，有关于天下国家之故，则是书也，岂区区一家言哉？

一夔早尝受教于公，后谒公金陵官寺，出是书以见教，一夔骇所未见，愧未能悉其要领。今公已薨，其子仲璟惧其散轶，以一夔于公有相从之好，俾为之序。顾一夔何敢序公之书？然得系名于简编之末，亦为荣幸，因不让而序之。

公讳基，字伯温，栝苍人。若其言行之详、官勋之次，则具在国史，兹不著。

洪武十九年冬十有一月，门生杭州府儒学教授、天台徐一夔谨序。

附录二

《郁离子》序

　　古之君子,学足以开物成务,道足以经纶大经,必思任天下之重,而不私以善其身。故其得君措于用也,秩之为礼,宣之为乐,布之为纪纲法度,施之为政刑文明之治,洽乎四海,流泽被于无穷,此奚特假言以自见哉?及其后也,虽孔子之圣,可大有为,而犹不免述作以传道,况其下乎!然则必假夫文以自见者,盖君子之不得已焉耳矣。君子以为学既不获措诸设施,道不行于天下,其所抱负经画,可以文明治世者,独得笔之方册,垂示千百载之下,知而好者,或推以行,是亦吾泽所及,其志岂不为可尚矣夫?然自秦汉而降,能言之士何限?非不欲如前所云也,率多谣于异端,失于伪巧,诡而不正,驳而不纯,弗畔夫道固鲜。人苟用之,以求致治,殆犹适燕而南其辕乎!阐天地之隐,发物理之微,究人事之变,喻焉而当,辨焉而彰,简而严,博而切,反复以尽乎古今,恳到以中乎要会,不袭履陈腐,而于圣贤之道,若合符节,无一不可宜于行,近世以来,未有如《郁离子》之善者也。

夫郁郁文也，明两离也。郁离者，文明之谓也，非所以自号。其意谓天下后世若用斯言，必可底文明之治耳。呜呼！此宁虚语哉？从善少尝受读，叹其义趣幽賾，岐绪浩穰，或引而不发，或指近而归远，懵乎莫测其所以然。逮阅之之久，触类而求，然后稍得窥夫涯涘。窃譬诸医师之笼，一药必治一病，玉石草木禽兽之属，皆可以已疾延年，无长物也。此其为书，所以深得古君子立言之旨，使其得君而措于用，其文明之治，益天下后世为不薄，讵止度越诸子而已耶！

是书为诚意伯刘先生所著。先生尝自任以天下之重，于经纶之道、开物成务之学，素所畜有。曾以其概，翊当今之运，辅大明之业，昭昭矣存诸方册者。故御史中丞龙泉章公虽已刊置乡塾，然未盛行于世，先生之子仲璟与其兄之子廌谋重刻以传。嗟乎！兹岂一家得而私之者哉？僣为叙其大略，俾贻方来云尔。

翰林国史院编修官诸生吴从善序。

附录三

《郁离子》序

　　《郁离子》若干卷,青田刘先生所著也。六经以后,诸子者出,其立言皆将以明乎道也,而其为言人人殊。盖其患在于求胜,求胜则尚奇,尚奇则立异。夫圣人之道,不可以异求也。愈异则愈不奇,愈奇则愈不胜,故诸子者门分户列,各立标准,奋其私智,骛其臆说,为书日繁,而能不诡于道术者几希。宜其传于后世者恒鲜,而泯灭不闻者不可胜道也。先生是书虽寓言居多,然其于天地、阴阳、性命、道德、世运、政治、礼乐、法度之际详矣。揆之圣人之道,盖所谓不悖焉者,固不特言语之工而已,此其有不传者欤?

　　先生名基,字伯温,治《春秋》,以进士起家,仕稍不显,而狷介之名素著。遭世大乱,益韬晦不苟出;虽出不苟就也。用是,人尊信之,以为有道之君子云。

(明)王祎撰,见《王忠文集》卷七

附录四

《郁离子》序

刘文成公著《郁离子》十八卷,辨博闳雅,采周秦遗事,以明当世得失之林。初若汗漫奇谲,亦时寄隐语,令异时知者绎思焉。要其归,与《六经》、《语》、《孟》之旨异者鲜矣,皆起而可施行,不缘饰而文采表著,自百家以来未之有也。非命世之大贤,孰能当此?而有作者乎,岂不伟哉!

昔公应聘出奉高皇帝,秘帷定计,取湖广,平苏湖,遂略中原,拓土西北,每望气而效吉凶,言事后当成败,皆应声验。故将校陈力毕命于彼,而公沉诀朗鉴悬符于此。烂焉,为我明一代宗臣,实兼文武之烈矣!今学者称公殆天人非虚也。

一日,高皇帝以事责丞相李善长,宪使凌悦侦间疏论之。公言:"公旧勋,且能辑和诸将。"皇帝曰:"是欲数害汝,汝乃为之地耶?汝之忠勤足以任此。"公叩头言:"是如易柱,必得大木然后可,若束小木为之,将速颠覆。"他日欲相杨宪,因备论汪广洋、胡惟庸不可相状。已而二人并相,公以此忧悸,竟不起,二人亦竟败。呜呼,以高皇帝之明圣与信用公甚，尚有广洋等类，然"束小木"之言，郁离子固预志之矣。《传》曰"一言足以兴邦"，此之谓也。旧本多踵伪，且不公于世。公乡后进何子宾岩重校而刊诸开封郡斋。

（明）张元撰，见明嘉靖三十五年
何镗刻本《刘宋二子·郁离子二卷》卷首

附录五

书《郁离子》后

《郁离子》何为而作也？青田刘文成公隐居而发言，发愤以明志，自伤其莫用于世，而期兴文明之治于异时也。

公，元进士，初授高安邑丞，以廉节著称，江西行省辟为掾史，议事不合，投劾去。后累起为江浙儒学副提举，浙东元帅府都事，行枢密院经历，行省郎中，屡建奇策，皆沮不得行，乃退处山中，而著是书。其文辞疏邕，无容赘赞。天台徐一夔氏谓其"牢笼万汇，洞释群疑，辨博奇诡，巧于比喻而不失乎正"，非过评也。愚尝读其《述志赋》及吊诸葛武侯、祖豫州、岳将军三赋，悼功业之无成，惜逢时之不售，悲歌慷慨，有燕、赵古豪杰之风，而其皇皇用世之心概可窥已。漫书是于卷末，以识高山仰止之意。

　　　　　　　　嘉靖丙辰春三月　夷门老人李濂川父识
　　　　　　见明嘉靖三十五年何镗刻本《刘宋二子·郁离子二卷》

图书在版编目(CIP)数据

郁离子/(明)刘基著;吕立汉,杨俊才,吴军兰注译.
—郑州:中州古籍出版社,2013.7(重印)
(国学经典)
ISBN 978-7-5348-2847-8

Ⅰ.郁… Ⅱ.①刘…②吕…③杨…④吴… Ⅲ.①政治思想-中国-明代-史料②笔记-中国-明代-选集③郁离子-注释④郁离子-译文 Ⅳ.D092.48

中国版本图书馆 CIP 数据核字(2007)第 181325 号

出版社:中州古籍出版社
　　(地址:郑州市经五路66号　邮政编码:450002)
发行单位:新华书店
承印单位:河南大美印刷有限公司
开本:640mm×960mm　　1/16　　印张:16
字数:183 千字　　　　　　　　　印数:18 001-22 000 册
版次:2008 年 1 月第 1 版　　　　印次:2013 年 7 月第 6 次印刷

定价:22.00 元

本书如有印装质量问题,由承印厂负责调换。